Séoul | Corée

Guide de restaurants et cafés
par de vrais locaux

Que manger, où aller et comment réserver ?

Avec un code QR pour une expérience gastronomique sans faille

coréenne | chinoise | japonaise | thaïlandaise | vietnamienne | américaine | italienne
mexicaine | française | indienne | espagnole | méditerranéenne | moyen-orientale

FANDOM MEDIA

Tous droits réservés. Aucune partie de cette publication ne peut être reproduite, distribuée ou transmise sous quelque forme ou par quelque moyen que ce soit, y compris la photocopie, l'enregistrement ou d'autres méthodes électroniques ou mécaniques, sans l'autorisation écrite préalable de l'éditeur, sauf dans le cas de brèves citations incorporées dans des critiques et de certaines autres utilisations non commerciales autorisées par la loi sur les droits d'auteur.

Pour toute demande d'autorisation, veuillez nous contacter à l'adresse suivante

marketing@newampersand.com

ISBN 9791193438190

Guide des régions de Séoul

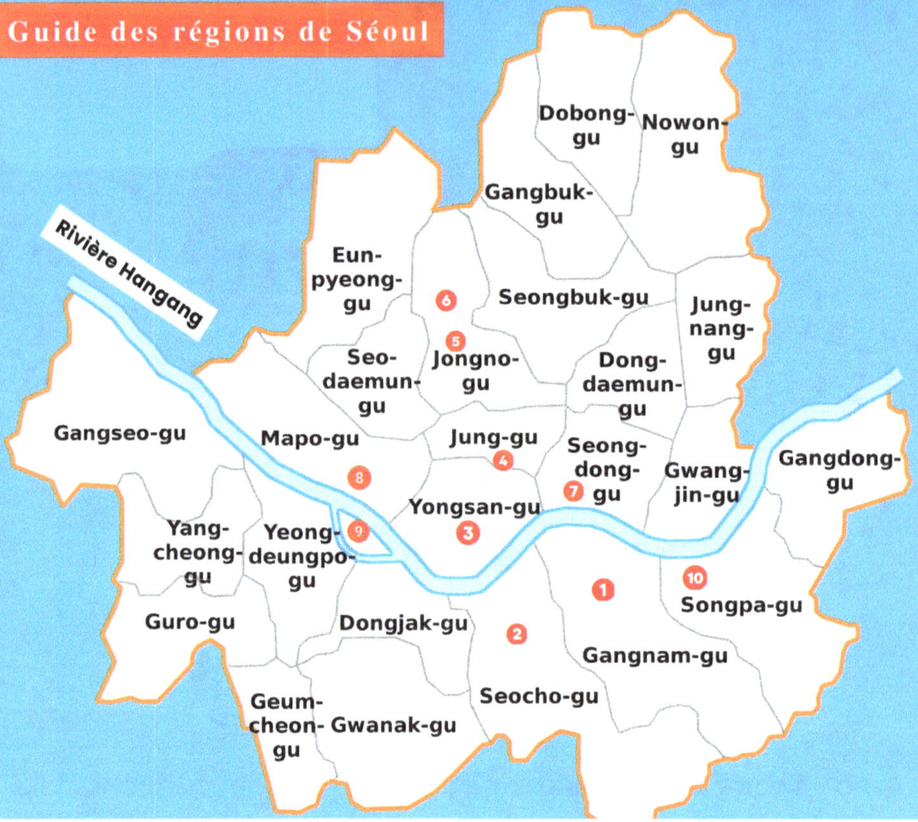

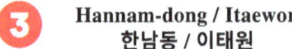

1 **Apgujeong / Cheongdam / Garosu-gil**
압구정 / 청담 / 가로수길

Apgujeong et Cheongdam sont des quartiers chics réputés pour leur ambiance élégante, leurs boutiques haut de gamme et leur scène gastronomique dynamique. Les visiteurs peuvent y découvrir une multitude de restaurants huppés proposant des plats gastronomiques, des cafés distingués spécialisés dans le café artisanal et des boutiques de desserts sophistiquées proposant des gâteries décadentes. Garosu-gil offre un large éventail d'options de restauration, de bistrots confortables à des restaurants branchés, en passant par des boulangeries gastronomiques et des cafés à desserts.

3 **Hannam-dong / Itaewon**
한남동 / 이태원

Hannam-dong est célèbre pour ses restaurants haut de gamme, ses cafés chics et ses restaurants spécialisés, qui attirent une clientèle sophistiquée à la recherche de goûts raffinés et d'atmosphères élégantes. Itaewon, un quartier multiculturel dynamique, présente un large éventail de cuisines internationales, des authentiques kebabs turcs aux alléchants tacos mexicains, reflétant la diversité de sa communauté d'expatriés et son ambiance cosmopolite.

2 **Seocho / Seorae Village**
서초 / 서래마을

Seocho, situé le long de la rivière Han et plus au sud, offre des vues pittoresques et une ambiance détendue parfaite pour les activités de plein air. Les visiteurs peuvent découvrir diverses options de restauration, que ce soient des cafés au bord de la rivière ou des restaurants servant des grillades coréennes et de la cuisine traditionnelle. Les attractions à proximité, comme le terminal de bus express et le grand magasin Shinsegae, donnent un aperçu du mode de vie animé de Séoul et de sa scène commerciale. Seorae Village, connu comme le quartier Française de Séoul, présente des rues d'inspiration européenne et une atmosphère délicieuse. Ce quartier est un paradis pour les amateurs de cuisine, avec ses boulangeries, bistrots et cafés Française qui proposent des pâtisseries, des crêpes et des cafés.

4 **Myeong-dong**
명동

Situé au cœur de Séoul, Myeongdong est un quartier dynamique et animé, réputé pour ses boutiques, ses divertissements et ses offres culinaires délectables. Ce quartier animé attire les habitants et les touristes grâce à son atmosphère vivante et à sa scène culinaire diversifiée, allant des stands de street food coréens traditionnels aux cafés branchés proposant des desserts et des boissons dignes d'Instagram, tout en passant par les cuisines internationales.

5 Jongno / Gwanghwamun / Insa-dong
종로 / 광화문 / 인사동

Ces quartiers forment ensemble le cœur vibrant de Séoul, débordant d'histoire, de culture et de délices culinaires. Ils abritent des monuments historiques tels que le palais de Gyeongbokgung et des marchés traditionnels qui offrent un aperçu du riche patrimoine de Séoul. Insa-dong attire les visiteurs avec ses rues animées ornées de maisons de thé traditionnelles, de boutiques artisanales et de galeries d'art et d'artisanat coréen et international. Elles sont célèbres pour leurs ruelles sinueuses qui recèlent des trésors cachés, notamment des restaurants pittoresques, des cafés chics et des bars clandestins.

6 Samcheong-dong
삼청동

Réputé pour son mélange d'architecture coréenne traditionnelle et de sophistication moderne, ce quartier historique propose des galeries d'art, des magasins d'antiquités et des cafés accueillants. Les possibilités de restauration vont de l'authentique cuisine coréenne servie dans des hanok (maisons traditionnelles coréennes) à des cafés branchés. Vous pouvez vous régaler de plats coréens authentiques dans des restaurants traditionnels nichés dans des hanok pittoresques ou opter pour des promenades tranquilles tout en dégustant des en-cas coréens traditionnels.

7 Seongsu-dong
성수동

Les visiteurs peuvent se lancer dans une aventure culinaire en explorant les cafés artisanaux, les restaurants branchés et les restaurants fusion, tout en découvrant les boutiques expérimentales de marques renommées. La forêt de Séoul, située à proximité, offre une échappatoire sereine à l'agitation urbaine grâce à sa verdure luxuriante, ses sentiers de promenade tranquilles et ses installations récréatives qui en font un lieu de repos rafraîchissant.

8 Hongdae
홍대

Hongdae, abréviation de Hongik University area, est un quartier dynamique réputé pour son énergie juvénile, son ambiance artistique et son offre culinaire variée. Véritable havre de paix pour les jeunes artistes, musiciens et designers, Hongdae est animé d'une culture de rue dynamique et abrite une myriade de cafés, de restaurants et d'établissements de restauration, ainsi que des bistrots accueillants qui servent des cuisines internationales.

9 Yeouido
여의도

Yeouido est un quartier animé célébré pour sa ligne d'horizon saisissante, son ambiance dynamique et son offre culinaire variée. Niché le long de la pittoresque rivière Han, il offre des vues à couper le souffle et de vastes espaces de loisirs aux habitants et aux touristes, ainsi qu'un large éventail de lieux de restauration, des cafés pittoresques aux bistrots chics en passant par des restaurants haut de gamme.

10 Jamsil
잠실

Ancré près de l'emblématique Lotte Tower et le vaste complexe Lotte World, qui comprend le plus grand parc d'attractions couvert du monde, Jamsil est un centre animé tant pour les habitants que pour les touristes. Le lac Seokchon ajoute à son attrait, offrant des vues pittoresques et une échappée tranquille. Les visiteurs peuvent profiter d'une gamme variée d'expériences gastronomiques, allant de cafés confortables à des restaurants haut de gamme, faisant de Jamsil un paradis gastronomique.

Restaurants et cafés par région

① Apgujeong / Cheongdam / Garosu-gil
압구정 / 청담 / 가로수길

Scannez pour obtenir la liste interactive sur Naver Map !

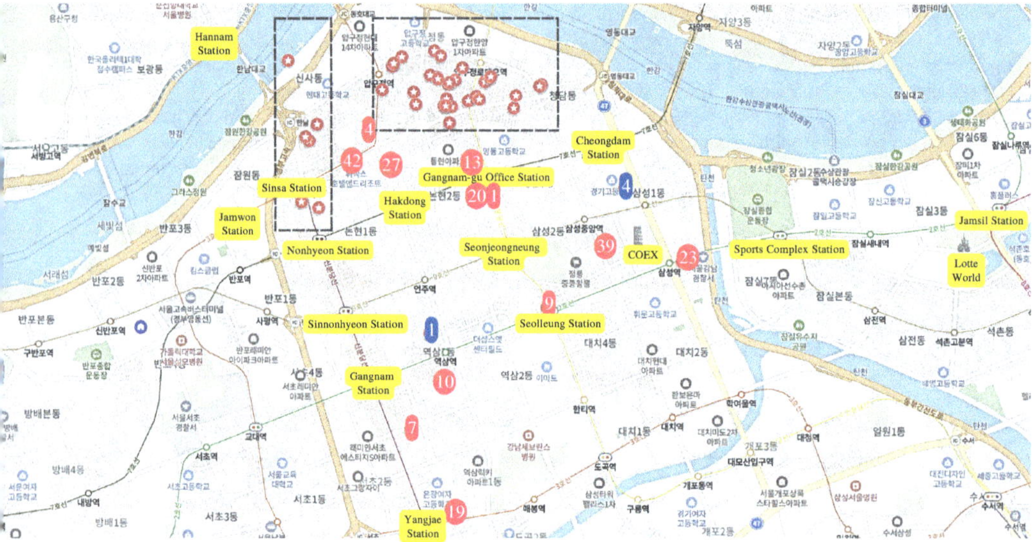

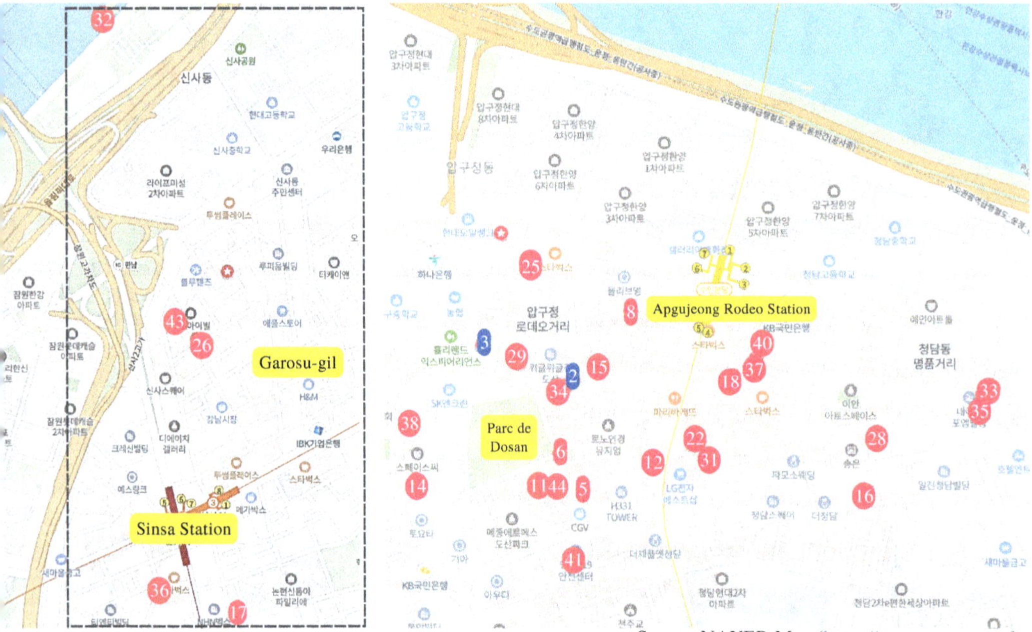

Source: NAVER Map (https://map.navaer.com/)

1	Bong Mil Ga (Gangnam-gu Office Station) 봉밀가 강남구청역	Naengmyeon - nouilles froides **P. 56**
3	Boseulboseul (succursale principale de Apgujeong) 보슬보슬 압구정본점	Kimbap **P. 89**
4	Buvette 부베트	Française **P. 125**
5	Centre Cheongdam 센트레 청담	Cuisine occidentale **P. 135**
6	Clap Pizza Cheongdam 클랩피자 청담	Pizza - à l'américaine **P. 114**
7	Dae Ryeo Do 대려도	Chinoise - général **P. 94**
8	Dak Euro Ga (succursale principale de Apgujeong) 닭으로가 압구정 본점	Dak Galbi - poulet mariné sauté **P. 52**

9	Dong Hwa Go Ok (succursale de Seolleung) 동화고옥 선릉점	Hanjeongsik - table d'hôte coréenne **P. 77**
10	Dotgogi 506 돌고기506	Samgyeopsal - poitrine de porc grillée	Jeyuk Bokkeum - porc sauté épicé **P. 55**
11	Evett 에빗	Contemporaine coréenne **P. 83**
12	Forest Cheongdam 포레스트 청담	Italienne **P. 115**
13	Gebang Sikdang 게방식당	Gejang - crabe cru mariné **P. 64**
14	Geumsu Bok-guk (succursale de Apgujeong) 금수복국 압구정점	Bok-guk - soupe de poisson-globe **P. 43**
15	Gudeul 구들	Contemporaine coréenne **P. 84**
16	Homuran (Cheongdam) 호무란 (청담)	Ramen / Soba / Sushi **P. 99**
17	Illyang Huoguo 인량훠궈	Chinoise - Huogo / Malatang **P. 98**
18	Jeongsikdang 정식당	Contemporaine coréenne **P. 84**
19	Jeremy Burger 제레미버거	Burger **P. 111**
20	Jin Jeonbok Samgyetang (succursale principale) 진전복삼계탕 본점	Samgyetang - soupe de poulet au ginseng **P. 36**
21	JS Garden (succursale de Apgujeong) JS 가든 압구정점	Chinoise - général **P. 95**
22	Kantipur 칸티푸르	Indienne **P. 129**
23	Kappo Akii (succursale de Samseong) 갓포아키 삼성점	Sushi / Sashimi / Donburi **P. 101**
24	Kkanbu Chicken (succursale de Apgujeong Station) 깐부치킨 압구정역점	Korean Fried Chicken **P. 71**
25	Little Saigon (Apgujeong Station) 리틀사이공 압구정점	Vietnamienne **P. 107**
26	Menchuru (succursale de Sinsa) 멘츠루 신사점	Ramen / Soba **P. 99**
27	Mia Saigon 미아사이공	Vietnamienne **P. 107**
28	Mong Jung Heon (succursale de Cheongdam) 몽중헌 청담점	Chinoise - Dimsum **P. 94**
29	Mukjeon 묵전	Jeon - crêpe coréenne **P. 73**
30	Mutan (succursale principale de Apgujeong) 무탄 압구정본점	Chinoise - général **P. 95**
31	Namsan Teo (succursale principale de Cheongdam) 남산터 청담본점	Budaejjigae - « ragoût de l'armée » **P. 43**
32	ON 오엔	Cuisine occidentale **P. 135**
33	Pairing Room 페어링룸	Italienne **P. 115**
34	Passione 파씨오네	Française **P. 125**
35	People The Terrace 피플더테라스	Cuisine occidentale **P. 136**
36	Pro Ganjang Gejang (succursale principale de Sinsa) 프로간장게장 신사본점	Gejang - crabe cru mariné **P. 64**
37	Queen's Park (succursale de Cheongdam) 퀸즈파크 청담점	Cuisine occidentale **P. 136**
38	Samwon Garden 삼원가든	Korean BBQ **P. 50**
39	Seobaekja Ganjang Gejang 서백자간장게장	Gejang - crabe cru mariné **P. 65**
40	Sun The Bud 썬더버드	Cuisine occidentale **P. 137**
41	Sushi Koji 스시코우지	Sushi / Sashimi / Donburi **P. 102**
42	Teukbyeolhan Obok Susan 특별한오복수산	Sushi / Sashimi / Donburi **P. 102**
43	Traga 트라가	Espagnole **P. 131**
44	Volpino 볼피노	Italienne **P. 116**
1	Cafe413 Project 카페413 프로젝트	Café & Dessert **P. 143**
2	Conte de Tulear 꽁티드툴레아	Café & Dessert **P. 143**
3	Dalmatian 달마시안	Café & Dessert **P. 144**
4	Yeon Hoe Dawon 연회다원	Maison de thé coréenne traditionnelle **P. 159**

Bibimbap - bol de riz mélangé | **Samgyetang** - soupe de poulet au ginseng | **Bok-guk** - soupe de poisson-globe
Budaejjigae - « ragoût de l'armée » **Dak Galbi** - poulet mariné sauté | **Gejang** - crabe cru mariné
Hanjeongsik - table d'hôte coréenne **Jeon** - crêpe coréenne | **Juk** - porridge | **Kalguksu** - nouilles coupées au couteau
Kimbap - Rouleau de riz aux algues coréennes **Miyeok-guk** - soupe aux algues | **Naengmyeon** - nouilles froides
Samgyeopsal - poitrine de porc grillée **Jeyuk Bokkeum** - porc sauté épicé
Seolleong-tang / Gom-tang - Soupe au bœuf (os) | **Sundubu Jjigae** - ragoût de tofu soyeux
Sundae - saucisse de sang **Tteokbokki** - gâteau de riz sauté

❷ Seocho / Seorae Village 서초 / 서래마을

Scannez pour obtenir la liste interactive sur Naver Map !

Source: NAVER Map (https://map.navaer.com/)

1	Sam Dae Samgye Jang In 3대삼계장인	Samgyetang - soupe de poulet au ginseng **P. 36**
2	Baksikgot 박식곳	Bibimbap - bol de riz mélangé **P. 30**
3	Brooklyn The Burger Joint 브루클린 더 버거조인트	Burger **P. 111**
4	Cha'R (Famille Station) 차알 파미에스테이션점	Américano-chinoise **P. 93**
5	Cocina España 꼬시나 에스파냐	Espagnole **P. 131**
6	Isola Restaurant 이솔라 레스토랑	Italienne **P. 116**
7	Modern Nullang (succursale de Central City) 모던눌랑 센트럴시티점	Chinoise - général **P. 96**
8	Pujuok 푸주옥	Seolleong-tang / Gom-tang - soupe au bœuf (os) **P. 45**
9	Seocho Myeon Ok (succursale principale) 서초면옥 본점	Naengmyeon - nouilles froides **P. 56**
10	Seorae Miyeok 서래미역	Miyeok-guk - soupe aux algues **P. 44**
11	Slim Bibimbap (succursale principale de Bangbae) 슬림비빔밥 방배본점	Bibimbap - bol de riz mélangé **P. 30**
12	Sugar Skull (succursale de Central City) 슈가스컬 센트럴시티점	Mexicaine - Tex-Mex **P. 123**
13	Villa de Spicy (succursale de Famille Station) 빌라드스파이시 파미에스테이션점	Tteokbokki **P. 89**
14	Woo Cham Pan (succursale principale de Seorae) 우참판 서래본점	Korean BBQ **P. 50**
15	Yoon 윤	Française **P. 126**

1	Cafe de Lyon (succursale principale de Seorae) 카페드리옹 서래본점	Café & Dessert **P. 144**
2	Cafe Eero 카페 이로	Café & Dessert **P. 145**
3	Le Pain Asser 르빵아쎄르	Café & Dessert **P. 145**
4	MAILLET	Café & Dessert **P. 146**
5	Munsell Coffee 먼셀커피	Café & Dessert **P. 146**
6	Tea Plant 티플랜트	Café & Dessert **P. 147**

③ Hannam-dong / Itaewon
한남동 / 이태원

Scannez pour obtenir la liste interactive sur Naver Map !

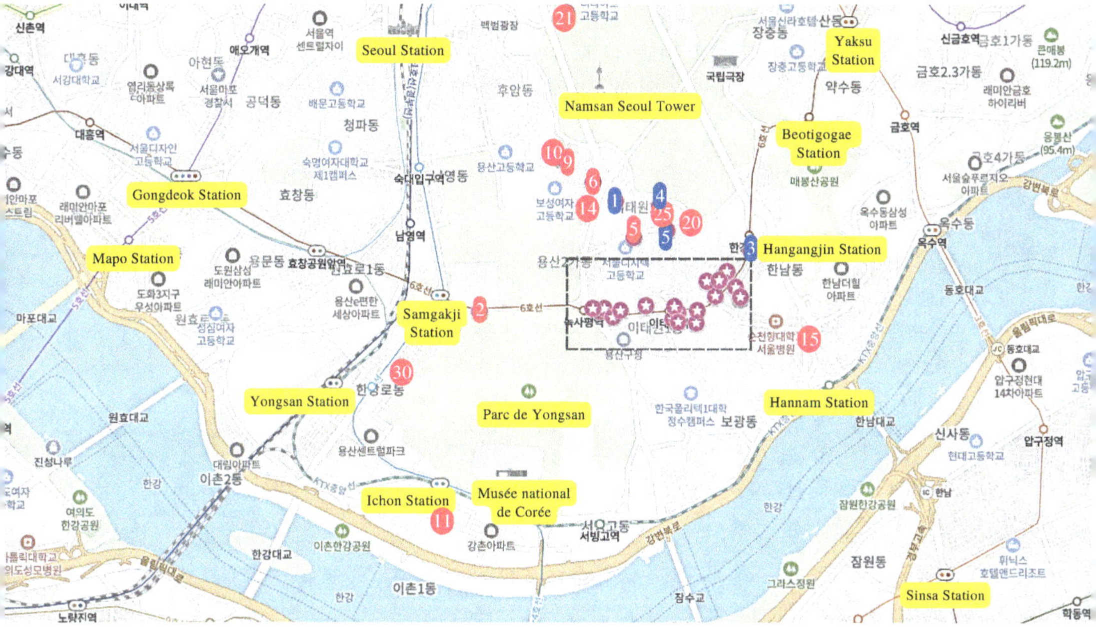

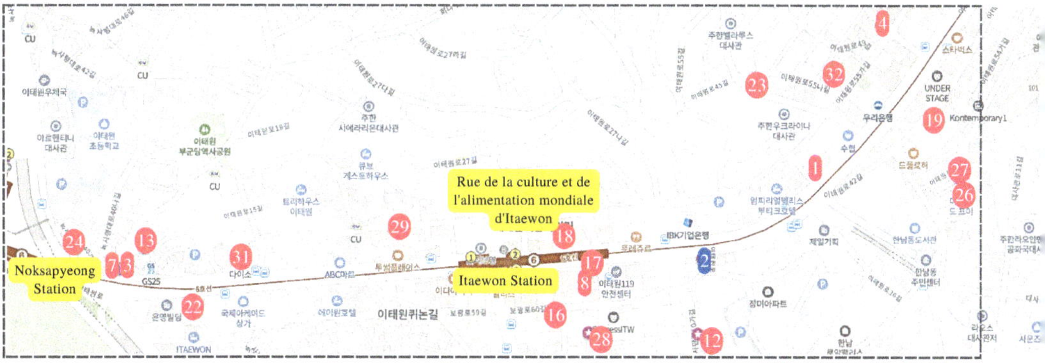

Source: NAVER Map (https://map.navaer.com/)

1. Arabesque 아라베스크 | Méditerranée et Moyen-Orient **P. 133**
2. Baecnyun Tojong Samgyetang (Gukbang Garden) 백년토종삼계탕 국방가든 | Samgyetang - soupe de poulet au ginseng **P. 37**
3. Buddha's Belly 부다스벨리 | Thaïlandaise **P. 105**
4. Buzza Pizza 부자피자 | Pizza - à l'italienne **P. 119**
5. Cho Seung Dal 초승달 | Sushi / Sashimi / Donburi **P. 82**
6. CommeMoa 꼼모아 | Française **P. 126**
7. Coreanos Kitchen 코레아노스키친 | Mexicaine - Tex-Mex **P. 124**
8. Dubai Restaurant 두바이레스토랑 | Méditerranée et Moyen-Orient **P. 133**
9. H5NG | Américano-chinoise **P. 93**
10. Haebangchon Dak 해방촌닭 | Korean Fried Chicken **P. 71**
11. Han Ppuri Juk (succursale principale d'Ichon) 한뿌리죽 이촌본점 | Juk - porridge **P. 68**
12. Hannam Myeon Ok 한남면옥 | Naengmyeon - nouilles froides **P. 57**
13. Il Chiasso 일키아소 | Italienne **P. 117**
14. Jacoby Burger 자코비버거 | Burger **P. 112**
15. Jangjinyeong Ganjang Gejang 장지녕 간장게장 | Gejang - crabe cru mariné **P. 65**
16. Jeonji Jeonneung 전지전능 | Jeon - crêpe coréenne **P. 74**

17	Kervan Restaurant 케르반 레스토랑	Méditerranée et Moyen-Orient **P. 134**
18	Kkuing 꾸잉	Vietnamienne **P. 108**
19	La Cruda 라 크루다	Mexicaine - authentique **P. 122**
20	La Cucina 라 쿠치나	Italienne **P. 117**
21	Mok Myeok Sanbang (succursale de Namsan Tower) 목벽산방 남산타워점	Bibimbap - bol de riz mélangé **P. 31**
22	Motor City (succursale d'Itaewon) 모터시티 이태원점	Pizza - à l'américaine **P. 114**
23	Oasis Hannam 오아시스 한남	Cuisine occidentale **P. 137**
24	Petra 페트라	Méditerranée et Moyen-Orient **P. 134**
25	Saladaeng Embassy 살라댕앰버시	Thaïlandaise **P. 105**
26	Seo 쎄오	Française **P. 127**
27	Sowana 소와나	Korean BBQ **P. 51**
28	Taji Palace 타지팰리스	Indienne **P. 129**
29	Tapas Bar 타파스바	Espagnole **P. 132**
30	The 100(Baek) Terrace 더백테라스	Burger **P. 112**
31	Vatos (succursale d'Itaewon) 바토스 이태원점	Mexicaine - authentique **P. 122**
32	DOTZ	Cuisine occidentale **P. 138**

1	Bo Market (succursale de Gyeongridan) 보마켓 경리단점	Café & Dessert **P. 147**
2	Kervan Bakery & Cafe 케르반베이커리&카페	Café & Dessert **P. 148**
3	Passion 5 패션 5	Café & Dessert **P. 148**
4	Rain Report 레인리포트	Café & Dessert **P. 149**
5	uphill namsan	Café & Dessert **P. 149**

④ Myeong-dong 명동

Scannez pour obtenir la liste interactive sur Naver Map !

Source: NAVER Map (https://map.navaer.com/)

| 1 | Baekje Samgyetang 백제삼계탕 | Samgyetang - soupe de poulet au ginseng **P. 37**
| 2 | Bonjuk&Bibimbap Cafe (2e succursale de Myeongdong) 본죽&비빔밥cafe 명동 2호점 | Bibimbap - bol de riz mélangé/ Juk - porridge **P. 31**
| 3 | Hadonggwan 하동관 | Seolleong-tang / Gom-tang - soupe au bœuf (os) **P. 45**
| 4 | Hamcho Ganjang Gejang 함초간장게장 | Gejang - crabe cru mariné **P. 66**
| 5 | Korea Samgyetang 고려삼계탕 | Samgyetang - soupe de poulet au ginseng **P. 38**
| 6 | L'Amant Secret 라망시크레 | Française **P. 127**
| 7 | Manjok Ohyang Jokbal 만족오향족발 | Jokbal - pieds de porc **P. 54**
| 8 | Myeongdong Chungmu Kimbap 명동충무김밥 | Kimbap **P. 90**
| 9 | Myeongdong Hamheung Myeon Ok (succursale principale) 명동함흥면옥 본점 | Naengmyeon - nouilles froides **P. 57**
| 10 | Palais de Chine 팔레드신 | Chinoise - général **P. 96**
| 11 | Tong Tong Kimbap (succursale de Hoehyeon) 통통김밥 회현점 | Kimbap **P. 90**
| 12 | Wang Bi Jip (succursale de Myeongdong Central) 왕비집 명동중앙점 | Korean BBQ **P. 51**
| 1 | Seolbing (succursale de Myeongdong) 설빙 명동점 | Café coréen et dessert **P. 163**

5 Jongno / Gwanghwamun / Insa-dong 종로 / 광화문 / 인사동

Scannez pour obtenir la liste interactive sur Naver Map !

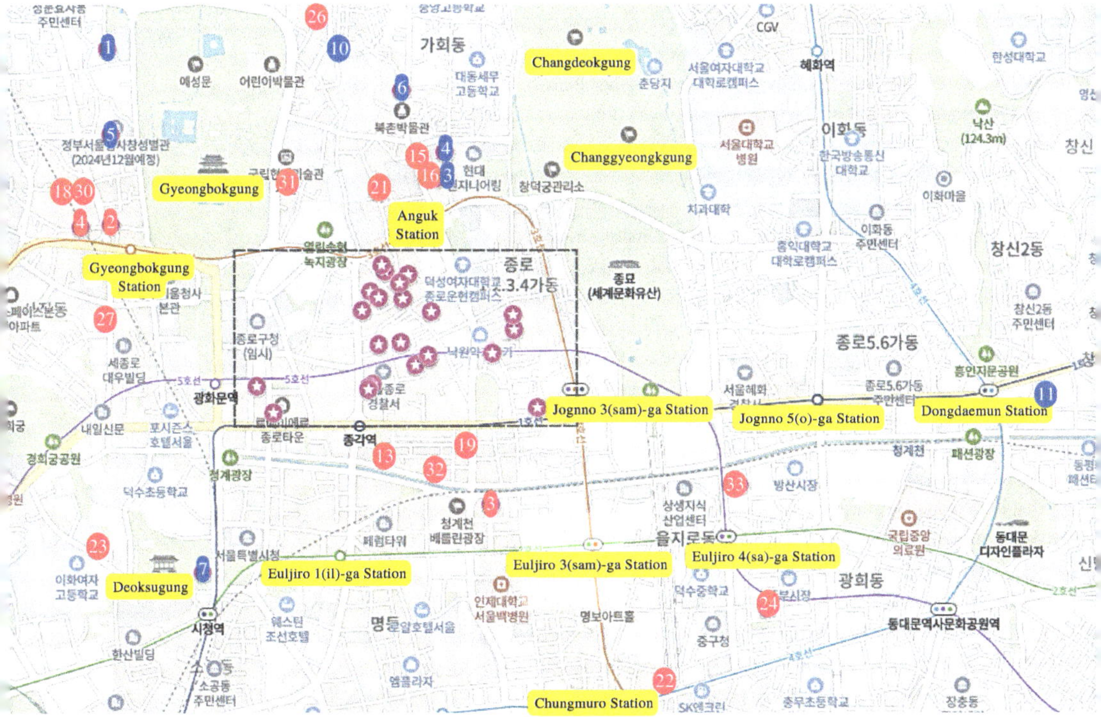

Source: NAVER Map (https://map.navaer.com/)

| 1 | Balwoo Gongyang 발우공양 | Hanjeongsik - table d'hôte coréenne **P. 77**
| 2 | Bonjuk&Bibimbap Cafe (succursale de Gyeongbokgung Station) 본죽&비빔밥cafe 경복궁역점 | Bibimbap - bol de riz mélangé / Juk - porridge **P. 32**
| 3 | Chai797 (succursale de Euljiro) 차이797 을지로점 | Chinoise - général **P. 97**
| 4 | Chebudong Janchi Jip 체부동잔치집 | Jeon - crêpe coréenne **P. 74**
| 5 | Chwiyabeol Guksi 취야벌 국시 | Kalguksu - nouilles coupées au couteau **P. 60**
| 6 | El Carnitas (succursale d'Ikseon) 엘까르니따스 익선점 | Mexicaine - authentique **P. 123**
| 7 | Gam Chon 감촌 | Sundubu Jjigae - ragoût de tofu soyeux **P. 47**
| 8 | Hanaro Hoegwan 하나로회관 | Hanjeongsik - table d'hôte coréenne **P. 78**
| 9 | Imun Seolleongtang 이문설렁탕 | Seolleong-tang / Gom-tang - soupe au bœuf (os) **P. 46**

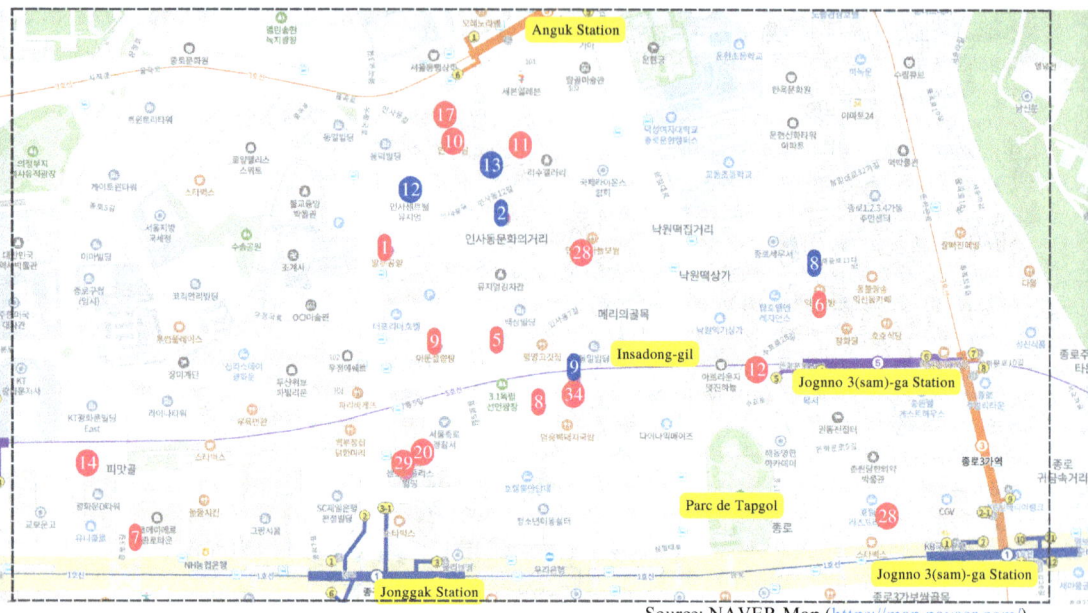

Source: NAVER Map (https://map.navaer.com/)

| 10 | Insadodam 인사도담 | Bibimbap - bol de riz mélangé **P. 32**
| 11 | Insadong Chon 인사동 촌 | Hanjeongsik - table d'hôte coréenne **P. 78**
| 12 | Jang Su Samgyetang 장수삼계탕 | Samgyetang - soupe de poulet au ginseng **P. 39**
| 13 | Jongno Samgyetang 종로삼계탕 | Samgyetang - soupe de poulet au ginseng **P. 39**
| 14 | Juyu Byeoljang (succursale de D Tower) 주유별장 D타워점 | Contemporaine coréenne **P. 85**
| 15 | Keun Giwa Jip 큰기와집 | Gejang - crabe cru mariné **P. 66**
| 16 | Kkang Tong Mandu 깡통만두 | Kalguksu - nouilles coupées au couteau **P. 61**
| 17 | Kkot Bap E Pida 꽃밥에피다 | Contemporaine coréenne **P. 85**
| 18 | Maji 마지 | Hanjeongsik - table d'hôte coréenne **P. 79**
| 19 | Mala Jung Dok 마라중독 | Chinoise - Huogo / Malatang **P. 98**
| 20 | Michael By Haevichi 마이클바이해비치 | Italienne **P. 118**
| 21 | Nyahang in Anguk 냐항in안국 | Vietnamienne - Bahn Mi **P. 108**
| 22 | Obaltan (succursale de Chungmuro) 오발탄 충무로점 | Gopchang - intestins grillés **P. 53**
| 23 | Odd House 오드하우스 | Cuisine occidentale **P. 138**
| 24 | Ojangdong Hamheung Naengmyeon 오장동 함흥냉면 | Naengmyeon - nouilles froides **P. 58**
| 25 | Palpandong Kkoma Gimbap & Toast 팔판동꼬마김밥 앤 토스트 | Kimbap **P. 91**
| 26 | Sabal 사발 | Bibimbap - bol de riz mélangé **P. 33**
| 27 | San Chon 산촌 | Hanjeongsik - table d'hôte coréenne **P. 79**
| 28 | Simin Sikdang (succursale principale) 시민식당 본점 | Samgyeopsal - poitrine de porc grillée **P. 55**
| 29 | Soowoon 수운 | Hanjeongsik - table d'hôte coréenne **P. 80**
| 30 | To Sok Chon Samgyetang 토속촌 삼계탕 | Samgyetang - soupe de poulet au ginseng **P. 38**
| 31 | The Hanok Which Smith Likes 스미스가좋아하는한옥 | Italienne **P. 118**
| 32 | Jin Joong Uyuk Myeongwan Gwanghwamun 진중 우육면관 광화문 | Chinoise - général **P. 97**
| 33 | Woo Lae Oak 우래옥 | Naengmyeon - nouilles froides **P. 58**
| 34 | Yangban Daek 양반댁 | Hanjeongsik - table d'hôte coréenne **P. 80**

| 1 | Archivist 아키비스트 | Café & Dessert **P. 150**
| 2 | Ddong Cafe 또옹카페 | Café & Dessert **P. 152**
| 3 | Dotori Garden 도토리가든 | Café & Dessert **P. 150**
| 4 | Hollow 할로우 | Café & Dessert **P. 151**
| 5 | onground 온그라운드 | Café & Dessert **P. 151**
| 6 | Osulloc Tea House (succursale de Bukchon) 오설록티하우스 북촌점 | Maison de thé coréenne traditionnelle **P. 162**

7	Sarang 사랑	Maison de thé coréenne traditionnelle P. 161
8	Tteul An 뜰안	Maison de thé coréenne traditionnelle P. 162
9	Areumdaun Cha Bakmulgwan 아름다운 차 박물관	Maison de thé coréenne traditionnelle P. 159
10	Cha Masineun Tteul 차 마시는 뜰	Maison de thé coréenne traditionnelle P. 160
11	Cha Cha Tea Club 차차티클럽	Maison de thé coréenne traditionnelle P. 160
12	Damccot (succursale de Annyeong Insadong) 담장옆에국화꽃 안녕인사동점	Maison de thé coréenne traditionnelle P. 164
13	Hanok Chat Jip 한옥찻집	Maison de thé coréenne traditionnelle P. 161

6 Samcheong-dong 삼청동

Scannez pour obtenir la liste interactive sur Naver Map !

Source: NAVER Map (https://map.navaer.com/)

1	Bukchon Makguksu 북촌막국수	Kalguksu - nouilles coupées au couteau P. 61
2	Hwang Saeng Ga Kalguksu 황생가칼국수	Kalguksu - nouilles coupées au couteau P. 62
3	Kkul Bapsang 꿀밥상	Hanjeongsik - table d'hôte coréenne P. 81
4	Siraegi Dameum 시래기담은	Bibimbap bol de riz mélangé P. 33
5	So Seon Jae 소선재	Hanjeongsik - table d'hôte coréenne P. 81
1	Geoul Hanok Mirror Room 거울한옥 미러룸	Café coréen et dessert P. 164
2	Suyeon Sangbang 수연상방	Maison de thé coréenne traditionnelle P. 163

 Seongsu-dong 성수동

 Scannez pour obtenir la liste interactive sur Naver Map !

Source: NAVER Map (https://map.navaer.com/)

1. Chil Seong Ot Dak 칠성옻닭 | Samgyetang - soupe de poulet au ginseng **P. 40**
2. Daban 다반 | Contemporaine coréenne **P. 86**
3. Halmeoniui Recipe 할머니의 레시피 | Bibimbap - bol de riz mélangé **P. 34**
4. Maha Chai (succursale principale de Seongsu) 마차하이 성수본점 | Thaïlandaise **P. 106**
5. Maison Pipeground 메종 파이프그라운드 | Cuisine occidentale **P. 139**
6. Rongmen 롱멘 | Ramen / Soba **P. 100**
7. Seongsu Jokba 성수족발 | Jokbal - pieds de porc **P. 54**
8. Seouloin (succursale de Seoul Forest) 서울로인 서울숲점 | Contemporaine coréenne **P. 86**
9. Zesty Saloon Seongsu 제스티살룬 성수 | Burger **P. 113**

1. Around Day 어라운드데이 | Café & Dessert **P. 152**
2. Bontemps (succursale de Seoul Forest) 봉땅 서울숲점 | Café & Dessert **P. 153**
3. Meerkat Jokjang 미어캣족장 | Animal Lounge & Café **P. 141**
4. Nudake Seongsu 누데이크 성수 | Café & Dessert **P. 153**
5. Pumpkin Pet House 펌킨 펫하우스 | Animal Lounge & Café **P. 141**
6. Scene 쎈느 | Café & Dessert **P. 154**
7. Seoul Aengmusae 서울앵무새 | Café & Dessert **P. 154**

8 Hongdae 홍대

Scannez pour obtenir la liste interactive sur Naver Map !

Source: NAVER Map (https://map.navaer.com/)

1	Bebap 비밥 | Bibimbap - bol de riz mélangé **P. 34**
2	Bibiri 2 비비리2 | Bibimbap - bol de riz mélangé **P. 35**
3	Chosun Choga Hankki (succursale de Mapo) 조선초가한끼 마포점 | Hanjeongsik - table d'hôte coréenne **P. 82**
4	Double Play Chicken (succursale de Hongdae) 더블플레이치킨 홍대점 | Korean Fried Chicken **P. 72**
5	El Bistec 엘비스텍 | Espagnole **P. 132**
6	Euijeongbu Budaejjigae 의정부 부대찌개 | Budaejjigae - « ragoût de l'armée » **P. 44**
7	Eulmildae Pyeongyang Naengmyeon 을밀대 평양냉면 | Naengmyeon - nouilles froides **P. 59**
8	Fullinamite 풀리너마이트 홍대 | Burger **P. 113**
9	Ixchel 익스첼 | Mexicaine - Tex-Mex **P. 124**
10	Janchi Hoegwan 잔치회관 | Jeon - crêpe coréenne **P. 75**
11	Jang In Dakgalbi (succursale de Hongdae) 장인닭갈비 홍대점 | Dak Galbi - poulet mariné sauté **P. 53**
12	Ok Dong Sik 옥동식 | Seolleong-tang / Gom-tang - soupe au bœuf (os) **P. 46**
13	Oreno Ramen (succursale principale) 오레노라멘 본점 | Ramen / Soba **P. 100**
14	Osteria Rio 오스테리아 리오 | Italienne **P. 119**
15	Seosan Kkotge 서산 꽃게 | Gejang - crabe cru mariné **P. 67**
16	Soi Yeonnam 소이연남 | Vietnamienne **P. 109**
17	Spacca Napoli 스파카나폴리 | Pizza - à l'italienne **P. 120**
18	Swig Vin 스위그뱅 | Cuisine occidentale **P. 139**
19	The Kitchen Asia (succursale de Hongdae) 더키친아시아 홍대점 | Indienne **P. 130**
20	Yeokjeon Hoegwan 역전회관 | Korean BBQ **P. 52**
1	Ferret World 페럿월드 | Animal Lounge & Café **P. 142**
2	Miikflo (succursale de Hongdae) 미크플로 홍대점 | Café & Dessert **P. 155**
3	Mohssen's Sweets (succursale principale de Hongdae) 모센즈스위트 홍대본점 | Café & Dessert **P. 155**
4	Mokhwaci Lounge 목화씨라운지 | Café & Dessert **P. 156**
5	Roof Cat Me 루프캣미 | Animal Lounge & Café **P. 142**
6	Sutek 수택 | Café & Dessert **P. 156**
7	Tailor Coffee (succursale de Yeonnam) 테일러커피 연남점 | Café & Dessert **P. 157**
8	the SameE 더세임카페 | Café & Dessert **P. 157**

 **9 Yeouido 여의도**

 Scannez pour obtenir la liste interactive sur Naver Map !

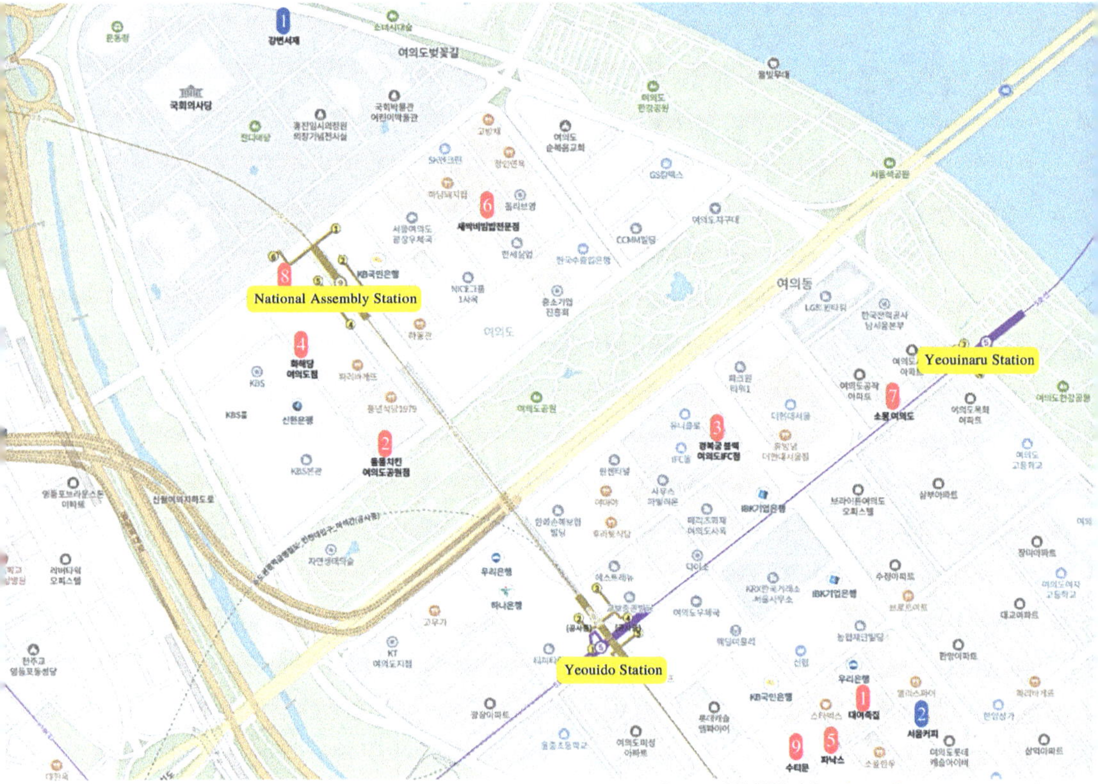

Source: NAVER Map (https://map.navaer.com/)

1. Daeyeo Juk Jip 대여죽집 | Juk - porridge **P. 69**
2. Dul Dul (Two Two) Chicken (succursale de Yeouido Park) 둘둘치킨 여의도공원점 | Korean Fried Chicken **P. 72**
3. Gyeongbokgung Black (succursale de Yeouido IFC)
경복궁 블랙 여의도IFC점 | Hanjeongsik - table d'hôte coréenne **P. 82**
4. Hwa Hae Dang (succursale de Yeouido) 화해당 여의도점 | Gejang - crabe cru mariné **P. 67**
5. Panax 파낙스 | Samgyetang - soupe de poulet au ginseng **P. 40**
6. Saessak Bibimbap Jeonmunjeom 새싹비빔밥전문점 | Bibimbap - bol de riz mélangé **P. 35**
7. Somong 소몽 | Ramen / Soba **P. 101**
8. Sushi Miso (succursale de National Assembly) 스시미소 국회의사당점 | Sushi / Sashimi / Donburi **P. 103**
9. Sutimun 수티문 | Hanjeongsik - table d'hôte coréenne **P. 87**
1. Ganngbyeon Seojae 강변서재 | Café & Dessert **P. 158**
2. Seoul Coffee 서울커피 | Café & Dessert **P. 158**

 **Jamsil 잠실**

 Scannez pour obtenir la liste interactive sur Naver Map !

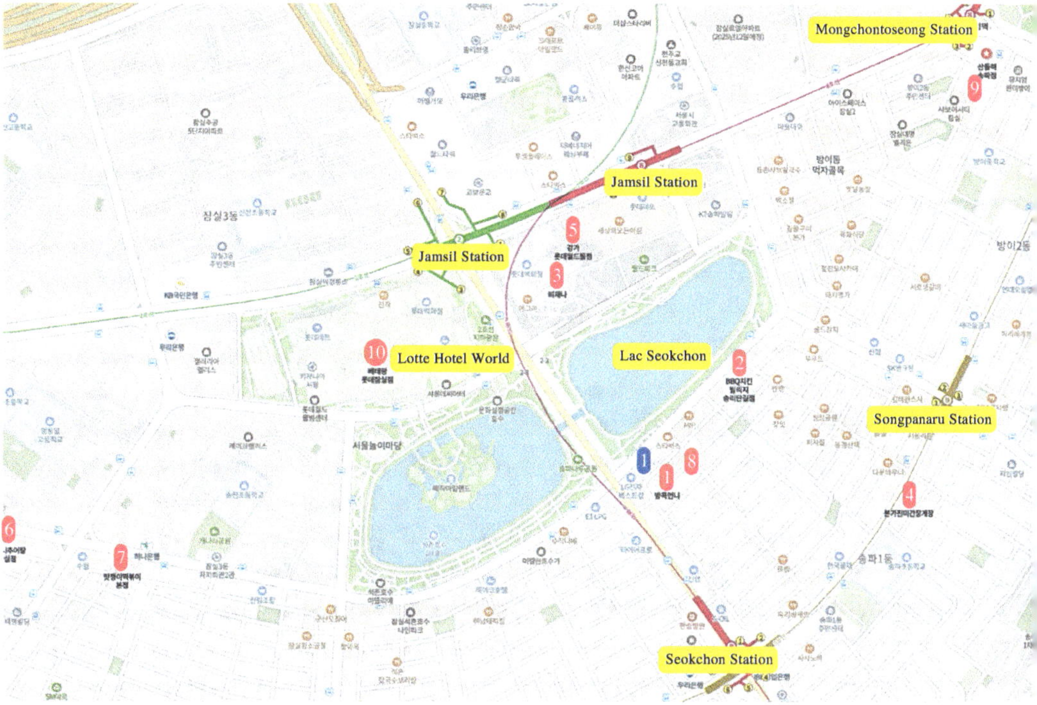

Source: NAVER Map (https://map.navaer.com/)

1	Bangkok Eonni 방콕언니	Thaïlandaise P. 106
2	BBQ Chicken Village (succursale de Songlidan-gil) BBQ치킨 빌리지 송리단길점	Korean Fried Chicken P. 73
3	Bicena 비채나	Contemporaine coréenne P. 87
4	Bonga Jinmi Ganjang Gejang 본가진미 간장게장	Gejang - crabe cru mariné P. 68
5	Gangga (succursale de Lotte World Mall) 강가 롯데월드몰점	Indienne P. 130
6	Halmeoni Chueo-tang (succursale de Jamsil) 할머니추어탕 잠실점	Chueo-tang - soupe de poisson d'eaux vaseuses P. 47
7	Mat Jaeng I Tteokbokki (succursale principale) 맛쟁이떡볶이 본점	Tteokbokki P. 91
8	Pizzeria Lago 피제리아라고	Pizza - à l'italienne P. 120
9	Sandlehae (succursale de Songpa) 산들해 송파점	Hanjeongsik - table d'hôte coréenne P. 83
10	Veteran (succursale de Lotte Jamsil) 베테랑 롯데잠실점	Kalguksu - nouilles coupées au couteau P. 62
1	My Seoul Bites 마이서울바이츠	Café coréen et dessert P.165

Marchés traditionnels coréens et cuisine de rue

La visite des marchés traditionnels coréens permet de découvrir l'héritage culinaire de la Corée et l'effervescence de la vie locale. Chaque marché a son propre caractère, avec des rangées d'étals colorés, des vendeurs de produits et des spécialités locales qui en font des destinations idéales pour les touristes gourmands.

Le marché Mangwon 망원시장 offre une touche plus moderne, combinant les aliments traditionnels avec des offres uniques et branchées. On y trouve de tout, des snacks frits classiques et des galettes de riz aux sucreries inventives qui reflètent l'évolution de la culture alimentaire coréenne. C'est également un endroit populaire pour les produits frais et la nourriture de rue, ce qui donne aux visiteurs un aperçu de la jeunesse et de l'innovation de Séoul.

Le marché de Gwangjang 광장시장 est un lieu incontournable pour goûter à l'authentique cuisine de rue coréenne, comme les bindaetteok 빈대떡 (crêpes aux haricots mungo), les mayak kimbap 마약김밥 (mini-rouleaux de riz addictifs). Ce marché est particulièrement animé et constitue un endroit fantastique pour découvrir les traditions culinaires coréennes de première main tout en se mêlant aux habitants.

- **광장시장**: 서울 종로구 예지동 2-1 **Gwangjang Market:** Jongno-gu Yeji-dong 2-1
- **망원시장**: 서울 마포구 포은로6길 27 **Mangwon Market:** Mapo-gu Poeun-ro 6-gil 27
- **노량진 수산시장** 서울 동작구 노들로 674 **Noryangjin Fish Market:** Dongjak-gu Nodeul-ro 674

Le marché aux poissons de Noryangjin 노량진수산시장 à Dongjak-gu est l'un des plus grands et des plus célèbres marchés aux fruits de mer de Corée, connu pour son vaste choix de fruits de mer frais, des poissons aux crustacés en passant par le poulpe et le crabe royal. Les visiteurs peuvent choisir des fruits de mer vivants et les faire préparer sur place dans l'un des restaurants du marché.

Restaurants et cafés par type

Cuisine coréenne - Hansik 한식

Bibimbap - bol de riz mélangé 비빔밥
- 30 Baksikgot 박식곳 | Seocho / Seorae Village
- 30 Slim Bibimbap (succursale principale de Bangbae) 슬림비빔밥 방배본점 | Seocho / Seorae Village
- 31 Mok Myeok Sanbang (succursale de Namsan Tower) 목멱산방 남산타워점 | Hannam-dong / Itaewon
- 31 Bonjuk&Bibimbap Cafe (2e succursale de Myeongdong) 본죽&비빔밥cafe 명동 2호점 | Myeong-dong
- 32 Bonjuk&Bibimbap Cafe (succursale de Gyeongbokgung Station) 본죽&비빔밥cafe 경복궁역점 | Jongno / Gwanghwamun / Insa-dong
- 32 Insadodam 인사도담 | Jongno / Gwanghwamun / Insa-dong
- 33 Sabal 사발 | Jongno / Gwanghwamun / Insa-dong
- 33 Siraegi Dameum 시래기담은 | Samcheong-dong
- 34 Halmeoniui Recipe 할머니의 레시피 | Seongsu-dong
- 34 Bebap 비밥 | Hongdae
- 35 Bibiri 2 비비리2 | Hongdae
- 35 Saessak Bibimbap Jeonmunjeom 새싹비빔밥전문점 | Yeouido

Samgyetang - soupe de poulet au ginseng 삼계탕
- 36 Jin Jeonbok Samgyetang (Gangnam-gu Office Branch) 진전복삼계탕 강남구청역 | Apgujeong / Cheongdam / Garosu-gil
- 36 Sam Dae Samgye Jang In 3대삼계장인 | Seocho / Seorae Village
- 37 Baecnyun Tojong Samgyetang (Gukbang Garden) 백년토종삼계탕 국방가든 | Hannam-dong / Itaewon
- 37 Baekje Samgyetang 백제삼계탕 | Myeong-dong
- 38 Korea Samgyetang 고려삼계탕 | Myeong-dong
- 38 To Sok Chon Samgyetang 토속촌 삼계탕 | Jongno / Gwanghwamun / Insa-dong
- 39 Jang Su Samgyetang 장수삼계탕 | Jongno / Gwanghwamun / Insa-dong
- 39 Jongno Samgyetang 종로삼계탕 | Jongno / Gwanghwamun / Insa-dong
- 40 Chil Seong Ot Dak 칠성옻닭 | Seongsu-dong
- 40 Panax 파낙스 | Yeouido

Bok-guk - soupe de poisson-globe 복국
- 43 Geumsu Bok-guk (succursale de Apgujeong) 금수복국 압구정점 | Apgujeong / Cheongdam / Garosu-gil

Budaejjigae - « ragoût de l'armée » 부대찌개
- 43 Namsan Teo (succursale principale de Cheongdam) 남산터 청담본점 | Apgujeong / Cheongdam / Garosu-gil
- 44 Euijeongbu Budaejjigae 의정부부대찌개 | Hongdae

Miyeok-guk - soupe aux algues 미역국
- 44 Seorae Miyeok 서래미역 | Seocho / Seorae Village

Seolleong-tang / Gom-tang - soupe au bœuf (os) 설렁탕 / 곰탕
- 45 Pujouk 푸주옥 | Seocho / Seorae Village
- 45 Ha Dong Gwan 하동관 | Myeong-dong
- 46 Imun Seolleongtang 이문설렁탕 | Jongno / Gwanghwamun / Insa-dong
- 46 Ok Dong Sik 옥동식 | Hongdae

Sundubu Jjigae - ragoût de tofu soyeux 순두부찌개
- 47 Gam Chon 감촌 | Jongno / Gwanghwamun / Insa-dong

Korean BBQ - Bœuf
- 50 Samwon Garden 삼원가든 | Apgujeong / Cheongdam / Garosu-gil
- 50 Woo Cham Pan (succursale principale de Seorae) 우참판 서래본점 | Seocho / Seorae Village
- 51 Sowana 소와나 | Hannam-dong / Itaewon
- 51 Wang Bi Jip (succursale de Myeongdong Central) 왕비집 명동중앙점 | Myeong-dong
- 52 Yeokjeon Hoegwan 역전회관 | Hongdae

Korean BBQ - Dak Galbi - poulet mariné sauté 닭갈비
- 52 Dak Euro Ga (succursale principale de Apgujeong) 닭으로가 압구정 본점 | Apgujeong / Cheongdam / Garosu-gil
- 53 Jang In Dakgalbi (succursale de Hongdae) 장인닭갈비 홍대점 | Hongdae

Korean BBQ - Gopchang - intestins grillés 곱창
- 53 Obaltan (succursale de Chungmuro) 오발탄 충무로점 | Jongno / Gwanghwamun / Insa-dong

Korean BBQ - Jokbal - pieds de porc 족발
- 54 Manjok Ohyang Jokbal 만족오향족발 | Myeong-dong
- 54 Seongsu Jokbal 성수족발 | Seongsu-dong

Korean BBQ - Samgyeopsal - poitrine de porc grillée | Jeyuk Bokkeum - porc sauté épicé 삼겹살 / 제육볶음
- 55 Dotgogi 506 돝고기506 | Apgujeong / Cheongdam / Garosu-gil
- 55 Simin Sikdang (succursale principale) 시민식당 본점 | Jongno / Gwanghwamun / Insa-dong

Naengmyeon - nouilles froides 냉면

56 Bong Mil Ga (Gangnam-gu Office Station) 봉밀가 강남구청역점 | Apgujeong / Cheongdam / Garosu-gil
56 Seocho Myeon Ok (succursale principale) 서초면옥 본점 | Seocho / Seorae Village
57 Hannam Myeon Ok 한남면옥 | Hannam-dong / Itaewon
57 Myeongdong Hamheung Myeon Ok (succursale principale) 명동함흥면옥 본점 | Myeong-dong
58 Ojangdong Hamheung Naengmyeon 오장동 함흥냉면 | Jongno / Gwanghwamun / Insa-dong
58 Woo Lae Oak 우래옥 | Jongno / Gwanghwamun / Insa-dong
59 Eulmildae Pyeongyang Naengmyeon 을밀대 평양냉면 | Hongdae

Kalguksu - nouilles coupées au couteau 칼국수

60 Chwiyabeol Guksi 취야벌 국시 | Jongno / Gwanghwamun / Insa-dong
61 Kkang Tong Mandu 깡통만두 | Jongno / Gwanghwamun / Insa-dong
61 Bukchon Makguksu 북촌막국수 | Samcheong-dong
62 Hwang Saeng Ga Kalguksu 황생가 칼국수 | Samcheong-dong
62 Veteran (succursale de Lotte Jamsil) 베테랑 롯데잠실점 | Jamsil

Gejang - crabe cru mariné 게장

64 Pro Ganjang Gejang (succursale principale de Sinsa) 프로간장게장 신사본점 | Apgujeong / Cheongdam / Garosu-gil
64 Gebang Sikdang 게방식당 | Apgujeong / Cheongdam / Garosu-gil
65 Seobaekja Ganjang Gejang 서백자간장게장 | Apgujeong / Cheongdam / Garosu-gil
65 Jangjinyeong Ganjang Gejang 장지녕 간장게장 | Hannam-dong / Itaewon
66 Hamcho Ganjang Gejang 함초 간장게장 | Myeong-dong
66 Keun Giwa Jip 큰기와집 | Jongno / Gwanghwamun / Insa-dong
67 Seosan Kkotge 서산 꽃게 | Hongdae
67 Hwa Hae Dang (succursale de Yeouido) 화해당 여의도점 | Yeouido
68 Bonga Jinmi Ganjang Gejang 본가진미 간장게장 | Jamsil

Juk - porridge 죽

68 Han Ppuri Juk (succursale principale d'Ichon) 한뿌리죽 이촌본점 | Hannam-dong / Itaewon
69 Daeyeo Juk Jip 대여죽집 | Yeouido

Korean Fried Chicken

71 Kkanbu Chicken (succursale de Apgujeong Station) 깐부치킨 압구정역점 | Apgujeong / Cheongdam / Garosu-gil
71 Haebangchon Dak 해방촌닭 | Hannam-dong / Itaewon
72 Double Play Chicken (succursale de Hongdae) 더블플레이치킨 홍대점 | Hongdae
72 Dul Dul (Two Two) Chicken (succursale de Yeouido Park) 둘둘치킨 여의도공원점 | Yeouido
73 BBQ Chicken Village (succursale de Songlidan-gil) BBQ치킨 빌리지 송리단길점 | Jamsil

Jeon - crêpe coréenne 전

73 Mukjeon | Apgujeong / Cheongdam / Garosu-gil
74 Jeonji Jeonneung | Hannam-dong / Itaewon
74 Chebudong Janchi Jip | Jongno / Gwanghwamun / Insa-dong
75 Janchi Hoegwan | Hongdae

Hanjeongsik - table d'hôte coréenne 한정식

77 Dong Hwa Go Ok 동화고옥 | Apgujeong / Cheongdam / Garosu-gil
77 Balwoo Gongyang 발우공양 | Jongno / Gwanghwamun / Insa-dong
78 Hanaro Hoegwan 하나로회관 | Jongno / Gwanghwamun / Insa-dong
78 Insadong Chon 인사동 촌 | Jongno / Gwanghwamun / Insa-dong
79 Maji 마지 | Jongno / Gwanghwamun / Insa-dong
79 San Chon 산촌 | Jongno / Gwanghwamun / Insa-dong
80 Soowoon | Jongno / Gwanghwamun / Insa-dong
80 Yangban Daek 양반댁 | Jongno / Gwanghwamun / Insa-dong
81 Kkul Bapsang 꿀밥상 | Samcheong-dong
81 So Seon Jae 소선재 | Samcheong-dong
82 Chosun Choga Hankki (succursale de Mapo) 조선초가한끼 마포점 | Hongdae
82 Gyeongbokgung Black (succursale de Yeouido IFC) 경복궁 블랙 여의도IFC점 | Yeouido
83 Sandlehae (succursale de Songpa) 산들해 송파점 | Jamsil

Contemporaine coréenne

83 Evett 에빗 | Apgujeong / Cheongdam / Garosu-gil
84 Gudeul 구들 | Apgujeong / Cheongdam / Garosu-gil
84 Jeongsikdang 정식당 | Apgujeong / Cheongdam / Garosu-gil
85 Juyu Byeoljang (succursale de D Tower) 주유별장 디타워점 | Jongno / Gwanghwamun / Insa-dong
85 Kkot Bap E Pida꽃밥에피다 | Jongno / Gwanghwamun / Insa-dong
86 Daban다반 | Seongsu-dong
86 Seouloin (succursale de Seoul Forest) 서울로인 서울숲점 | Seongsu-dong
87 Sutimun 수티문 | Yeouido
87 Bicena비체나 | Jamsil

Kimbap 김밥 Tteokbokki 떡볶이 Sundae 순대

89 Boseulboseul (succursale principale de Apgujeong) 보슬보슬 압구정본점 | Apgujeong / Cheongdam / Garosu-gil

Kimbap 김밥 Tteokbokki 떡볶이 Sundae 순대

- 89   Villa de Spicy (succursale de Famille Station) 빌라드스파이시 파미에스테이션점 | Seocho / Seorae Village
- 90   Myeongdong Chungmu Kimbap 명동충무김밥 | Myeong-dong
- 90   Tong Tong Kimbap (succursale de Hoehyeon) 통통김밥 회현점 | Myeong-dong
- 91   Palpandong Kkoma Gimbap & Toast 팔판동꼬마김밥 앤 토스트 | Jongno / Gwanghwamun / Insa-dong
- 91   Mat Jaeng I Tteokbokki (succursale principale) 맛쟁이떡볶이 본점 | Jamsil

Chinoise

Américano-chinoise

- 93   Cha'R (Famille Station) 차알 파미에스테이션점 | Seocho / Seorae Village
- 93   H5NG | Hannam-dong / Itaewon

Dimsum

- 94   Mong Jung Heon (succursale de Cheongdam) 몽중헌 청담점 | Apgujeong / Cheongdam / Garosu-gil

Général

- 94   Dae Ryeo Do 대려도 | Apgujeong / Cheongdam / Garosu-gil
- 95   JS Garden (succursale de Apgujeong) JS 가든 압구정점 | Apgujeong / Cheongdam / Garosu-gil
- 95   Mutan (succursale principale de Apgujeong) 무탄 압구정본점 | Apgujeong / Cheongdam / Garosu-gil
- 96   Modern Nullang (succursale de Central City) 모던놀랑 센트럴시티점 | Seocho / Seorae Village
- 96   Palais de Chine 팔레드신 | Myeong-dong
- 97   Chai797 (succursale de Euljiro) 차이797 을지로점 | Jongno / Gwanghwamun / Insa-dong
- 97   Jin Joong Uyuk Myeongwan Gwanghwamun 진중 우육면관 광화문 | Jongno / Gwanghwamun / Insa-dong

Huogo / Malatang

- 98   Illyang Huoguo 인량훠궈 | Apgujeong / Cheongdam / Garosu-gil
- 98   Mala Jung Dok 마라중독 | Jongno / Gwanghwamun / Insa-dong

Japonaise

Ramen / Soba

- 99   Homuran (Cheongdam) 호무랑 (청담) | Apgujeong / Cheongdam / Garosu-gil
- 99   Menchuru (succursale de Sinsa) 멘츠루 신사점 | Apgujeong / Cheongdam / Garosu-gil
- 100   Rongmen 롱멘 | Seongsu-dong
- 100   Oreno Ramen (succursale principale) 오레노라멘 본점 | Hongdae
- 101   Somong 소몽 | Yeouido

Sushi / Sashimi / Donburi

- 101   Kappo Akii (succursale de Samseong) 갓포아키 삼성점 | Apgujeong / Cheongdam / Garosu-gil
- 102   Sushi Koji 스시코우지 | Apgujeong / Cheongdam / Garosu-gil
- 102   Teukbyeolhan Obok Susan 특별한 오복수산 | Apgujeong / Cheongdam / Garosu-gil
- 103   Cho Seung Dal 초승달 | Hannam-dong / Itaewon
- 103   Sushi Miso (succursale de National Assembly) 스시미소 국회의사당점 | Yeouido

Thaïlandaise

- 105   Buddha's Belly 부다스벨리 | Hannam-dong / Itaewon
- 105   Saladaeng Embassy 살라댕앰버시 | Hannam-dong / Itaewon
- 106   Maha Chai (succursale principale de Seongsu) 마하차이 성수본점 | Seongsu-dong
- 106   Bangkok Eonni 방콕언니 | Jamsil

Vietnamienne

- 107   Little Saigon (Apgujeong Station) 리틀사이공 압구정점 | Apgujeong / Cheongdam / Garosu-gil
- 107   Mia Saigon 미아사이공 | Apgujeong / Cheongdam / Garosu-gil
- 108   Kkuing 꾸잉 | Hannam-dong / Itaewon
- 108   Nyahang in Anguk 냐항in안국 | Jongno / Gwanghwamun / Insa-dong
- 109   Soi Yeonnam 소이연남 | Hongdae

Américaine

Burger

- 111   Jeremy Burger 제레미버거 | Apgujeong / Cheongdam / Garosu-gil
- 111   Brooklyn The Burger Joint 브루클린 더 버거조인트 | Seocho / Seorae Village
- 112   Jacoby Burger 자코비버거 | Hannam-dong / Itaewon
- 112   The 100(Baek) Terrace 더백테라스 | Hannam-dong / Itaewon
- 113   Zesty Saloon Seongsu 제스티살룬 성수 | Seongsu-dong
- 113   Fullinamite 풀리너마이트 홍대 | Hongdae

Pizza - à l'américaine

- 114   Clap Pizza Cheongdam 클랩피자 청담 | Apgujeong / Cheongdam / Garosu-gil
- 114   Motor City (succursale d'Itaewon) 모터시티 이태원점 | Hannam-dong / Itaewon

Italienne

- 115 Forest Cheongdam 포레스트 청담 | Apgujeong / Cheongdam / Garosu-gil
- 115 Pairing Room 페어링룸 | Apgujeong / Cheongdam / Garosu-gil
- 116 Volpino 볼피노 | Apgujeong / Cheongdam / Garosu-gil
- 116 Isola Restaurant 이솔라 레스토랑 | Seocho / Seorae Village
- 117 Il Chiasso 일키아소 | Hannam-dong / Itaewon
- 117 La Cucina 라쿠치나 | Hannam-dong / Itaewon
- 118 Michael By Haevichi 마이클바이해비치 | Jongno / Gwanghwamun / Insa-dong
- 118 The Hanok Which Smith Likes 스미스가좋아하는한옥 | Jongno / Gwanghwamun / Insa-dong
- 119 Osteria Rio 오스테리아 리오 | Hongdae

Pizza - à l'italienne

- 119 Buzza Pizza 부자피자 | Hannam-dong / Itaewon
- 120 Spacca Napoli 부자피자 | Hongdae
- 120 Pizzeria Lago 피제리아라고 | Jamsil

Mexicaine

Authentic

- 122 La Cruda 라 크루다 | Hannam-dong / Itaewon
- 122 Vatos (succursale d'Itaewon) 바토스 이태원점 | Hannam-dong / Itaewon
- 123 El Carnitas (succursale d'Ikseon) 엘카르니따스 익선점 | Jongno / Gwanghwamun / Insa-dong

Tex-Mex

- 123 Sugar Skull (succursale de Central City) 슈가스컬 센트럴시티점 | Seocho / Seorae Village
- 124 Coreanos Kitchen 코레아노스키친 | Hannam-dong / Itaewon
- 124 Ixchel 익스첼 | Hongdae

Française

- 125 Buvette 부베트 | Apgujeong / Cheongdam / Garosu-gil
- 125 Passionne 파씨오네 | Apgujeong / Cheongdam / Garosu-gil
- 126 Yoon 윤 | Seocho / Seorae Village
- 126 CommeMoa 꼼모아 | Hannam-dong / Itaewon
- 127 Seo 쎄오 | Hannam-dong / Itaewon
- 127 L'Amant Secret 라망시크레 | Myeong-dong

Indiennene

- 129 Kantipur 칸티푸르 | Apgujeong / Cheongdam / Garosu-gil
- 129 Taji Palace 타지팰리스 | Hannam-dong / Itaewon
- 130 The Kitchen Asia (succursale de Hongdae) 더키친아시아 홍대점 | Hongdae
- 130 Gangga (succursale de Lotte World Mall) 강가 롯데월드몰점 | Jamsil

Espagnole

- 131 Traga 트라가 | Apgujeong / Cheongdam / Garosu-gil
- 131 Cocina España 꼬시나 에스파냐 | Seocho / Seorae Village
- 132 Tapas Bar 타파스바 | Hannam-dong / Itaewon
- 132 El Bistec 엘비스텍 | Hongdae

Méditerranée et Moyen-Orient

- 133 Arabesque 아라베스크 | Hannam-dong / Itaewon
- 133 Dubai Restaurant 두바이레스토랑 | Hannam-dong / Itaewon
- 134 Kervan Restaurant 케르반 레스토랑 | Hannam-dong / Itaewon
- 134 Petra 페트라 | Hannam-dong / Itaewon

Cuisine occidentale

- 135 Centre Cheongdam 센트레 청담 | Apgujeong / Cheongdam / Garosu-gil
- 135 ON 오엔 | Apgujeong / Cheongdam / Garosu-gil
- 136 People The Terrace 피플더테라스 | Apgujeong / Cheongdam / Garosu-gil
- 136 Queen's Park (succursale de Cheongdam) 퀸즈파크 청담점 | Apgujeong / Cheongdam / Garosu-gil
- 137 Sun The Bud 썬더버드 | Apgujeong / Cheongdam / Garosu-gil
- 137 Oasis Hannam 오아시스 한남 | Hannam-dong / Itaewon
- 138 DOTZ | Hannam-dong / Itaewon
- 138 Odd House 오드하우스 | Jongno / Gwanghwamun / Insa-dong
- 139 Maison Pipeground 메종 파이프그라운드 | Seongsu-dong
- 139 Swig Vin 스위그뱅 | Hongdae

Animal Lounge & Café

- 141 Meerkat Jokjang 미어캣족장 | Seongsu-dong
- 141 Pumpkin Pet House 펌킨 펫하우스 | Seongsu-dong
- 142 Ferret World 페럿월드 | Hongdae
- 142 Roof Cat Me 루프캣미 | Hongdae

Café & Dessert

- 143 Cafe413 Project 카페413 프로젝트 | Apgujeong / Cheongdam / Garosu-gil
- 143 Conte de Tulear 꽁티드툴레아 | Apgujeong / Cheongdam / Garosu-gil
- 144 Dalmatian 달마시안 | Apgujeong / Cheongdam / Garosu-gil
- 144 Cafe de Lyon (succursale principale de Seorae) 카페드리옹 서래본점 | Seocho / Seorae Village
- 145 Cafe Eero 카페 이로 | Seocho / Seorae Village
- 145 Le Pain Asser 르빵아쎄르 | Seocho / Seorae Village
- 146 MAILLET | Seocho / Seorae Village
- 146 Munsell Coffee 먼셀커피 | Seocho / Seorae Village
- 147 Tea Plant 티플랜트 | Seocho / Seorae Village
- 147 Bo Market (succursale de Gyeongridan) 보마켓 경리단점 | Hannam-dong / Itaewon
- 148 Kervan Bakery & Cafe 케르반베이커리&카페 | Hannam-dong / Itaewon
- 148 Passion 5 패션 5 | Hannam-dong / Itaewon
- 149 Rain Report 레인리포트 | Hannam-dong / Itaewon
- 149 uphill namsan uphill namsan | Hannam-dong / Itaewon
- 150 Archivist 아키비스트 | Jongno / Gwanghwamun / Insa-dong
- 150 Dotori Garden 도토리가든 | Jongno / Gwanghwamun / Insa-dong
- 151 Hollow 할로우 | Jongno / Gwanghwamun / Insa-dong
- 151 onground 온그라운드 | Jongno / Gwanghwamun / Insa-dong
- 152 Ddong Cafe 또옹카페 | Jongno / Gwanghwamun / Insa-dong
- 152 Around Day 어라운드데이 | Seongsu-dong
- 153 Bontemps (succursale de Seoul Forest) 봉땅 서울숲점 | Seongsu-dong
- 153 Nudake Seongsu 누데이크 성수 | Seongsu-dong
- 154 Seoul Aengmusae 서울앵무새 | Seongsu-dong
- 154 Scene 쎈느 | Seongsu-dong
- 155 Miikflo (succursale de Hongdae) 미크플로 홍대점 | Hongdae
- 155 Mohssen's Sweets (succursale principale de Hongdae) 모쎈즈스위트 홍대본점 | Hongdae
- 156 Mokwaci Lounge 목화씨라운지 | Hongdae
- 156 Sutek 수택 | Hongdae
- 157 Tailor Coffee (succursale de Yeonnam) 테일러커피 연남점 | Hongdae
- 157 the SameE 더세임카페 | Hongdae
- 158 Ganngbyeon Seojae 강변서재 | Yeouido
- 158 Seoul Coffee 서울커피 | Yeouido

Maison de thé coréenne traditionnelle

- 159 Yeon Hoe Dawon 연회다원 | Apgujeong / Cheongdam / Garosu-gil
- 159 Areumdaun Cha Bakmulgwan 아름다운 차 박물관 | Jongno / Gwanghwamun / Insa-dong
- 160 Cha Cha Tea Club 차차티클럽 | Jongno / Gwanghwamun / Insa-dong
- 160 Cha Masineun Tteul 차 마시는 뜰 | Jongno / Gwanghwamun / Insa-dong
- 161 Sarang 사랑 | Jongno / Gwanghwamun / Insa-dong
- 161 Hanok Chat Jip 한옥찻집 | Jongno / Gwanghwamun / Insa-dong
- 162 Osulloc Tea House (succursale de Bukchon) 오설록티하우스 북촌점 | Jongno / Gwanghwamun / Insa-dong
- 162 Tteul An 뜰안 | Jongno / Gwanghwamun / Insa-dong
- 163 Suyeon Sangbang 수연상방 | Samcheong-dong

Café coréen et dessert

- 163 Seolbing (Myeongdong Branch) 설빙 명동점 | Myeong-dong
- 164 Damccot (succursale de Annyeong Insadong) 담쏭옆에국화꽃 안녕인사동점 | Jongno / Gwanghwamun / Insa-dong
- 164 Geoul Hanok Mirror Room 거울한옥 미러룸 | Samcheong-dong
- 165 My Seoul Bites 마이서울바이츠 | Jamsil

DÉCLARATION DE RESPONSABILITÉ

Les restaurants et cafés répertoriés ici sont corrects au moment de la rédaction du présent document. Les détails tels que la disponibilité, les heures d'ouverture et les dates de fermeture sont susceptibles d'être modifiés. Veuillez consulter les sites web des restaurants et des cafés pour obtenir les informations les plus récentes avant de vous y rendre.

Si vous avez des nouvelles, veuillez nous les communiquer à l'adresse **editor@newampersand.com** afin que nous puissions les inclure dans notre prochaine mise à jour. Nous vous remercions de votre attention.

N'ALLEZ PAS EN CORÉE SANS CE LIVRE !

Le guide touristique du métro de Séoul, Corée : Découvrez les 100 meilleures attractions de la ville en métro !

Liste de choses à faire en Corée : Ton guide pour plus de 150 choses à réaliser impérativement à Séoul

Dictionnaire De La Culture Coréenne: Du Kimchi À La K-Pop En Passant Par Les Clichés Des K-Drama. On T'explique Tout Sur La Corée !

ÉTIQUETTE CORÉENNE EN MATIÈRE DE REPAS ET DE BOISSONS

- Lors d'un repas, évitez de vous pencher pour renifler la nourriture, car cela peut être perçu comme un signe de méfiance. Même si le plat n'est pas familier, résistez à l'envie de le sentir.

- Lorsque vous dînez avec une personne plus âgée, laissez-la prendre ses couverts en premier. Si vous êtes en groupe, attendez que la personne la plus âgée commence à manger avant de commencer.

- Placez votre bol de riz à gauche et votre bol de soupe à droite. L'inversion de cette disposition est réservée aux rites ancestraux et ne convient pas aux repas ordinaires.

- Utilisez des baguettes pour les accompagnements et une cuillère pour le riz et la soupe. Ne soulevez pas le bol de riz ; laissez-le plutôt sur la table et recueillez le riz avec votre cuillère. De même, utilisez une cuillère pour la soupe et ne buvez pas directement dans le bol. Boire dans le bol est considéré comme impoli.

- Ne tenez jamais la cuillère et les baguettes dans la même main. Lorsque vous utilisez des baguettes, prenez les aliments des plats d'accompagnement d'un seul mouvement plutôt que de les déplacer.

- Les petits rots naturels sont généralement acceptables, mais se moucher bruyamment est impoli. Si vous avez besoin de vous moucher, demandez la permission et allez aux toilettes ou dans un autre endroit privé.

- Lorsque vous recevez ou donnez un verre à une personne âgée, utilisez vos deux mains, ou tenez le verre de la main droite et soutenez votre poignet de la main gauche. Avec une personne plus jeune ou du même âge, vous pouvez utiliser une seule main.

- S'il s'agit de votre première rencontre et que vous utilisez un langage formel, utilisez vos deux mains jusqu'à ce que vous soyez plus proches.

- Remplissez les verres des autres, mais attendez qu'ils soient complètement vides pour le faire.

- Lorsque vous buvez avec une personne âgée, détournez-vous et utilisez vos deux mains. Si vous êtes assis entre deux personnes plus âgées, tournez-vous vers la plus jeune.

- Pour les verres à shot, il est courant de finir le premier verre en une seule fois, mais ce n'est pas obligatoire. Si vous êtes le plus jeune, surveillez les verres vides et versez les boissons.

- L'hôte prendra la bouteille et vous servira un verre. Concentrez-vous sur les personnes qui se trouvent à proximité si la bouteille est loin.

- La personne la plus âgée peut boire en premier et faire circuler le verre. Bien que de nombreuses personnes préfèrent éviter cette pratique pour des raisons d'hygiène, elles y participent souvent pour éviter d'offenser qui que ce soit.

- Ne vous servez pas vous-même. On pense que cela porterait malheur à vos compagnons de boisson, ce qui encouragerait les gens à se servir mutuellement.

- Attendez que la personne la plus âgée porte un toast ou lève son verre avant de boire.

- Évitez de boire en trois fois, car cela ressemble aux offrandes lors des rites ancestraux.

- Lorsqu'une personne âgée vous offre un verre, acceptez-le gracieusement, même si vous ne pouvez pas le boire. Posez le verre sur la table et faites tinter les verres pour participer sans boire.

CE QU'IL FAUT SAVOIR LORS D'UN REPAS EN CORÉE

1. La tarification des menus coréens et la stratégie marketing

Dans de nombreux restaurants et cafés coréens, en particulier ceux qui s'adressent à un public jeune ou qui proposent une cuisine de style occidental, vous verrez peut-être des prix tels que 14.9 au lieu de 14 900 wons. Il ne s'agit pas d'une erreur mais d'une stratégie marketing. En omettant les deux derniers chiffres, les prix paraissent plus petits, ce qui joue sur le biais cognitif qui veut que les chiffres les plus bas soient perçus comme moins chers. Même si le prix réel est plus élevé, 14.9 semble moins cher que 14 900. N'oubliez pas de multiplier le prix par 1 000 pour connaître le coût réel et éviter les surprises à la caisse.

2. L'expérience gastronomique coréenne : Service disposé et plats séquentiels

La culture gastronomique coréenne diffère considérablement des pratiques occidentales, en particulier dans la manière dont les repas sont structurés et servis. Dans la cuisine coréenne traditionnelle, il n'y a pas de séquence stricte de plats tels que les entrées, les plats principaux et les desserts. Au contraire, le repas est présenté en une seule fois, avec une variété de plats étalés simultanément sur la table. Cette approche reflète la nature spatiale du repas coréen, où l'accent est mis sur l'expérience commune du partage et de la dégustation de plusieurs plats.

En Corée, même dans les restaurants de style occidental, les plats peuvent arriver en une seule fois, ce qui peut être surprenant si vous avez l'habitude d'une séquence de plats structurée. Pour répondre à vos préférences, demandez à ce que les plats soient servis dans l'ordre : les entrées d'abord, puis les plats principaux et les desserts en dernier. Ainsi, l'expérience gastronomique correspondra à vos attentes et suivra un format plus familier et ordonné.

3. Commander dans un restaurant en Corée - Un seul menu ?

Dans les restaurants coréens, il est courant que le serveur ne donne qu'un seul menu à un groupe, car les gens décident souvent ensemble et attendent que le plus âgé commande, puisque c'est généralement lui qui paie. Par respect, les autres évitent de commander les plats les plus chers. Ne vous offusquez pas : demandez d'autres menus si nécessaire !

4. Les pourboires en Corée

En Corée, il n'est pas courant de laisser des pourboires. La plupart des restaurants, des cafés et des taxis incluent les frais de service, il n'est donc pas nécessaire de donner un pourboire. Si vous essayez de le faire, le personnel risque de se sentir gêné ou de refuser. Dans certains hôtels haut de gamme ou lieux touristiques, les pourboires peuvent être acceptés, mais ils ne sont ni attendus ni exigés.

5. Comment lire le menu coréen s'il n'y a pas de version traduite ?

Il peut être difficile de manger au restaurant en Corée si le menu n'est pas dans votre langue, mais des applications comme **Google Lens** et **Papago Lens** peuvent vous aider. Vous pouvez prendre une photo du menu pour la traduction ou utiliser la fonction de caméra en temps réel. **Google Lens** prend en charge plus de 100 langues, tandis que Papago Lens en propose 13. Si une traduction semble erronée, vérifiez l'exactitude de la traduction avec l'autre application.

COMMENT RÉSERVER UN RESTAURANT EN CORÉE

En Corée, les deux applications les plus populaires pour réserver un restaurant sont **Catchtable** et **Naver**. Elles sont toutes deux indispensables pour réserver un restaurant, en particulier pour les visiteurs étrangers. Si certains restaurants peuvent apparaître sur les deux applications, beaucoup sont exclusifs à l'une d'entre elles, et il est donc fortement recommandé d'avoir les deux applications. En voici un bref aperçu.

	Catchtable Global	Naver	Catchtable Korea
Langues	Coréen, anglais, japonais, chinois (les commentaires sur les restaurants sont traduits du coréen original)		Coréen
Options d'inscription	Gmail, Apple ID, Adresse e-mail	Numéro de téléphone (numéro international accepté) + adresse électronique	Kakao Talk, Apple ID, Naver ID, numéro de téléphone coréen
Fonctionnalités	Réservations de restaurants, Liste d'attente sur place	Réservations de restaurants, Réservations d'événements	Réservations de restaurants, Liste d'attente sur place
Numéro coréen requis pour la réservation ?	No	No	Yes
Mode de paiement (pour les dépôts)	Carte de crédit émise à l'étranger	Banque / Carte de crédit coréenne	Banque / Carte de crédit coréenne
Disponible à :	(QR codes iOS / Android)	(QR codes iOS / Android)	(QR codes iOS / Android)

Pour une utilisation optimale de Catchtable, téléchargez les deux applications (mondiale et coréenne). Certains restaurants n'apparaissent que sur la version coréenne (et aucun sur Naver), et les réservations pour ces restaurants nécessitent un numéro de téléphone coréen. Si vous en avez un (comme un plan prépayé) ou si vous connaissez quelqu'un qui en a un, cela vous sera très utile. Les interfaces sont identiques, et vous pouvez utiliser Google Lens ou Papago pour traduire les écrans.

Comment créer un compte Naver

Naver propose des services essentiels tels que des cartes, des actualités, des communautés et des réservations de restaurants et d'événements. Il est donc recommandé de télécharger l'application Naver et de créer un compte avant de se rendre en Corée.

Ce dont vous aurez besoin - Un numéro de téléphone (de n'importe quel pays) pour recevoir un code de vérification.

1. Visitez le site naver.com sur un PC ou ouvrez l'application Naver sur votre smartphone. Sélectionnez « NAVER 로그인 ».

2. Choisissez votre langue (coréen, anglais, japonais ou chinois) et cliquez sur « Sign Up ». Acceptez les conditions, puis entrez votre nom, votre date de naissance et votre adresse électronique.

3. Ajoutez votre numéro de téléphone, cliquez sur « Send Code » et entrez le code de vérification reçu. Une fois le code vérifié, cliquez sur « Sign up ».

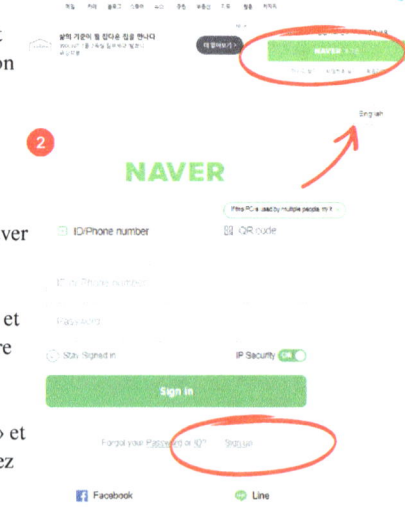

Vérification de votre compte Naver (facultatif)

Bien qu'un compte Naver donne accès à de nombreuses fonctionnalités, il est utile de vérifier votre compte, car certains restaurants n'acceptent que les réservations effectuées par des utilisateurs vérifiés. Si vous ne disposez pas d'une pièce d'identité et d'un numéro de téléphone coréens, vous pouvez vérifier votre compte à l'aide d'une pièce d'identité étrangère, comme un passeport ou un permis de conduire.

1. Connectez-vous à Naver.
2. Allez dans Infos sur le compte et sélectionnez « Edit ».
3. Cliquez sur « Verify ».
4. Faites défiler vers le bas, cliquez sur « If you need help » et sélectionnez « Help ».
5. Sous « Foreigners (without an alien registration card) », remplissez le formulaire : - Téléchargez une pièce d'identité émise par votre gouvernement (par exemple, un passeport ou un permis de conduire) sur laquelle figurent uniquement votre nom, votre date de naissance et votre sexe. Couvrez tout autre détail sensible.

6. Soumettez le formulaire et Naver examinera votre demande et confirmera la vérification par courriel dans les 24 heures. Cette étape facultative garantit l'accès aux réservations de restaurants dans les établissements participants.

Traduire un texte coréen sur l'application Naver

Lorsque vous utilisez l'application Naver, la plupart des contenus s'affichent en coréen. Heureusement, Naver dispose d'une fonction de traduction intégrée.

1. Ouvrez l'application Naver et accédez à la page que vous souhaitez traduire.
2. Appuyez sur l'icône de la double barre en bas à droite.
3. Sélectionnez l'option « 번역기 실행 » (Activer le traducteur).
4. Appuyez sur « 번역언어 » (Langue de traduction) pour choisir votre langue préférée.
5. Choisissez entre l'anglais (영어), le japonais (일본어), le chinois simplifié (중국어 간체) ou le chinois traditionnel (중국어 번체).

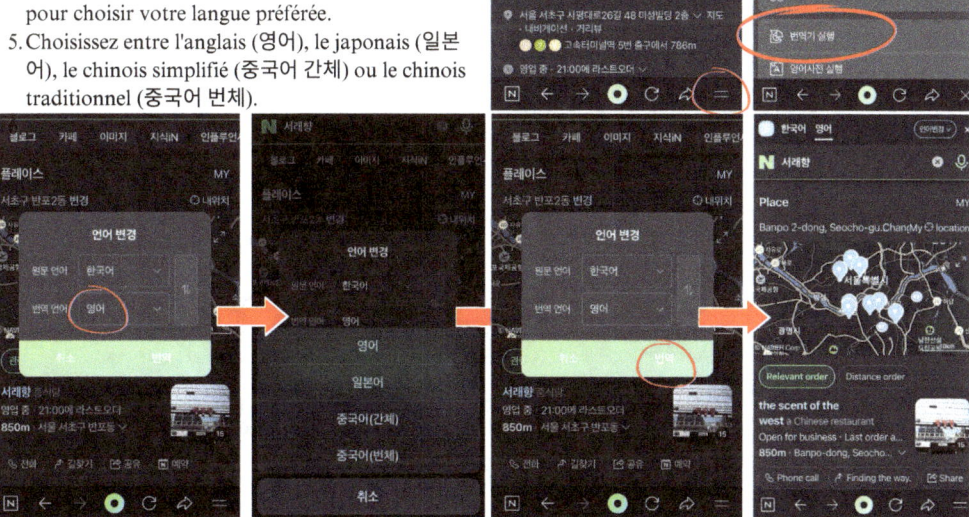

6. Tapez sur « 번역 » (Traduire), et tout le texte sera traduit dans la langue sélectionnée.

Recommandation : si vous double-cliquez, le texte sélectionné affichera le texte coréen d'origine.

CORÉEN / HANSIK

La cuisine coréenne, connue sous le nom de hansik 한식, a une riche histoire profondément enracinée dans le patrimoine culturel de la péninsule coréenne. Datant de plusieurs siècles, elle reflète les origines agricoles de la région et les diverses influences des pays voisins, tels que la Chine et le Japon. L'une de ses caractéristiques est la fermentation, une pratique vieille de plusieurs milliers d'années. Des produits de base comme le kimchi, le doenjang 된장 (pâte de soja) et le gochujang 고추장 (pâte de piment rouge) illustrent la complexité des saveurs et les bienfaits pour la santé inhérents à la cuisine coréenne.

Un autre aspect de la cuisine coréenne est le banchan, une tradition qui consiste à servir divers petits plats d'accompagnement en même temps que le repas principal. Issue des influences bouddhistes de la période des Trois Royaumes, cette pratique met l'accent sur la simplicité et l'équilibre. Elle a évolué au fil du temps, offrant un large éventail de plats à base de légumes qui complètent le plat principal et apportent une multitude de saveurs, de textures et de nutriments.

Ces dernières années, la nourriture coréenne a gagné en popularité dans le monde entier. Des facteurs tels que l'augmentation des voyages internationaux et l'influence de la culture pop coréenne ont contribué à sa reconnaissance mondiale. Des plats emblématiques comme le barbecue coréen, le bibimbap, le kimchi et le bulgogi ont captivé l'imagination des amateurs de cuisine du monde entier. En outre, le caractère sain de la cuisine coréenne, qui met l'accent sur les ingrédients frais et les aliments fermentés, a trouvé un écho auprès des consommateurs soucieux de leur santé. Le mélange harmonieux des saveurs, la présentation éclatante et l'expérience culinaire collective renforcent encore son attrait, consolidant le statut de la cuisine coréenne en tant que pratique phare dans le paysage culinaire mondial.

BIBIMBAP 비빔밥

Le bibimbap 비빔밥 (« bol de riz mélangé ») est un plat renommé de la cuisine coréenne, célèbre pour sa savoureuse combinaison de riz, de légumes, de pâte de piment rouge (gochujang) et d'ajouts facultatifs tels qu'un œuf au plat ou des tranches de bœuf tendre, tous mélangés de manière experte avant d'être consommés. Ses origines sont imprégnées de tradition, certaines histoires suggérant qu'il est né de la pratique consistant à mélanger des offrandes rituelles dans un bol, tandis que d'autres affirment qu'il a été créé pour utiliser les restes avant le nouvel an lunaire, ce qui a permis d'obtenir un mélange harmonieux de saveurs. Quelle que soit son origine, le bibimbap est devenu un plat de base sur les tables coréennes lors des célébrations, des saisons des récoltes et même des déjeuners royaux. Jeonju, connue comme la capitale culinaire de la Corée, élève le bibimbap vers de nouveaux sommets avec son célèbre festival du bibimbap. Le bibimbap a dépassé les frontières, gagnant en popularité dans le monde entier à la fin du XXe siècle. Des compagnies aériennes qui le proposent comme repas à bord aux aéroports internationaux qui s'emplissent de son arôme invitant, le bibimbap a conquis les cœurs et les papilles gustatives du monde entier.

Dans la plupart des bibimbap, le riz a beau être chaud, les légumes restent froids, ce qui donne un plat tiède une fois que tout est mélangé. Le bibimbap Dolsot (pot de pierres chaudes) compense ce problème en gardant l'ensemble du plat chaud.

L'un des meilleurs aspects du bibimbap dolsot est le nurungji (riz roussi) croquant qui se forme au fond de la marmite. En grésillant dans la marmite en pierre chaude, il ajoute une texture et un goût délicieux que vous pouvez savourer après avoir terminé la partie principale du plat. Une fois que vous avez fini de manger, grattez le fond de la marmite en pierre pour trouver le nurungji et mangez-le, mais faites attention, car il peut être encore chaud !

Pour déguster le bibimbap dans les règles de l'art, ajoutez de la sauce gochujang qui l'accompagne et qui apporte une saveur épicée et sucrée (mais la quantité est laissée à votre appréciation), et mélangez bien tous les ingrédients, comme le nom l'indique ! (Ne vous servez pas de votre fourchette ou de vos baguettes pour les prendre comme vous le feriez avec une salade). Bien sûr, vous perdrez la belle présentation colorée des ingrédients dans votre bol, mais les saveurs seront beaucoup plus harmonieuses.

SAMGYETANG 삼계탕

Le Samgyetang 삼계탕 (« soupe de poulet au ginseng ») se compose d'un jeune poulet entier farci d'ail, de riz, de jujube et de ginseng, ayant mijoté dans un bouillon savoureux, une concoction robuste débordant de bienfaits pour la santé. Cette recette, qui remonte à la dynastie Joseon, était initialement connue sous le nom de Gyesam-tang, qui signifie « soupe de poulet au ginseng » ; elle a subi une transformation dans les années 1960 avec l'avènement de la réfrigération moderne. La poudre de ginseng traditionnelle a été remplacée par un morceau entier de ginseng, donnant naissance au samgyetang emblématique que nous chérissons aujourd'hui. Les Coréens le savourent pendant les jours les plus chauds du calendrier lunaire. Les restaurants spécialisés de toute la Corée ont perfectionné l'art du samgyetang, le transformant en une sensation locale. Ne vous surprenez pas si l'on vous offre une petite bouteille de vin de ginseng : l'engagement en faveur d'expériences bénéfiques pour la santé est profond !

L'un des mythes les plus répandus est qu'il ne faut pas manger de dattes (jujubes) parce qu'elles absorbent les éléments toxiques et les graisses des ingrédients de la soupe. S'il est vrai que les dattes absorbent des propriétés médicinales, les ingrédients du samgyetang sont en fait bons pour la santé, il n'y a donc pas lieu de les éviter !

BIBIMBAP 비빔밥

 Seocho / Seorae Village
서초 / 서래마을

Repas coréens préparés avec des ingrédients frais et de qualité

Des bibimbap plus sains pour les personnes soucieuses de leur apport calorique

박식곳
Baksikgot

서울 서초구 서초중앙로 151
Seocho-gu Seochojungang-ro 151

Tel : 02-595-3080	**Fermé :** Di
Réservation par tél : O	**Ouv. :** Lu-Sa 10:30-21:00
À emporter : O	**Dern. cmd. :** 20:30
Réserv. Oblig. : X	**Tps pause :** 15:00-16:00

Ambiance : L'intérieur est spacieux, avec des tables pouvant accueillir quatre personnes. Il est également possible de manger en solo.
Menu : Le bibimbap est le plat principal du déjeuner, tandis que le dîner propose une variété d'entrées, notamment des fondues, du poulpe sauté et de la poitrine de porc.
Caractéristiques : Chaque table est équipée d'une hotte pour la garder propre, et chaque place est accompagnée d'une bouteille d'eau de 500 ml.
Recommandation : Le bibimbap au poulpe est le plus populaire grâce à son poulpe dodu et savoureux.
Remarque : Il peut y avoir des files d'attente à l'heure du déjeuner.

Produits populaires du menu

나물비빔밥 Namul (légumes) Bibimbap : 13 000
열무비빔밥 Yeolmu (jeune radis) Bibimbap : 13 000
낙지비빔밥 Nakji (poulpe) Bibimbap : 13 000

슬림비빔밥 방배본점
Slim Bibimbap
(succursale principale de Bangbae)

서울 서초구 서초대로 108, 1층 104호
Seocho-gu Seocho-daero 108
slimbibimbap.co.kr   instagram.com/slim.bbb

Tel : 02-597-0854	**Ouv. :** Lu-Ve 10:00-20:00
Réservation par tél : O	Sa, Di 11:00-20:00
À emporter : O	**Dern. cmd. :** 19:30
Réserv. Oblig. : X	**Tps pause :** X

Ambiance : Intérieur spacieux avec un décor épuré aux tons blancs. Idéal pour les repas décontractés.
Menu : Le menu a été conçu par des experts en cuisine coréenne et en diététique. Il y a de nombreuses options délicieuses mais saines et adaptées au régime, comme le Slim Bibimbap avec du chou-fleur, du konjac et du riz brun, le Ketogenic Bibimbap avec beaucoup d'œufs, et le Tofu Yubu Sushi avec du tofu à la place du riz.
Caractéristiques : Vous pouvez personnaliser votre bibimbap avec une variété d'herbes et de légumes.
Recommandation : Le premier jour de chaque mois est le jour de l'amaigrissement, et le restaurant offre des réductions.
Remarque : Les plats à emporter et les livraisons sont possibles, il est donc préférable d'en tenir compte si vous êtes nombreux.

Produits populaires du menu

8색 전주비빔밥 Bibimbap aux légumes de Jeonju en 8 couleurs 9 900
돼지 김치찌개 Dwaeji (porc) Kimchi Jjigae 8 900

Hannam-dong / Itaewon
한남동 / 이태원

Myeongdong
명동

Un endroit où l'on peut déguster du bibimbap en pleine nature

목멱산방 남산타워점
Mok Myeok San Bang
(succursale de Namsan Tower)

Un restaurant franchisé spécialisé dans le porridge et le bibimbap sains

본죽&비빔밥cafe 명동 2호점
Bonjuk&Bibimbap Cafe
(2e succursale de Myeongdong)

중구 남산공원길 627
Jung-gu, Namsangongwon-gil 627
instagram.com/m_horaeng

Tel : 0507-1366-1971
Réservation par tél : O
À emporter : Boissons Uniq.
Réserv. Oblig. : X
Fermé : Chuseok, Seollal
Ouv. : T.J. 10:30 - 19:30
Dern. cmd. : 18:50
Tps pause : 15:00-16:00

서울 중구 명동9길 10. 2F
Jung-gu Myeongdong 9-gil 10, 2F
bonif.co.kr/menu/list?brdCd=BF102

Tel : 02-778-3562
Réservation par tél : X
À emporter : O
Réserv. Oblig. : X
Fermé : Di
Ouv. : Lu-Ve 09:00-21:00
Sa 09:00-15:00
Dern. cmd. : Lu-Ve 20:30
Sa 14:30
Tps pause : 15:00-16:00

Ambiance - Situé le long du sentier de la montagne Namsan, le restaurant se trouve dans un cadre naturel et dans un bâtiment hanok traditionnel. Il propose des tables et des chaises contemporaines, ce qui peut être pratique pour ceux qui ne sont pas à l'aise avec les sièges au sol de style coréen, mais décevant pour ceux qui recherchent une expérience authentique. Le restaurant a également des allures de fast-food.
Menu - Un large éventail de bibimbap, y compris des choix végétaliens, tous assaisonnés sans additifs chimiques.
Caractéristiques - Kiosques en libre-service.
Conseil - La mini-crêpe au kimchi, de la taille d'une paume de main, se marie à merveille avec le shikhye (punch au riz) sucré et rafraîchissant.
Remarque - Il n'y a pas de parking. Il est difficile de réserver par téléphone ; utilisez la fonction de réservation de Naver. Le plus simple est de monter à pied depuis l'entrée du parc Namsan. Il faut compter 5 minutes de marche.

Ambiance : Situé près du palais de Gyeongbokgung. L'espace est petit, mais il y a suffisamment de tables pour les repas en solo.
Menu : Offre une variété de plats uniques de porridge et de bibimbap.
Caractéristiques : En tant que restaurant franchisé, la qualité et le service sont garantis.
Recommandation : Essayez les plats saisonniers en édition limitée. C'est un endroit idéal pour un repas rapide avant ou après la visite de Gyeongbokgung.
Remarque : il est possible de prendre des plats à emporter ou de se faire livrer, et d'obtenir des portions. Il y a plusieurs emplacements en plus de celui-ci, alors choisissez celui qui correspond à votre itinéraire.

Produits populaires du menu

투뿔한우육회비빔밥 2+ Hanwoo Yukhoe (bœuf cru assaisonné) Bibimmbap 14 000
손바닥김치전 Mini Kimchi Jeon (crêpe) 6 000
산방비빔밥 Sanbang Bibimbap 9 000

Produits populaires du menu

제육볶음비빔밥 Jeyuk Bokeum (porc sauté épicé) Bibimbap 12 000
소고기불고기 Sogogi (bœuf) Bulgogi Bibimbap 12 000
낙지김치죽 Nakji (poulpe) Kimchi Porridge 11 000
삼계죽 Samgye (poulet et ginseng) Porridge 12 000

5 Jongno / Gwanghwamun / Insa-dong
종로 / 광화문 / 인사동

Un endroit où l'on peut déguster à la fois du porridge et du bibimbap.

본죽&비빔밥cafe 경복궁역점
Bonjuk&Bibimbap Cafe
(succursale de Gyeongbokgung Station)

종로구 자하문로2길 1
Jongno-gu Jahamun-ro 2-gil 1
bonif.co.kr/menu/list?brdCd=BF102

Tel : 02-725-6288
Réservation par tél : X
À emporter : O
Réserv. Oblig. : X
Ouv. : T.J. 09:00-21:00
Dern. cmd. : X
Tps pause : —

Ambiance : Situé près du palais de Gyeongbokgung. L'espace est petit, mais il y a suffisamment de tables pour les repas en solo.
Menu : Offre une variété de plats uniques de porridge et de bibimbap.
Caractéristiques : En tant que restaurant franchisé, la qualité et le service sont garantis.
Recommandation : Essayez les plats saisonniers en édition limitée. C'est un endroit idéal pour un repas rapide avant ou après la visite de Gyeongbokgung.
Remarque : il est possible de prendre des plats à emporter ou de se faire livrer, et d'obtenir des portions. Il y a plusieurs emplacements en plus de celui-ci, alors choisissez celui qui correspond à votre itinéraire.

Produits populaires du menu

삼계죽 Samgye Juk (Ginseng et poulet) 12 000
소불고기 비빔밥 So Bulgogi Bibimbap 12 000

Un lieu traditionnel de hanjeongsik avec des options végétaliennes dans un cadre de style hanok

인사도담
Insadodam

종로구 인사동16길 5-1
Jongno-gu Insadong 16-gil 5-1
instagram.com/insadodam

Tel : 0507-1365-0141
Réservation par tél : O
À emporter : X
Réserv. Oblig. : X
Ouv. : T.J. 11:00-22:00
Dern. cmd. : 21:00
Tps pause : 15:30-17:30

Ambiance : Situé dans une ruelle d'Insa-dong, cet établissement présente un intérieur confortable qui préserve le charme traditionnel coréen. Des éléments de décoration de style coréen sont notamment mis en valeur, avec une cuisine bien entretenue.
Menu : Offre une variété d'options de bibimbap, complétées par des plats sautés et cuits à la vapeur parfaits pour être partagés, ainsi qu'une formule de repas à emporter.
Caractéristiques : Comprend une sélection de légumes verts sauvages récoltés dans les montagnes, mélangés harmonieusement pour un profil de saveurs satisfaisant et équilibré. L'assaisonnement est modéré, ce qui garantit une expérience culinaire agréable.
Recommandation : Des options végétaliennes sont disponibles, et des plats comme le persil d'eau assaisonné et les travers de porc marinés présentent une délicieuse combinaison aigre-douce. Droit de bouchon pour une bouteille.
Remarque : Situé à proximité d'attractions touristiques, il faut s'attendre à des temps d'attente pendant les heures de pointe le week-end. Un lieu de restauration recommandé lors des visites à Insa-dong.

Produits populaires du menu

도담비빔밥 Dodam Bibimbap 13 000
메밀전병 Memil Jeonbyeong (crêpe de sarrasin)16 000
도담갈비찜 Dodam Galbijjim 35 000

Set Menu 2 personnes 52 000
Set Menu 3 Personnes 77 000
Menu 4 Personnes 103 000

5 Jongno / Gwanghwamun / Insa-dong
종로 / 광화문 / 인사동

Un restaurant fusion coréen bien rangé près du palais de Gyeongbokgung

사발
Sabal

종로구 사직로8길 34, 142호
Jongno-gu Sajik-ro 8-gil 34, #142
instagram.com/sabal.official

Tel : 0507-1317-4845
Réservation par tél : O   **Ouv. :** T.J. 11:30-21:00
À emporter : O   **Dern. cmd. :** 14:15, 20:15
Réserv. Oblig. : X   **Tps pause :** 15:00-17:00

Ambiance : Situé dans une arcade d'un complexe d'appartements, l'intérieur est confortable et des places en terrasse sont disponibles les jours de beau temps. L'espace présente des tons neutres et dégage une atmosphère calme et haut de gamme.
Menu : Le restaurant propose des plats coréens comme la soupe de nouilles à base de poulet, le gomtang de poulet et le bibimbap. Un porridge de citrouille est proposé en entrée. Pour le dakguksu (soupe de nouilles au poulet), les nouilles sont vertes, car elles contiennent de la chlorelle.
Caractéristiques : L'intérieur et l'éclairage élégants en font un endroit populaire pour les premiers rendez-vous. La vaisselle est également disponible à l'achat.
Recommandation : Le tteokbokki est préparé personnellement par le propriétaire et sa disponibilité dépend de son emploi du temps. Si c'est le cas, il est fortement recommandé d'y goûter.
Remarque : Le complexe peut prêter à confusion. Cherchez le panneau « SABAL 2008 ». Ne le confondez pas avec « SABAL 사발주인장 », qui est un autre restaurant.

Produits populaires du menu

옛날 떡볶이 Yetnal (original) Tteokbokki 17 000
능이버섯닭곰탕 Neung-i Beoseot Dakgomtang (soupe de poulet aux champignons noirs) 17 000
닭국수 Dakguksu (poulet aux nouilles) 17 000

Un lieu spécialisé dans les plats bibimbap, grillés, braisés et soigneusement préparés

시래기담은
Siraegi Dameum

서울 종로구 삼청로 65-2
Jongno-gu Samcheong-ro 65-2
instagram.com/siraegidameun

Tel : 0507-1411-8489
Réservation par tél : O   **Ouv. :** Lu,Ma 11:30-14:30
À emporter : X   Me-Sa 11:30-19:30
Réserv. Oblig. : O   Di 11:30-19:00
                                      Dern. cmd. : Lu-Ma 14:00
                                                       Me-Sa 19:00
                                      Tps pause : Di 18:30
                                                       15:00-17:30

Ambiance : Il s'agit d'un très petit restaurant avec un total de 14 places, dont deux tables de 4 personnes et trois tables de 2 personnes. Les groupes jusqu'à 6 personnes peuvent être assis ensemble, mais les groupes de 8 personnes ou plus doivent prendre place séparément.
Menu : Le restaurant propose des bibimbap, des plats grillés et des plats braisés préparés exclusivement avec des ingrédients locaux. Des options végétaliennes sont disponibles.
Caractéristiques : Personnalisez votre bibimbap en fonction de vos préférences.
Recommandation : Les plats braisés, qui nécessitent 10 heures de maturation et plusieurs processus de cuisson, ne sont disponibles que sur réservation via Naver booking, avec paiement en ligne à l'avance.
Remarque : Les ensembles de plats grillés, de bibimbap et de crêpes peuvent être commandés directement au restaurant. Les réservations seront annulées si vous arrivez avec plus de 10 minutes de retard.

Produits populaires du menu

시래기담은 비빔밥상 Siraegi (feuilles de radis séchées) Bibimbap Set 13 800
돌솥 시래기 육회 비빔밥상 Dolsot Siraegi (feuilles de radis séchées dans une marmite de pierre) Yukhoe (bœuf cru assaisonné) Bibimbap 20 800

Seongsu-dong
성수동

 Hongdae
홍대

Un restaurant de hanjeongsik soigné dans la rue Seoul Forest Café de Seongsu-dong

할머니의 레시피
Halmeoniui Recipe

Un restaurant végétalien à **l'ambiance** moderne, spécialisé dans le bibimbap

비밥
Bebap

서울 성동구 서울숲2길 44-12
Seongdong-gu Seoulsup 2-gil 44-12
grandmarecipe.modoo.at

마포구 홍익로2길 43, 1층 4호
Mapo-gu Hongik-ro 2-gil 43, 1F, #4
bebab.kr   instagram.com/bebab.korea

Tel : 0507-1429-5101
Réservation par tél : X
À emporter : X
Réserv. Oblig. : X
Ouv. : T.J. 11:30-21:10
Dern. cmd. : 15:00, 20:40
Tps pause : 15:30-17:00

Tel : 0507-1394-6333
Réservation par tél : X
À emporter : O
Réserv. Oblig. : X
Fermé : Lu
Ouv. : Ma-Di 11:00-20:00
Dern. cmd. : 19:45
Tps pause : —

Ambiance : L'intérieur sophistiqué s'harmonise avec les décorations anciennes.
Menu : Les cinq accompagnements de base qui accompagnent les plats principaux sont délicieux.
Caractéristiques : Le porridge de citrouille servi en entrée est un joyau caché !
Recommandation : Savourez le bulgogi aux champignons et le bulgogi au gochujjang pour 8 000 wons en plat du jour. Le menu Ssambap offre des portions généreuses par rapport à son prix.
Remarque : Le bulgogi aux champignons et le bulgogi au gochujang sont proposés au prix spécial déjeuner de 8 000 wons s'ils sont commandés entre 11 heures et 13 heures. Cette offre n'est pas disponible le week-end et les jours fériés.

Ambiance : L'intérieur branché comprend environ quatre tables de quatre personnes, décorées de jaune et de vert. On y accède par des escaliers, ce qui donne l'impression d'être au deuxième étage, mais il s'agit en fait du rez-de-chaussée, le magasin du niveau inférieur étant un sous-sol.
Menu : Offre plusieurs options de bibimbap avec diverses garnitures, ainsi que des crêpes et des ragoûts. De nombreux plats végétaliens sont disponibles, y compris un burrito unique de style coréen avec des ingrédients traditionnels.
Caractéristiques : Les garnitures et les accompagnements peuvent être personnalisés. La poitrine de bœuf est servie fraîchement grillée.
Recommandation : Le coffret bibimbap, qui comprend du bibimbap, des mini-crêpes et du ragoût, offre un excellent rapport qualité-prix.
Remarque : La sauce gochujang n'est pas très épicée et convient donc même à ceux qui ne supportent pas les plats épicés. Un supplément de sauce est disponible sur demande.

Produits populaires du menu

고추장불고기 Gochujang Bulgogi 8 000
버섯불고기 Beoseot (champignon) Bulgogi 8 000
쌈밥정식 Ssambap (riz enrobé) Jeongsik (table d'hôte) 15 000

Produits populaires du menu

두부 비빔밥 Tofu Bibimbap 6 500
차돌비빔밥 Chadol (poitrine de bœuf) Bibimbap 9 500

Hongdae
홍대

 Yeouido
여의도

Buffet de bibimbap à volonté

비비리2
Bibiri 2

마포구 와우산로23길 48, 지하 1층
Mapo-gu Wausan-ro 23-gil 48, B1

Tel : 0507-1395-3568
Réservation par tél : X
À emporter : X
Réserv. Oblig. : X
Ouv. : T.J. 11:30-20:30
Dern. cmd. : 20:15
Tps pause : —

Ambiance : Situé au sous-sol, il dispose d'une salle spacieuse et de nombreuses tables qui conviennent aux repas de groupe.
Menu : Spécialisé dans le bibimbap, où vous choisissez vos ingrédients en fonction de vos préférences. Les types de soupe varient légèrement d'une fois à l'autre.
Caractéristiques : Le restaurant propose des ramens en gobelets et des boissons comme le cola (à l'exception de l'eau) peuvent être achetées séparément dans des distributeurs automatiques. Tout est en libre-service, ce qui est pratique pour les repas en solo et les repas rapides en cas d'emploi du temps chargé.
Recommandation : Laisser un commentaire sur les médias sociaux vous permet d'obtenir une boisson gratuite. Les étiquettes des menus sont disponibles en anglais, en japonais et en chinois. La sauce gochujang étant assez épicée, il est recommandé de n'en mettre que la moitié.
Remarque : 1) Le paiement s'effectue au kiosque, suivi de la remise d'un ticket repas. 2) Vous recevez un bol après avoir présenté votre ticket repas. 3) Choisissez les ingrédients souhaités. 4) Choisissez votre sauce. 5) Prenez les accompagnements, la soupe et les ustensiles. 6) Asseyez-vous à la table de votre choix pour manger. 7) Retournez votre couvert après avoir terminé votre repas. *Une amende de 2 000 wons est prévue pour les restes de nourriture.

Produits populaires du menu

Bibimbap illimité 9 000

Un lieu spécialisé dans le bibimbap, en particulier le bibimbap à base de germes

새싹비빔밥전문점
Saessak Bibimbap Jeonmunjeom

서울 영등포구 국회대로72길 17
Yeongdeungpo-gu Gukhoe-daero 72-gil 17

Tel : 02-784-7002
Réservation par tél : O
À emporter : O
Réserv. Oblig. : X
Fermé : Sa/Jour férié
Ouv. : Lu-Ve 11:00-21:00
Dern. cmd. : X
Tps pause : 14:30-17:30

Ambiance : Situé au deuxième étage, l'intérieur est spacieux en raison de travaux d'agrandissement.
Menu : Le bibimbap est le plat principal à l'heure du déjeuner et le samgyeopsal est servi le soir.
Caractéristiques : Chaque bibimbap est préparé avec une sauce maison unique.
Recommandation : L'assaisonnement est assez fort. Mélangez d'abord une petite quantité, goûtez et ajoutez-en si nécessaire.
Remarque : Le personnel peut être très occupé à l'heure du déjeuner en raison du grand nombre de clients.

Produits populaires du menu

소고기돌솥비빔밥 Sogogi (Beef) Dolsot (marmite de pierre) Bibimbap 10 000
치즈김치돌솥비빔밥 Cheese Kimchi Dolsot (marmite de pierre) Bibimbap 10 000
소고기비빔밥 Sogogi (bœuf) Bibimbap 9 000

SAMGYETANG 삼계탕

① Apgujeong / Cheongdam / Garosu-gil
압구정 / 청담 / 가로수길

Ormeau et poulpe livrés directement depuis les îles de Wando

진전복삼계탕 강남구청점
Jin Jeonbok Samgyetang
(succursale de Gangnam-gu Office)

강남구 선릉로 129길 21, 지하 1층
Gangnam-gu Seolleung-ro 129-gil 21 B1
jirigin.modoo.at

Tel : 02-515-8937
Réservation par tél : O   **Ouv.** : T.J. 11:00-21:30
À emporter : O   **Dern. cmd.** : 15:00-16:30
Réserv. Oblig. : X   **Tps pause** : 21:10

Ambiance : Un restaurant spacieux avec un intérieur impressionnant décoré avec de la nacre coréenne traditionnelle.
Menu : Cette succursale principale de la franchise est connue pour sa riche soupe de poulet. Outre le fameux samgyetang, le menu comprend d'autres options telles que le poulet entier.
Caractéristiques : Le restaurant propose une variété de plats à base d'ormeaux et de poulpes, tous deux provenant directement des îles de Wando.
Recommandation : Nous vous conseillons de goûter au riz frit enveloppé dans des algues de Wando.
Remarque : Il est recommandé d'acheter à emporter aux heures de pointe.

Produits populaires du menu

전복삼계탕 Jeonbok (ormeau) Samgyetang 20 000
전복버터비빔밥 Jeonbok (ormeau) Butter Bibimbap 14 000
전문튀김 Jeonmun Twigim (spécialité de frites) 18 000

② Seocho / Seorae Village
서초 / 서래마을

Un restaurant de spécialités samgyetang transmis depuis trois générations

3대삼계장인
Sam Dae Samgye Jang In

서울 서초구 반포대로28길 56-3
Seocho-gu Banpo-daero 28-gil 56-3
catchtable.co.kr/3dbrz   instagram.com/cangweon9366

Tel : 0507-1465-2294
Réservation par tél : O   **Ouv.** : T.J. 10:30-22:00
À emporter : O   **Dern. cmd.** :—
Réserv. Oblig. : X   **Tps pause** : —

Ambiance : Le restaurant met en évidence les herbes médicinales utilisées dans le samgyetang et dispose d'un intérieur spacieux.
Menu : Il propose un samgyetang traditionnel à base d'herbes médicinales soigneusement sélectionnées, ainsi qu'un plat sous-vide appelé 닭볶음탕 dakbokkeumtang (poulet assaisonné sauté).
Caractéristiques : Vous pouvez personnaliser votre Samgyetang en choisissant des pignons de pin, des haricots mungo ou de l'armoise selon vos préférences.
Recommandation : Le Dakbokkeumtang cuit sous vide est fortement conseillé, mais le nombre de portions disponibles chaque jour est limité.
Remarque : L'heure du déjeuner est toujours très chargée, il est donc conseillé d'arriver tôt ou d'éviter cette période de pointe.

Produits populaires du menu

잣삼계탕 Jat (noix de pin) Samgyetang 19 000
녹두삼계탕 Nokdu (haricot mungo) Samgyetang 19 000
쑥 삼계탕 Ssuk (Armoise) Samgyetang 19 000

Hannam-dong / Itaewon
한남동 / 이태원

 Myeongdong
명동

Un restaurant samgyetang idéal pour un repas copieux et nourrissant

백년토종삼계탕 국방가든
Baecnyun Tojong Samgyetang (Gukbang Garden)

Un restaurant de longue date réputé pour son samgyetang à base de racines de ginseng cultivées

백제삼계탕
Baekje Samgyetang

용산구 이태원로 22, 지하1층
Yongsan-gu Itaewon-ro 22, B1
kbgarden.modoo.at/

중구 명동8길 8-10
Jung-gu Myeongdong 8-gil 8-10

Tel : 02-792-9200
Réservation par tél : O
À emporter : O
Réserv. Obligé. : X
Fermé : Sa
Ouv. : Lu-Ve & Di 10:00-21:00
Dern. cmd. : X
Tps pause : —

Tel : 02-776-3267
Réservation par tél : O
À emporter : O
Réserv. Oblig. : X
Ouv. : T.J. 09:00-22:00
Dern. cmd. : 21:00
Tps pause : —

Ambiance : Situé au sous-sol du bâtiment du ministère de la défense nationale, il est très spacieux et dispose de nombreuses tables, ce qui le rend idéal pour les repas de groupe. L'endroit est bien organisé.
Menu : Principalement axé sur le samgyetang avec des ingrédients connus pour leurs bienfaits pour la santé, il propose également des boulettes et de la poitrine de porc fraîche.
Caractéristiques : Utilise des poulets âgés de 45 jours, cuits avec un total de 46 ingrédients, dont du ginseng, des châtaignes, des jujubes et de la sauce aux fruits, ce qui donne une saveur de noix, peu grasse et savoureuse. Le kimchi maison est particulièrement délicieux.
Recommandation : si vous n'aimez pas certains ingrédients comme les oignons verts ou les graines de sésame, vous pouvez demander à ce qu'ils soient omis.
Remarque : Les poulets préparés sont de petite taille. Il y a généralement de l'attente à l'heure du déjeuner, il est donc recommandé de réserver.

Ambiance : Le restaurant a conservé l'extérieur original de ses débuts, mais il est bien entretenu. L'intérieur est spacieux, avec une grande salle et d'autres salles privées. Populaire parmi les touristes étrangers, la plupart des membres du personnel sont étrangers, à l'exception du couple de propriétaires.
Menu : Offre une variété de samgyetang, de gésiers de poulet, d'ormeaux et d'autres plats nourrissants. Le plat phare est le samgyetang, préparé à partir de racines de ginseng cultivées, censées être est très nutritives.
Caractéristiques : N'utilise que des jeunes poulets de 49 jours, fraîchement abattus chaque jour dans sa propre ferme. Tous les accompagnements, y compris le kimchi, le kimchi de radis et la liqueur de ginseng, sont préparés quotidiennement. Le bouillon samgyetang est élaboré selon la même méthode traditionnelle depuis 52 ans.
Recommandation : Le gésier de poulet sauté est célèbre et conseillé pour accompagner le samgyetang. La terrine de pattes de poulet est un plat unique que l'on ne trouve que rarement ailleurs.
Remarque : Le kimchi a une forte saveur de gingembre. Attendez-vous à de longues files d'attente aux heures du déjeuner.

Produits populaires du menu

토종삼계탕 Tojong (poulet coréen) Samgyetang 15 000
들깨삼계탕 Deulkkae (graines de périlla) Samgyetang 18 000
흑마늘삼계탕 Heuk Maneul (ail noir) Samgyetang 18 000

Produits populaires du menu

산삼배양근 삼계탕 Sansam Baeyanggeun (racine de ginseng cultivée) Samgyetang 25 000
오골계탕 Ogolgye (poulet noir) Samgyetang 26 000
닭똥집 Dak Ttongjip (gésiers de poulet) 15 000
닭발편육 Dakbal Pyeonyuk (terrine de pieds de poulet)

Myeongdong 명동

 **Jongno / Gwanghwamun / Insa-dong** 종로 / 광화문 / 인사동

Le premier restaurant spécialisé dans le samgyetang en Corée du Sud

고려삼계탕
Korea Samgyetang

서울 중구 서소문로11길 1
Jung-gu Seosomun-ro 11-gil 1
www.krsamgyetang.com

Tel : 02-752-9376	**Fermé :** Chuseok / Seollal
Réservation par tél : O	**Ouv. :** T.J. 10:30-21:00
À emporter : O	**Dern. cmd. :** X
Réserv. Oblig. : X	**Tps pause :** —

Ambiance : Avec environ 320 places assises dans un bâtiment de cinq étages, l'endroit est très spacieux.
Menu : Outre le Samgyetang habituel, il existe des variétés à base d'ormeau, de ginseng sauvage et d'autres ingrédients.
Caractéristiques : Le Samgyetang est préparé avec des jeunes poulets de 49 jours, méticuleusement bouilli pendant quatre heures.
Recommandation : Le vin de ginseng offert est délicieux.
Remarque : Les spécialités de samgyetang sont un peu plus chères, mais elles valent la peine d'y goûter. C'est aussi un endroit idéal pour les repas en solo.

Un restaurant de samgyetang populaire, souvent visité après avoir gravi la montagne Inwangsan

토속촌 삼계탕
To Sok Chon Samgyetang

서울 종로구 자하문로5길 5
Jongno-gu Jahamun-ro 5-gil 5
www.tosokchon.co.kr

Tel : 02-737-7444	
Réservation par tél : O	**Ouv. :** T.J. 10:00-22:00
À emporter : O	**Dern. cmd. :** 21:00
Réserv. Oblig. : X	**Tps pause :** —

Ambiance : Caractérisé par un extérieur Hanok traditionnel et un intérieur spacieux, cet endroit célèbre est plus fréquenté par les étrangers que par les locaux.
Menu : Samgyetang à base de bouillon de noix / poulet rôti.
Caractéristiques : Commencez par le vin de ginseng servi avant le repas pour vous mettre en appétit.
Recommandation : Un endroit populaire pour les randonneurs qui descendent de la montagne Inwangsan. Pensez à cet endroit si vous prévoyez de faire une randonnée.
Remarque : Si vous n'aimez pas le Samgyetang, le poulet rôti est une excellente alternative.

Produits populaires du menu

삼계탕 Samgyetang 20 000
산삼삼계탕 Sansam (ginseng sauvage) Samgyetang 26 000
전복삼계탕 Jeonbok (ormeau) Samgyetang 26 000

Produits populaires du menu

토속촌 삼계탕 Tosokchon Samgyetang 20 000
옻계탕 Otgyetang (soupe de poulet au ginseng et au sumac) 20 000
오골계 삼계탕 Ogolgye (poulet noir) Samgyetang 25 000

Jongno / Gwanghwamun / Insa-dong
종로 / 광화문 / 인사동

Une tradition de 30 ans de Samgyetang infusé aux herbes médicinales

장수삼계탕
Jang Su Samgyetang

종로구 종로17길 52, 2층
Jongno-gu Jong-ro 17-gil 52, Nakwon Building, 2F

Tel : 02-741-1785		**Fermé :**	Di
Réservation par tél : X		**Ouv. :**	Lu-Sa 11:00-21:00
À emporter : X		**Dern. cmd. :**	20:30
Réserv. Oblig. : X		**Tps pause :**	—

Ambiance : Situé au deuxième étage du Nakwon Sangga, l'atmosphère reflète 30 ans d'histoire. L'intérieur n'est pas très spacieux, mais les tables sont placées les unes à côté des autres, ce qui crée une **ambiance** animée.
Menu : Savourez différents types de Samgyetang à base d'herbes médicinales et d'ingrédients variés.
Caractéristiques : Même si vous commandez une demi-portion (bangyetang), elle est assez généreuse pour une personne de taille moyenne.
Recommandation : L'assaisonnement a tendance à être légèrement fort. Ajustez le bouillon avec un peu de sel selon votre goût.
Remarque : Il n'est pas possible de commander un bangyetang (demi-portion) pendant les périodes chobok, jungbok et malbok, qui correspondent aux trois jours les plus chauds (début, milieu et fin de l'été) du calendrier lunaire traditionnel de l'Asie de l'Est. Vérifiez à l'avance.

Produits populaires du menu

반계탕 Bangyetang (demi-portion) 11 000
삼계탕 Samgyetang 16 000
약계탕 Yak (herbe médicinale) Samgyetang 18 000

Un restaurant de samgyetang nourrissant qui existe depuis deux générations

종로삼계탕
Jongno Samgyetang

종로구 종로8길 21
Jongno-gu Jong-ro 8-gil 21

Tel : 0507-1322-8761		**Ouv. :**	JDS 11:00-21:00
Réservation par tél : O		Sa	11:00-15:00
À emporter : X		Di	11:30-15:00
Réserv. Oblig. : X		**Dern. cmd. :**	JDS 20:15
		Tps pause :	15:00-17:00

Ambiance : Salle spacieuse avec 7 pièces, disponible sur réservation préalable, convenant à 3-4 personnes par pièce.
Menu : Le midi, le samgyetang est un plat nourrissant. Le soir, le nakji (petit poulpe) et le golbaengi (bulot) sont proposés.
Caractéristiques : Bouillon riche et viande tendre, avec une portion d'insamju (liqueur de ginseng) incluse.
Recommandation : Le gésier de poulet sauté est servi comme plat d'accompagnement gratuit et est réputé pour être un plat de choix.
Remarque : Pendant le déjeuner, seuls les plats de samgyetang sont proposés. En raison du grand nombre d'employés de bureau qui le fréquentent, il peut y avoir une liste d'attente à l'heure du déjeuner.

Produits populaires du menu

삼계탕 Samgyetang 18 000
한방삼계탕 Hanbang (herbe médicinale) Samgyetang 19 000
전복삼계탕 Jeonbok (ormeau) Samgyetang 23 000

Seongsu-dong
성수동

Un restaurant spécialisé dans les plats à base de poulet et de canard

칠성옻닭
Chil Seong Ot Dak

서울 성동구 뚝섬로 401-2
Seongdong-gu Ttukseom-ro 401-2

Tel : 02-467-0785	**Fermé :** Di
Réservation par tél : X	**Ouv. :** Lu-Sa 11:00-21:00
À emporter : X	**Dern. cmd. :** X
Réserv. Oblig. : X	**Tps pause :** —

Ambiance : Le restaurant offre une grande variété de places assises, y compris des tables et des chaises, ainsi que de longues tables adaptées aux réunions de groupe.
Menu : Spécialisé dans les plats de poulet et de canard préparés exclusivement avec des ingrédients d'origine nationale.
Caractéristiques : Un aspect unique est l'inclusion de riz noir gluant et d'algues au lieu du riz blanc habituel. Le restaurant propose également des soupes Samgyetang et des soupes de canard infusées à l'aralia de ricin et avec des ingrédients à base de plantes, connus pour leurs bienfaits pour la santé.
Recommandation : Pour une combinaison délicieuse, enveloppez du riz noir gluant dans des algues avec du kimchi et des poivrons, puis trempez-le dans le bouillon Samgyetang !
Remarque : Si vous avez déjà goûté au Samgyetang ailleurs, essayez les plats à base de canard ici pour une expérience culinaire différente et satisfaisante.

Produits populaires du menu

엄나무삼계탕 Eomnamu Samgyetang (Samgyetang infusé à l'aralie de ricin) 19 000
한방오리탕 Hanbang Oritang (soupe de canard aux herbes médicinales) 65 000

 Yeouido
여의도

Un restaurant de spécialités Samgyetang à Yeouido depuis 1983

파낙스
Panax

서울 영등포구 여의대방로65길 17
Yeongdeungpo-gu Yeouidaebang-ro 65-gil 17

Tel : 02-780-9037	
Réservation par tél : O	**Ouv. :** T.J. 11:00-22:00
À emporter : X	**Dern. cmd. :** X
Réserv. Oblig. : X	**Tps pause :** —

Ambiance : L'enseigne des années 1980 et l'intérieur confortable mais propre créent une atmosphère accueillante. De nombreuses places assises sont disponibles.
Menu : Différencié des autres restaurants de Samgyetang avec des offres uniques comme les graines de perilla, le riz gluant noir et le Samgyetang en bois de cerf.
Caractéristiques : Le Samgyetang peut être personnalisé selon vos préférences. Il est connu pour son goût de noix et sa saveur délicieuse.
Recommandation : Le Samgyetang se marie parfaitement avec le kimchi maison.
Remarque : Le bouillon du Samgyetang aux graines de périlla est riche. Tremper le riz noir gluant dans le bouillon lui donne une texture et une saveur de risotto.

Produits populaires du menu

찰흑미삼계탕 Chal Heukmi (riz gluant noir) Samgyetang 18 000
들깨삼계탕 Deul Kkae (graines de périlla) Samgyetang 9 000
녹각삼계탕 Nokgak (bois de cerf) Samgyetang 18 000

RAGOÛT / SOUPE 찌개 / 탕 / 국

Sundubu jjigae 순두부찌개 (ragoût de tofu soyeux) est un ragoût savoureux réputé pour ses qualités réconfortantes, dont l'ingrédient principal est le tofu soyeux. Le tofu est souvent accompagné d'un assortiment de légumes tels que des champignons et des oignons, et parfois de fruits de mer ou de porc. Le ragoût mijote dans un bouillon épicé à base de gochujang (pâte de piment rouge) ou de flocons de piment rouge, d'ail, de sauce soja et d'autres assaisonnements, créant ainsi un profil de saveurs robuste et satisfaisant, parfait pour se réchauffer par temps froid. Un aspect unique de la dégustation du jjigae Sundubu est l'ajout d'un œuf cru, généralement servi à côté de la marmite en pierre en train de mijoter. Les convives sont invités à ouvrir l'œuf et à l'ajouter au ragoût bouillonnant, où ils peuvent choisir de casser le jaune pour obtenir une texture plus crémeuse ou de le laisser pocher.

Le kimchi jjigae 김치찌개 (ragoût de kimchi) est un ragoût à base de kimchi, le légendaire chou fermenté coréen. Le kimchi est mijoté avec du tofu, du porc ou du thon en conserve, ainsi que de l'ail, des oignons et parfois d'autres légumes. Le ragoût est assaisonné de gochujang, de flocons de piment rouge, de sauce soja et souvent d'un peu de sucre pour équilibrer les saveurs. Le goût est riche et piquant, le kimchi fermenté apportant de la profondeur et de la complexité au plat.

Le doenjang jjigae 된장찌개 (ragoût de pâte de soja) est un ragoût traditionnel coréen à base de doenjang, une pâte de soja fermentée. Il comprend généralement du tofu, des légumes tels que des courgettes, des champignons et des oignons, ainsi que de l'ail et parfois des fruits de mer ou du porc. Le ragoût est mijoté avec de l'eau ou du bouillon d'anchois pour créer une base riche et savoureuse. Le Doenjang jjigae est connu pour ses saveurs profondes et complexes, issues du processus de fermentation de la pâte de soja. Dans certains restaurants de barbecue coréen, des mini-portions sont généralement servies si vous commandez un certain nombre de portions de barbecue, ce qui est un bon moyen de goûter le plat !

En Corée, certaines personnes choisissent de manger dans le même pot lorsqu'elles partagent des plats comme le kimchi jjigae ou le doenjang jjigae. Les partisans de cette pratique affirment qu'elle favorise les liens affectifs, tandis que les détracteurs évoquent des problèmes sanitaires. Historiquement, sous la dynastie Joseon, les Coréens dînaient séparément sur des mini-tables (독상, doksang), conformément à la philosophie confucéenne qui mettait l'accent sur une hiérarchie stricte. Cette situation a changé pendant l'occupation japonaise, lorsque les Japonais ont encouragé les repas en commun (겸상, gyeomsang) afin d'économiser les ressources pour leur armée, ce qui a entraîné une pénurie de vaisselle. Cette habitude de manger ensemble, introduite en période difficile, persiste mais est aujourd'hui remise en question, car la modernisation offre d'autres solutions. Dans les restaurants coréens, vous pouvez demander des bols et des louches supplémentaires si vous et vos compagnons préférez des portions séparées.

Le Budae jjigae 부대찌개, connu sous le nom de « ragoût de l'armée », puise ses racines à l'époque de la guerre de Corée et se compose d'un mélange particulier d'ingrédients provenant des surplus alimentaires des bases de l'armée américaine. Ce mélange comprend du pâté de jambon en conserve, du jambon, de la saucisse, des fèves au lard, du kimchi, du gochujang et des nouilles de ramen, créant ainsi un ragoût robuste et savoureux qui incarne la fusion des influences culinaires américaines et coréennes. Malgré son contexte historique, ce plat a évolué au-delà de ses origines guerrières pour devenir un plat réconfortant très apprécié en Corée. Souvent apprécié comme anju (accompagnement d'alcool), les saveurs délicieuses et épicées du ragoût, associées à l'essence piquante du kimchi et du gochujang, offrent une expérience gastronomique profondément satisfaisante, appréciée tant par les Coréens que par les touristes.

Le Seolleongtang 설렁탕 (soupe aux os de bœuf) est une soupe obtenue en faisant mijoter des os de bœuf et de la viande pendant une longue période, ce qui donne un bouillon riche et laiteux à la viande tendre. Elle est généralement préparée à partir d'os de bœuf et de poitrine de bœuf et permet de reconstituer les nutriments et d'aider à la récupération de l'endurance. Le Gomtang 곰탕 est une soupe à base de viande. Elle se caractérise par un bouillon clair à base de viande, un temps d'ébullition court et de nombreux restes de viande. Ces soupes copieuses sont très appréciées, surtout après une soirée bien arrosée. Elle se marie parfaitement avec le kkakdugi 깍두기 (radis coupés en cubes) et verser le jus dans la soupe est aussi un moyen d'en rehausser la saveur ! Cet ajout ne se contente pas d'apporter une touche de piquant, il complète également le bouillon riche et savoureux, un peu comme la sauce Sriracha rehausse certains plats. Certains restaurants servent même le jus dans une bouilloire pour plus de commodité !

Le Galbitang 갈비탕 (soupe de côtes de bœuf) met en valeur les côtes de bœuf et un assortiment de légumes mijotés ensemble pour produire un bouillon savoureux et robuste. Ce plat met en valeur l'essence tendre des côtes de bœuf mélangées aux légumes, créant ainsi une saveur distincte et satisfaisante. Contrairement à son homologue, le seolleongtang, le galbitang présente un bouillon clair, offrant une expérience culinaire plus légère, mais tout aussi savoureuse.

Le miyeokguk 미역국, connu sous le nom de « soupe aux algues », est un plat traditionnel coréen composé principalement de miyeok, une algue comestible. Mijotée avec des ingrédients tels que du bœuf ou des fruits de mer, de l'ail, de la sauce soja et de l'huile de sésame, elle donne un riche bouillon. Cette soupe revêt une importance culturelle en Corée, car elle est souvent consommée lors des anniversaires et après l'accouchement, en particulier par les nouvelles mères. Son profil nutritif, riche en vitamines, en minéraux et en antioxydants, est censé favoriser le rétablissement post-partum.

Le Bokguk 복국, également connu sous le nom de soupe de poisson-globe, est originaire de Busan, mais est devenu populaire dans toute la Corée du Sud. Ce bouillon clair est préparé à partir d'os de fugu et de divers légumes, accompagnés de tranches de fugu, de cresson, de germes de soja et d'autres ingrédients savoureux. Assaisonné de sel et éventuellement d'une pointe de vinaigre, il offre un goût rafraîchissant et est souvent considéré comme un puissant remède contre la gueule de bois.

Chueotang 추어탕 ("mudfish soup") is a traditional Korean dish renowned for its rich flavor and nutritional benefits. The main ingredient is the mudfish, a type of freshwater fish known for its tender meat and distinct taste. The fish is typically simmered in a flavorful broth along with various seasonings and vegetables such as radish, garlic, ginger, and green onions. The mudfish is ground to a soup-like state during the cooking process, resulting in a broth where no visible shape of the fish remains. The fish is rich in protein and omega-3 fatty acids, while the broth is believed to have detoxifying properties that aid digestion and promote overall well-being.

Bok-guk - soupe de poisson-globe
복국

Budaejjigae - « ragoût de l'armée »
부대찌개

 Apgujeong / Cheongdam / Garosu-gil
압구정 / 청담 / 가로수길

Le restaurant original qui a été le premier à servir de la soupe de poisson-globe dans une marmite en argile

금수복국 압구정점
Geumsu Bok-guk (succursale de Apgujeong)

서울 강남구 언주로 821
Gangnam-gu Eonju-ro 821

Tel : 02-542-5482
Réservation par tél : X   Ouv. : 24 heures
À emporter : O   Dern. cmd. : X
Réserv. Oblig. : X   Tps pause : —

Ambiance : S'étendant sur les 2e et 3e étages, le restaurant propose des plats différents à chaque étage.
Menu : Le restaurant est spécialisé dans les soupes de poisson et les plats à la carte, ainsi que dans les plats de résistance et les sashimis de poisson.
Caractéristiques : Ce restaurant a été le premier à proposer le Bokmak-hoe, un sashimi de poisson-globe à la coréenne, s'imposant ainsi comme un lieu représentatif de la cuisine du poisson-globe en Corée du Sud.
Recommandation : Comme son nom l'indique, ce restaurant est spécialisé dans la soupe de poisson-globe et il est recommandé de l'essayer. La différence entre la soupe ordinaire et la soupe spéciale de poisson-globe réside dans la quantité de ce poisson. Même dans la soupe ordinaire, il y a beaucoup de poisson. Trempez le poisson dans la sauce soja avant de le manger.
Remarque : Jetez les épines de poisson dans le récipient en acier inoxydable prévu à cet effet.

Produits populaires du menu

복국 Bokguk (soupe de poisson-globe) 15 000~70 000
복까스 Bok Katsu (escalope de poisson-globe) 15 000
3층 코스요리 Repas (3F) 80 000~170 000

Spécialisé dans le budae jjigae et le bacon fait maison

남산터 청담본점
Namsan Teo (succursale principale de Cheongdam)

서울 강남구 선릉로152길 10
Gangnam-gu Seolleung-ro 152-gil 10
instagram.com/namsanteo

Tel : 0507-1390-1982
Réservation par tél : X   Ouv. : 24 heures
À emporter : O   Dern. cmd. : X
Réserv. Oblig. : X   Tps pause : 07:00-10:00

Ambiance : L'intérieur est spacieux, avec des tables pour quatre personnes, ce qui crée une atmosphère décontractée et animée, appréciée pour les réunions, les dîners d'entreprise et les rendez-vous galants.
Menu : Spécialisé dans le Budae Jjigae et le bacon, il propose une grande variété de plats.
Caractéristiques : Utilise 10 ingrédients frais et soigneusement sélectionnés, combinés à une sauce secrète perfectionnée depuis plus de 30 ans, préservant ainsi un goût traditionnel.
Recommandation : Le bacon, préparé avec soin et vieilli pendant 72 heures selon des méthodes traditionnelles, est remarquable.
Remarque : Les prix sont légèrement élevés. Si le plat est trop salé, vous pouvez l'ajuster en ajoutant du bouillon à la soupe.

Produits populaires du menu

남산터 부대찌개 Namsan Teo Budae Jjigae (pour 2) 26 000
수제 베이컨 부대찌개 Suje (fait maison) Bacon Budae Jjigae (pour 2) 34 000

8 Hongdae
홍대

Un restaurant de budae jjigae réputé, en activité depuis plus de 10 ans

의정부부대찌개
Euijeongbu Budaejjigae

서울 마포구 월드컵로10길 36
Mapo-gu World Cup-ro 10-gil 36

Tel : 02-333-6820	**Fermé :** Sa,Di
Réservation par tél : X	**Ouv. :** Lu-Ve 11:00-21:30
À emporter : O	**Dern. cmd. :** 21:40
Réserv. Oblig. : X	**Tps pause :** 15:00-17:00

Ambiance : La moitié du restaurant est équipée de tables de style occidental, tandis que l'autre moitié contient des sièges traditionnels coréens. Bien qu'il ne soit pas très spacieux, il peut accueillir un grand nombre de personnes.
Menu : Le restaurant se spécialise exclusivement dans le budae jjigae, avec la possibilité d'ajouter des ingrédients supplémentaires.
Caractéristiques : En activité depuis plus de 10 ans, ce restaurant est connu pour son menu à plat unique.
Recommandation : Le restaurant est fermé le samedi et le dimanche, alors prêtez attention lorsque vous planifiez votre visite. Une fois la cuisson commencée, le propriétaire ouvre le couvercle de la marmite au moment de servir. Si le bouillon est trop salé ou si vous en voulez plus, n'hésitez pas à demander du bouillon supplémentaire.
Remarque : Si vous n'avez pas l'habitude de vous asseoir par terre, vous risquez de vous sentir mal à l'aise. N'oubliez pas non plus d'enlever vos chaussures avant de prendre place sur le sol.

Produits populaires du menu

부대찌개 Budjae Jjigae 11 000
햄사리 Extra Ham 6 500
쏘세지사리 Saucisse extra 6 500

Miyeok-guk - soupe aux algues
미역국

2 Seocho / Seorae Village
서초 / 서래마을

Un restaurant connu pour sa soupe d'algues riche et apaisante et son poisson grillé

서래미역
Seorae Miyeok

서초구 서래로 5
Seocho-gu Seorae-ro 5

Tel : 02-594-7200	
Réservation par tél : X	**Ouv. :** T.J. 10:00-22:00
À emporter : O	**Dern. cmd. :** X
Réserv. Oblig. : X	**Tps pause :** —

Ambiance : Le restaurant dispose d'un intérieur spacieux et propre, avec principalement des tables de quatre personnes et quelques compartiments avec des banquettes.
Menu : Offre une variété de soupes aux algues, de bibimbap, de fruits de mer, de poissons grillés et de crêpes.
Caractéristiques : La riche soupe d'algues à base de bouillon procure un sentiment de restauration de la santé.
Recommandation : Optez pour la soupe d'algues nourrissante à l'ormeau ou au poulpe plutôt que pour la version de base. Le menu de poissons grillés est également un excellent choix.
Remarque : Prudence en descendant de la cabine, car il y a une différence de hauteur par rapport au sol. Les accompagnements sont faits maison tous les jours, mais leur variété est limitée.

Produits populaires du menu

통영굴 미역국 Tongyeong Gul (huître) Miyeokguk 16 000
제주 옥돔 2인 정찬 Jeju Okdom Jeongchan (set de daurade grillée, 2 personnes) 62 000

Seolleong-tang / Gom-tang - soupe au bœuf (os)
설렁탕 / 곰탕

2 Seocho / Seorae Village
서초 / 서래마을

Un restaurant de seolleongtang connu pour son riche bouillon

푸주옥
Pujuok

서초구 서초중앙로26길 5
Seocho-gu Seochojungang-ro 26-gil 5

Tel : 02-596-2350
Réservation par tél : X   Ouv. : T.J. 06:00-23:00
À emporter : O   Dern. cmd. : X
Réserv. Oblig. : X   Tps pause : —

Ambiance : Le restaurant dispose d'un intérieur spacieux avec des tables pour quatre personnes, et s'adresse à un large éventail de groupes d'âge.
Menu : Outre le seolleongtang, le menu caractéristique est la riche soupe au genou de bœuf (doganitang), qui s'épaissit jusqu'à prendre la consistance d'une gelée lorsqu'elle est refroidie.
Caractéristiques : Le bouillon, mijoté en continu pendant 24 heures dans un grand chaudron, est exceptionnellement riche.
Recommandation : Dégustez-le avec beaucoup de kimchi et d'échalotes, pour en rehausser la saveur. Hautement recommandé pour soulager la gueule de bois.
Remarque : Les prix sont plus élevés, mais pour les plats à emporter, il y a assez de nourriture pour 2 ou 3 personnes au prix d'une seule portion, ce qui fait de la vente à emporter une bonne option.

Produits populaires du menu

설렁탕 Seolleongtang 15 000
도가니탕 Doganitang (soupe au genou de bœuf) 22 000
꼬리곰탕 Kkori Gomtang (soupe à la queue de bœuf) 25 000

4 Myeongdong
명동

Un célèbre restaurant coréen de soupe à l'os de bœuf avec une histoire vieille de 80 ans

하동관
Ha Dong Gwan

중구 명동9길 12
Jung-gu Myeongdong 9-gil 12
www.hadongkwan.co.kr

Tel : 02-776-5656   Fermé : Di
Réservation par tél : X   Ouv. : Lu-Sa 07:00-16:00
À emporter : O   Dern. cmd. : X
Réserv. Oblig. : X   Tps pause : —

Ambiance : L'extérieur dégage le charme d'un restaurant renommé, avec un intérieur qui réinterprète de façon moderne l'architecture traditionnelle des hanoks. L'aménagement spacieux sur deux étages convient également aux repas en solo.
Menu : Offre une variété de soupes d'os de bœuf (gomtang) et de bœuf bouilli (suyuk). Les options 25/30 gomtang ont différentes quantités de viande.
Caractéristiques : Ce restaurant s'enorgueillit d'une recette créée par trois générations à Bukchon, Séoul.
Recommandation : La saveur à la fois pure et riche de leur gomtang vaut vraiment la peine d'être essayée.
Remarque : Attendez-vous à des files d'attente aux heures de pointe du petit-déjeuner et du déjeuner, et vous devrez peut-être partager une table avec d'autres personnes. Arriver avant 11h30 permet de réduire le temps d'attente. Le paiement est exigé à la commande, car le restaurant fonctionne selon un système de prépaiement. Le gomtang est servi avec du riz déjà mélangé au bouillon, sans possibilité de le commander séparément. Lorsque vous commandez du gomtang, le personnel vous demandera si vous souhaitez un mélange de tripes et de viande ou uniquement de la viande. Ouvert de 7 heures à 16 heures.

Produits populaires du menu

곰탕 일반 Gomtang Ilban (Regular) 18 000
25공/30공 곰탕 25/30 Gomtang 25/30 000
수육 Suyuk (tranches de bœuf bouilli) 40 000

Jongno / Gwanghwamun / Insa-dong
종로 / 광화문 / 인사동

 Hongdae
홍대

Un restaurant de spécialités qui a plus de 100 ans d'histoire et qui sert du seolleongtang

Un restaurant qui présente un nouveau paradigme de soupe à l'os de porc

이문설렁탕
Imun Seolleongtang

옥동식
Ok Dong Sik

서울 종로구 우정국로 38-13
Jongno-gu Ujeongguk-ro 38-13
imun.modoo.at/

서울 마포구 양화로7길 44-10
Mapo-gu Yanghwa-ro 7-gil 44-10
instagram.com/okdongsik

Tel : 02-733-6526
Réservation par tél : O
À emporter : O
Réserv. Oblig. : X
Ouv. : Lu-Sa 08:00-21:00
Di 08:00-20:00
Dern. cmd. : 14:30, 20:30
Tps pause : 15:00-16:30

Tel : 010-5571-9915
Réservation par tél : X
À emporter : O
Réserv. Oblig. : X
Fermé : Lu
Ouv. : Ma-Ve 11:00-22:00
WE 11:00-21:00
Dern. cmd. : JDS 21:30
WE 20:30
Tps pause : 15:00-17:00

Ambiance : Situé dans une ruelle, le restaurant dispose de places séparées pour les repas en solo. L'intérieur est assez spacieux avec des sections semblables à des salles pour des repas plus privés.
Menu : Spécialisé dans les plats comme le seolleongtang (soupe d'os de bœuf) et le doganitang (soupe de tendon de bœuf), avec des accompagnements comme le suyuk (bœuf/porc bouilli).
Caractéristiques : Le bouillon est riche et clair, ayant mijoté pendant 17 heures, mais il est intéressant de noter que les plats sont servis dans les minutes qui suivent la commande.
Recommandation : Aucun assaisonnement n'est ajouté, vous pouvez donc ajuster la saveur avec du sel et des oignons verts en libre-service. Le kimchi est également en libre-service, vous avez ainsi la possibilité de vous servir autant que vous le souhaitez.
Remarque : Le Suyuk comprend non seulement de la viande, mais aussi des parties comme la langue et le foie, ce qui peut ne pas convenir à tout le monde. La file d'attente est généralement longue, il est donc recommandé d'arriver avant l'ouverture. L'enseigne affiche « 설롱탕 » au lieu de l'habituel « 설렁탕 », mais il s'agit simplement d'une variante archaïque. Le temps d'attente est rapide, ne vous décourage donc pas si la file est longue.

Ambiance : Un espace confortable de seulement 10 places, avec une configuration de comptoir similaire à celle d'un bar à sushis.
Menu : Le Dwaeji gomtang (soupe d'os de porc) est le plat phare du restaurant, et les boulettes de kimchi, préparées selon une recette unique, sont également excellentes. On y sert également de l'alcool au verre.
Caractéristiques : Ce restaurant n'utilise que les pattes avant et arrière des porcs noirs Berkshire K de Jirisan, ce qui permet d'obtenir un bouillon d'une clarté exceptionnelle. Contrairement à la soupe de porc laiteuse typique, le bouillon est clair et semblable à celui du gomtang, offrant un goût propre et savoureux.
Recommandation : La viande est délicieuse lorsqu'elle est mélangée à l'assaisonnement qui l'accompagne. Il n'est pas possible de réserver, il faut donc utiliser la fonction d'attente Catch Table. Si ce n'est pas possible, arrivez tôt pour éviter l'attente. Des plats à emporter sont également disponibles.
Remarque : Avec seulement 10 places assises, les ventes sont limitées à 100 bols par jour. Les repas se font uniquement au comptoir, ce qui signifie que vous risquez de devoir vous asseoir à côté d'inconnus. Ce n'est pas recommandé pour les conversations privées.

Produits populaires du menu

Seolleongtang 14 000
Doganitang 17 000
Suyuk 44 000

Produits populaires du menu

김치만두 Kimchi Mandu 6 000
돼지곰탕 Dwaeji Gomtang 10 000
돼지곰탕 특 Dwaeji Gomtang Special 15 000
돼지곰탕 (포장) Dwaeji Gomtang (à emporter) 16 000

Sundubu Jjigae - ragoût de tofu soyeux 순두부찌개

⑤ Jongno / Gwanghwamun / Insa-dong
종로 / 광화문 / 인사동

Un restaurant sundubu apprécié des étrangers et des locaux

감촌
Gam Chon

종로구 종로 19 르메에르종로타운 512호
Jongno-gu Jong-ro 19, #512

Tel : 02-733-7035	**Fermé :** Di
Réservation par tél : X	**Ouv. :** Lu-Sa 09:30-22:00
À emporter : X	**Dern. cmd. :** X
Réserv. Oblig. : X	**Tps pause :** —

Ambiance : Un restaurant spécialisé dans le tofu avec beaucoup d'espace et de nombreuses tables. Au centre, une grande table commune convient aux repas de groupe. Il a récemment déménagé dans un nouvel emplacement.
Menu : Le sundubu jjigae (ragoût de tofu soyeux) et le sundubu aux huîtres sont des choix populaires. Le restaurant propose également une variété d'autres plats.
Caractéristiques : Ils utilisent un bouillon mijoté avec des os de bœuf pendant 24 heures, ce qui confère une riche saveur à leurs ragoûts.
Recommandation : Si vous n'avez pa l'habitude des plats épicés, nous vous recommandons le sundubu blanc. La crêpe aux crevettes est également excellente.
Remarque : Si vous préférez ne pas tacher vos vêtements, vous pouvez demander un tablier.

Produits populaires du menu

하얀순두부 Hayan (doux) Sundubu 15 000
굴순두부 Gul (huître) Sundubu 17 000
새우전 Saewoo (crevette) Jeon (crêpe) Variable

Chueo-tang - soupe de poisson d'eaux vaseuses 추어탕

⑩ Jamsil
잠실

Un restaurant réputé pour ses 40 ans de tradition à Chueotang

할머니추어탕 잠실점
Halmeoni Chueo-tang (succursale de Jamsil)

서울 송파구 석촌호수로 110
Songpa-gu Seokchonhosu-ro 110

Tel : 02-421-1022	
Réservation par tél : X	**Ouv. :** T.J. 10:00-21:00
À emporter : O	**Dern. cmd. :** 20:20
Réserv. Oblig. : X	**Tps pause :** 15:00-17:00

Ambiance : Le restaurant dispose d'un intérieur spacieux réparti sur deux étages.
Menu : Spécialisé dans la soupe de loche, les frites de loche, les boulettes de pâte bouillies et le riz dans un bol chaud.
Caractéristiques : Fort d'une tradition de 40 ans, ce restaurant propose une soupe de gardons copieuse et du riz nourrissant dans un bol chaud.
Recommandation : Essayez les frites de loche pour une combinaison délicieuse. Le restaurant offre des options de vente à emporter abordables par rapport à un repas sur place.
Remarque : Situé à proximité de grands complexes d'appartements, il faut s'attendre à une certaine affluence aux heures de déjeuner, ce qui peut entraîner des temps d'attente.

Produits populaires du menu

추어탕+돌솥밥 Chueotang + Dolsotbap (marmite de pierre) 12 000
추어튀김 (소) Chueo Twigim (frites) (petit) 8 000

KOREAN BBQ 고기 구이

Le barbecue coréen (communément appelé "Korean BBQ") est une tradition culinaire très appréciée. Les convives font griller un assortiment de viandes, principalement du bœuf, du porc ou du poulet, directement à leur table. Ces viandes sont souvent marinées ou assaisonnées avec toute une série de sauces et d'épices, ce qui donne un profil de saveurs riche et savoureux. La nature interactive du barbecue coréen favorise les rencontres sociales, ce qui en fait un choix populaire pour les célébrations et les rassemblements.

Le bulgogi 불고기 présente de fines tranches de bœuf (ou parfois de porc) marinées dans un délicieux mélange de sauce soja, de sucre, d'huile de sésame, d'ail et de divers assaisonnements. La viande est ensuite grillée, poêlée ou sautée pour obtenir un mélange harmonieux de saveurs et une texture tendre. C'est un trésor culinaire qui peut être dégusté seul, enveloppé dans des feuilles de laitue avec du riz et des condiments, ou accompagné d'un copieux bol de riz blanc cuit à la vapeur.

Le galbi 갈비, un plat de base de la cuisine coréenne, désigne des côtes de bœuf ou de porc grillées ou braisées à la coréenne. Ces côtes sont généralement marinées dans une sauce à base de sauce soja, d'ail, de sucre, d'huile de sésame et de divers assaisonnements. Apprécié tant par les Coréens que par les étrangers, le galbi occupe une place de choix dans la culture coréenne du barbecue. Sa popularité tient à la tendreté et à la saveur de la viande, accentuées par la marinade sucrée-salée qui caramélise à la perfection lorsqu'elle est grillée.

Le Samgyeopsal 삼겹살 (« chair à trois couches ») est une succulente poitrine de porc grillée à la perfection. Vous pouvez personnaliser votre expérience avec différentes sauces de trempage, des wraps et des accompagnements, transformant chaque bouchée en une aventure unique et personnalisée. Le prix abordable est un autre avantage, car il permet à tout le monde de participer au plaisir.

Le Dakgalbi 닭갈비 (« côtes de poulet grillées ») est un sauté de poulet désossé de la taille d'une bouchée, mariné (gochujang, sauce soja, ail et épices). Des légumes comme le chou, les patates douces et les oignons verts sont souvent ajoutés pour améliorer la texture et le profil nutritionnel du plat. Après avoir savouré le poulet, la marinade résiduelle sur le gril devient la base d'un riz frit savoureux avec des ingrédients supplémentaires facultatifs comme le fromage ou le kimchi.

Gopchang 곱창, (« gop » 곱 se réfère à la savoureuse garniture poudreuse à l'intérieur des intestins, qui comprend la muqueuse, la graisse et le mucus naturellement libérés pendant le processus de cuisson) et Makchang (막창) sont des plats coréens très appréciés et préparés à partir d'intestins de bovins ou de porcins. Alors que le gopchang désigne spécifiquement les intestins grêles, le makchang désigne les gros intestins. Ces plats sont généralement grillés ou sautés et assaisonnés de diverses épices et sauces. Lorsqu'ils sont bien cuits, ils offrent une délicieuse combinaison à la fois difficile à mâcher et tendre, accompagnée d'un goût riche et savoureux. Ils sont communément appréciés en tant qu'en-cas à boire, appelé anju 안주.

Le Jeyuk-bokkeum 제육볶음, également connu sous le nom de « tranches de porc marinées sautées », est réputé pour ses saveurs audacieuses et son piquant. De fines tranches de porc sont marinées dans une sauce épicée et savoureuse à base de gochujang, de sauce soja, d'ail, de gingembre, de sucre et d'huile de sésame, accompagnée d'un assortiment de légumes tels que des oignons, des oignons verts et, parfois, des carottes et du chou. Contrairement au bulgogi de bœuf, le Jeyuk-bokkeum est légèrement plus gras et plus juteux.

Le yukhoe 육회, qui signifie « viande crue » en coréen, est un mets traditionnel réputé pour ses fines tranches de bœuf cru assaisonnées de divers ingrédients, notamment de sauce soja, d'huile de sésame, de sucre, de sel et d'ail, puis agrémentées de pignons de pin, de tranches de poire et d'un jaune d'œuf cru. Le bœuf sélectionné pour le yukhoe est soigneusement choisi pour sa fraîcheur et sa qualité, ce qui permet de consommer de la viande crue en toute sécurité. De plus, la coupe maigre du bœuf en fait un choix préférable pour les personnes soucieuses de leur apport calorique.

Le 족발 jokbal (« pieds de porc »), connu pour sa texture succulente et ses saveurs délicieuses, est constitué de pieds de porc qui subissent un processus d'ébullition méticuleux suivi d'un assaisonnement avec un mélange d'épices aromatiques telles que le gingembre, l'ail et les oignons verts. La sauce soja, le sucre et le vin de riz enrichissent encore le profil des saveurs. En mijotant, les pieds absorbent ces assaisonnements vibrants, ce qui permet d'obtenir une viande tendre et savoureuse. Grâce à sa richesse en collagène, on pense qu'il contribue à améliorer la santé de la peau !

Essayez le wrap traditionnel coréen, connu sous le nom de ssam 쌈, en enfermant la viande grillée dans des feuilles de laitue avec du riz, de l'ail, du ssamjang 쌈장 (sauce épicée à tremper) et d'autres condiments. N'oubliez pas de faire en sorte que le plat soit suffisamment grand pour accueillir tous les banchans souhaités, car il est d'usage de le manger entier sans le couper en deux comme un taco. N'ayez pas les yeux plus grands que le ventre, car on attend de vous que vous avaliez tout et que vous le finissiez, et non que vous le coupiez en deux comme si vous mangiez un taco.

Korean BBQ - Bœuf

 Apgujeong / Cheongdam / Garosu-gil
압구정 / 청담 / 가로수길

Un restaurant de barbecue coréen haut de gamme connu pour son ambiance luxueuse, malgré ses prix élevés.

삼원가든
Samwon Garden

서울 강남구 언주로 835
Gangnam-gu Eonju-ro 835
sgdinehill.co.kr/samwon-garden   instagram.com/sg_dinehill

Tel : 02-548-3030
Réservation par tél : O   **Ouv. :** Lu-Sa 11:30-22:00
À emporter : O   Di/Jour férié 11:30-21:00
Réserv. Oblig. : X   **Dern. cmd. :** X
                                         Tps pause : 15:00-17:00

Ambiance : Un bâtiment de deux étages avec de hauts plafonds et conçu avec des fenêtres allant du sol au plafond, offrant une atmosphère spacieuse et aérée. Les clients peuvent également profiter d'un magnifique jardin extérieur.
Menu : Offre une variété de plats de bœuf Hanwoo de qualité supérieure, y compris le galbi, le bulgogi et les options de grillades.
Caractéristiques : Récemment rénové, le restaurant dispose d'un personnel hautement qualifié qui fait griller la viande pour les clients.
Recommandation : Terminez votre repas par le porridge de haricots rouges servi ensuite. Le plat du jour bulgogi en semaine offre un excellent rapport qualité-prix.
Remarque : Les prix des plats grillés sont plus élevés que dans d'autres établissements. Le yukhoe (bœuf cru assaisonné) ou le galbitang (soupe de côtes courtes) peuvent être des choix plus économiques si les prix vous paraissent exorbitants.

Produits populaires du menu

삼원전통양념갈비 Samwon Galbi mariné traditionnel 58 000
한우 갈비 Hanwoo Galbi 110 000
육개장 갈비탕 Yukgaejang Galbitang 20 000
주중 런치 정식 Lunch Set (En semaine seulement) 50 000

Seocho / Seorae Village
서초 / 서래마을

Un restaurant grill moderne connu pour ses menus fixes exceptionnels

우참판 서래본점
Woo Cham Pan
(succursale principale de Seorae)

서울 서초구 서래로 23, 3층
Seocho-gu Seorae-ro 23, 3F
www.woochampan.com

Tel : 0507-1362-5940   **Fermé :** Chuseok, Seollal
Réservation par tél : O   **Ouv. :** JDS 11:30-22:00
À emporter : O   WE 12:00-21:30
Réserv. Oblig. : X   **Dern. cmd. :** JDS 21:00 WE 20:30
                                     Tps pause : JDS 14:30-17:00
                                                      WE 15:00-17:00

Ambiance : Le restaurant dispose d'une salle à manger au 3e étage et de salles privées au 7e étage. Pour qu'on vous donne une table, il faut prendre l'ascenseur jusqu'au 3e étage. L'espace est spacieux et les tables sont bien espacées dans toute la salle à manger.
Menu : Le restaurant propose des menus fixes pour les déjeuners en semaine et le week-end, ainsi que pour les dîners.
Caractéristiques : Les menus comprennent tout, des plats de viande aux desserts. La qualité de la viande est élevée par rapport au prix. Le restaurant propose également du sel à faible teneur en sodium.
Recommandation : Pour le menu fixe, vous pouvez choisir entre du riz kimchi sauté, de la bouillie de pâte de soja ou des nouilles kimchi aux jeunes radis pour 3 000 KRW supplémentaires.
Remarque : La différence entre le service de déjeuner normal et le grand service de déjeuner est la quantité de viande (110 g contre 130 g). Le Weekend Lunch Set comprend 120 g de viande. Bien que le Lunch Set puisse sembler cher si l'on considère uniquement la quantité de viande, c'est un excellent moyen de profiter de la gamme complète d'articles d'accompagnement.

Produits populaires du menu

런치정식 Lunch Set 38 000
주말런치정식 Week-end Lunch Set 43 000

Hannam-dong / Itaewon
한남동 / 이태원

 Myeongdong
명동

Omakase de bœuf coréen à prix abordable

소와나
Sowana

용산구 이태원로54길 68
Yongsan-gu Itaewon-ro 54-gil 68

Tel : 02-6080-8586
Réservation par tél : O   **Ouv. :** T.J. 11:30-23:00
À emporter : X   **Dern. cmd. :** X
Réserv. Oblig. : O   **Tps pause :** —

Ambiance : Situé dans un quartier résidentiel, le restaurant est accessible par des escaliers. L'intérieur, bien que peu spacieux, offre une atmosphère propre et haut de gamme avec un éclairage légèrement tamisé.
Menu : Comme il s'agit d'une expérience omakase, le menu est présenté sous forme de plats. Les options comprennent des repas à 5 ou 7 plats.
Caractéristiques : Dégustez une viande de grande qualité dans un cadre élégant et à des prix relativement abordables.
Recommandation : Pour celles et ceux qui souhaitent observer le processus de préparation du chef tout en recevant des explications, réservez une place à la table du bar. Les portions sont un peu petites, c'est pourquoi il est recommandé de prendre un ensemble de sept plats.
Remarque : Il y a environ deux longues tables de bar, mais pas de salles séparées. Ce n'est pas l'idéal pour les conversations privées. L'entrée se fait strictement à l'heure réservée ; l'entrée anticipée n'est pas autorisée.

Produits populaires du menu

5 cours 49 000
7 cours 69 000

Un restaurant de barbecue coréen connu pour ses menus à emporter très appréciés.

왕비집 명동중앙점
Wang Bi Jip
(succursale de Myeongdong Central)

서울 중구 명동8나길 45
Jung-gu Myeongdong 8na-gil 45
instagram.com/wangbijib_official

Tel : 02-776-2361
Réservation par tél : O   **Ouv. :** T.J. 11:30-22:00
À emporter : O   **Dern. cmd. :** 21:30
Réserv. Oblig. : X   **Tps pause :** 15:00-17:00

Ambiance : Les tables sont disposées en un long rectangle centré autour de la salle principale. L'intérieur est moderne et présente d'impressionnants motifs d'inspiration coréenne.
Menu : Le menu de grillades au charbon de bois offre une variété d'options, y compris le filet et l'aloyau de bœuf Hanwoo, les côtes de porc domestiques, la poitrine de porc et les côtes royales marinées. Le menu du midi offre un excellent rapport qualité-prix.
Caractéristiques : Le personnel fait griller la viande pour vous. Moyennant un droit de bouchon de 20 000 KRW, vous pouvez apporter votre propre vin ou whisky.
Recommandation : Il est recommandé de commander des naengmyeon (nouilles froides) en guise de dessert, qui se marient parfaitement avec les côtes.

Produits populaires du menu

양념왕갈비 Yangnyeom Wang Galbi
(Côtes de bœuf marinées king size) 43 000
돼지갈비정식 (점심) Dwaeji Galbi Jeongsik
(Ensemble de côtes de porc) (Lunch) 14 000
차돌박이정식 (점심) Chadol Bagi Jeongsik
(Ensemble de poitrine de bœuf) (Lunch) 17 000

Korean BBQ - Bœuf

 Hongdae 홍대

Un restaurant coréen avec une tradition de 50 ans et un menu breveté

역전회관
Yeokjeon Hoegwan

마포구 토정로37길 47
Mapo-gu Tojeong-ro 37-gil 47
yukjeon.com   instagram.com/yukjeon

Tel : 0507-1392-0248	**Fermé :** Lu
Réservation par tél : X	**Ouv. :** Ma-Di 11:00-21:30
À emporter : O	**Dern. cmd. :** X
Réserv. Oblig. : X	**Tps pause :** 15:00-16:30

Ambiance : Le restaurant s'étend sur tout un bâtiment de quatre étages, offrant une expérience gastronomique spacieuse et confortable.
Menu : Spécialisé dans des plats comme le bassak (croustillant) bulgogi, le haejangguk (soupe de gueule de bois), le yukhoe bibimbap (bibimbap de bœuf cru) et le poulpe sauté. Le restaurant propose également un makgeolli (vin de riz coréen) unique, fabriqué par sa brasserie.
Caractéristiques : Le restaurant s'enorgueillit de ses recettes secrètes transmises par quatre générations depuis 1929. Son bulgogi croustillant, mariné pendant plus de 48 heures et grillé à plat comme une crêpe, a fait l'objet d'un brevet.
Recommandation : La portion de bulgogi croustillant peut être petite, il est donc conseillé de la commander dans le cadre d'un menu fixe plutôt qu'à la carte.
Remarque : Si vous ne commandez pas de riz, le restaurant propose 10 % de bulgogi en plus.

Produits populaires du menu

바싹불고기 정식 Bassak (croustillant) Bulgogi Set 19 000
바싹불고기 Bassak (croustillant) Bulgogi 38 000
산낙지구이 Sannakji Gui (poulpe sauté) 54 000

Korean BBQ - Dak Galbi - poulet mariné sauté 닭갈비

 Apgujeong / Cheongdam / Garosu-gil 압구정 / 청담 / 가로수길

Un dakgalbi savoureux et décontracté dans une ambiance nostalgique

닭으로가 압구정 본점
Dak Euro Ga
(succursale principale de Apgujeong)

서울 강남구 언주로172길 55
Gangnam-gu Eonju-ro 172-gil 55
05044584404.modoo.at

Tel : 050-4458-4404	
Réservation par tél : X	**Ouv. :** T.J. 11:30 - 22:00
À emporter : O	**Dern. cmd. :** 21:30
Réserv. Oblig. : X	**Tps pause :** 15:30 - 17:00

Ambiance : Niché dans le quartier animé d'Apgujeong Rodeo, ce restaurant de dakgalbi à l'ancienne se distingue par son atmosphère nostalgique et animée au milieu d'un environnement branché. C'est un endroit confortable et sans prétention pour les réunions entre amis ou en famille.
Menu : Le plat vedette est le dakgalbi, qui propose du poulet tendre sauté avec des légumes dans une sauce légèrement épicée et sucrée. Il est possible d'ajouter des galettes de riz ou des ramen, et il est vivement recommandé de terminer le repas par du riz frit.
Caractéristiques : Le personnel prépare habilement le plat à votre table, en veillant à ce que le poulet et la sauce soient parfaitement cuits. Plus le poulet mijote, plus les saveurs sont riches et concentrées. Pour celles et ceux qui ont des préférences particulières, comme éviter certains ajouts, il suffit d'en informer le personnel, qui se fera un plaisir de les satisfaire.
Recommandation : Faites preuve d'un peu de patience et laissez la sauce réduire pour obtenir une saveur plus intense. Ne ratez pas le riz frit à la fin.
Remarque : Les portions peuvent sembler plus petites, c'est pourquoi l'ajout d'accompagnements tels que des ramen ou des galettes de riz peut rendre le repas plus copieux. Attendez-vous à ce qu'il y ait du monde aux heures de pointe, alors planifiez votre visite pour éviter les longues attentes. La sauce n'est pas trop épicée, mais vous pouvez demander à ce qu'elle soit adaptée à vos préférences.

Produits populaires du menu

닭갈비 Dakgalbi 17 000
고추장 닭갈비 Gochujang Dakgalbi 17.000

Korean BBQ - Dak Galbi - poulet mariné sauté 닭갈비

 Hongdae
홍대

L'endroit préféré de la jeune génération pour manger du dakgalbi avec de la mozzarella

장인닭갈비 홍대점
Jang In Dakgalbi (succursale de Hongdae)

서울 마포구 어울마당로 111-1 1층
Mapo-gu Hongik-ro 19, 2F
jangindak.co.kr

Tel : 02-332-4880		**Fermé :** Chuseok / Seollal	
Réservation par tél : X		**Ouv. :** T.J. 11:30-23:00	
À emporter : O		**Dern. cmd. :** X	
Réserv. Oblig. : X		**Tps pause :** —	

Ambiance : Avec son joli extérieur tout en verre et son intérieur moderne et lumineux, cet endroit spacieux attire une foule variée, des jeunes locaux aux familles en passant par les touristes.
Menu : Propose des dakgalbi avec différentes garnitures, notamment de la mozzarella, des ramen, des nouilles de patate douce et des galettes de riz tteokbokki.
Caractéristiques : Le dakgalbi est servi entièrement cuit au lieu d'être cuit sur la plaque.
Recommandation : La saveur est légèrement plus sucrée pour répondre aux goûts étrangers, avec des niveaux d'épices sélectionnables - un niveau d'épices moyen est recommandé. Une commande suffit pour deux personnes. Commandez le bokkeumbap lorsque le dakgalbi est rempli à environ un tiers, pour un régal de riz mélangé.
Remarque : Situé dans une rue populaire de Hongdae, ce restaurant est souvent bondé, surtout le soir, et il faut donc s'attendre à une certaine attente.

Produits populaires du menu

뼈없는 닭갈비 Dakgalbi désossé 12 000
모짜렐라치즈 Fromage mozzarella 4 000
장인볶음밥 Jang In Bokkeumbap 3 000

Korean BBQ - Gopchang - intestins grillés 곱창

 Jongno / Gwanghwamun / Insa-dong
종로 / 광화문 / 인사동

Un restaurant grill spécialisé dans les intestins et les tripes de bœuf

오발탄 충무로점
Obaltan (succursale de Chungmuro)

중구 퇴계로 205
Jung-gu Toegye-ro 205
jangindak.co.kr

Tel : 02-2275-0110		**Ouv. :** JDS 11:40-21:00	
Réservation par tél : O		WE 11:40-21:00	
À emporter : X			
Réserv. Oblig. : X		**Dern. cmd. :** X	
		Tps pause : —	

Ambiance : Situé au rez-de-chaussée d'un bâtiment spacieux et indépendant, le restaurant présente un intérieur épuré aux tons boisés qui invite à des conversations décontractées dans un cadre détendu. Des salles privées sont disponibles pour les repas de groupe. Le personnel fait tout griller pour vous, vous n'avez donc pas à vous en soucier.
Menu : Outre les intestins de bœuf et les tripes, le restaurant propose une variété de plats de barbecue coréen.
Caractéristiques : Seuls les ingrédients les plus frais sont utilisés, et le restaurant suit une approche systématique pour offrir les meilleures saveurs aux clients. Les accompagnements sont également de grande qualité.
Recommandation : L'Obaltan BBQ Lunch Special est un excellent choix, car il vous permet de goûter à la fois aux intestins et aux tripes. Le meilleur moment pour déjeuner est après 13 heures.
Remarque : Les prix des intestins et des tripes de bœuf sont relativement élevés en raison de leur caractère spécialisé.

Produits populaires du menu

오발탄 정식 Obaltan BBQ Lunch Special 37 000
한우대창구이 Hanu Daechang Gui (gros intestins de bœuf grillés) 43 000 / 200g
특양구이 Teuk Yang Gui (tripes de montagne de bœuf grillées) 45 000 / 160 g

Korean BBQ - Jokbal - pieds de porc 족발

④ Myeongdong 명동

Un restaurant spécialisé dans le jokbal, connu pour son arôme unique de cinq épices

만족오향족발
Manjok Ohyang Jokbal

서울 중구 서소문로 134-7
Jung-gu Seosomun-ro 134-7
manjok.net

Tel : 02-753-4755

Réservation par tél : O	Ouv. : JDS 11:30-22:00
À emporter : O	WE 12:00-22:00
Réserv. Oblig. : X	Dern. cmd. : X
	Tps pause : —

Ambiance : Il s'agit d'un établissement à deux étages, à l'intérieur spacieux, mais situé dans une ruelle, ce qui rend l'attente difficile.
Menu : Le restaurant propose du jokbal (pieds de porc), du bossam (tranches de porc bouillies) et une option moitié-moitié (moitié jokbal normal, moitié jokbal assaisonné).
Caractéristiques : Connu pour sa tendreté proche de la texture du poulet plutôt que de celle du porc.
Recommandation : Il est délicieux lorsqu'il est accompagné de la sauce à l'ail piquante et du chou lui l'accompagne.
Remarque : Les réservations ne sont pas acceptées, l'attente est donc obligatoire. Les tables se remplissent rapidement et l'attente est généralement courte. La viande dégage une forte odeur d'herbes, que certains ne connaissent pas. Il est recommandé de commander une taille moyenne pour deux personnes.

Produits populaires du menu

만족오향족발(중) Manjok Ohyang Jokbal (moyenne) 36 000
만족오향보쌈(중) Manjok Ohyang Bossam (moyenne) 35 000
반반족발(중) Banban (moitié-moitié) Jokbal (moyenne) 39 000

⑦ Seongsu-dong 성수동

L'un des restaurants de jokbal les plus réputés de Séoul, connu pour sa douceur agréable

성수족발
Seongsu Jokbal

서울 성동구 아차산로7길 7
Seongdong-gu Achasan-ro 7-gil 7
ssjb1983.modoo.at

Tel : 02-464-0425

Réservation par tél : X	Ouv. : T.J. 12:00-22:00
À emporter : O	Dern. cmd. : X
Réserv. Oblig. : X	Tps pause : 15:00-17:00

Ambiance : La zone des places assises est petite, ce qui entraîne de longues files d'attente. Il y a aussi des places où il faut se déchausser, il faut donc en tenir compte.
Menu : Le jokbal est à la fois tendre et moelleux, et il est accompagné de plats. Notez que le restaurant ne sert pas de nouilles.
Caractéristiques : Les portions sont généreuses, avec un ratio peau/viande légèrement plus élevé.
Recommandation : L'attente pour une table peut être longue, mais les commandes à emporter sont prêtes en moins d'une minute.
Remarque : Comme il est possible de commander à emporter, envisagez cette option si l'attente est trop longue. Les jours de semaine, les temps d'attente sont généralement plus courts que les week-ends.

Produits populaires du menu

족발(특대) Jokbal (très grand): 50 000
족발(대) Jokbal (grand): 45 000
족발(중) Jokbal (moyenne): 40 000

Korean BBQ - Samgyeopsal - poitrine de porc grillée
Jeyuk Bokkeum - porc sauté épicé 삼겹살 / 제육볶음

 Apgujeong / Cheongdam / Garosu-gil
압구정 / 청담 / 가로수길

Un restaurant réputé pour sa viande méticuleusement vieillie

돝고기506
Dotgogi 506

강남구 역삼로17길 53
Gangnam-gu Yeoksam-ro 17-gil 53
instagram.com/dot506_

Tel : 02-6933-9501
Réservation par tél : O   Ouv. : T.J. 11:30-22:00
À emporter : X   Dern. cmd. : 21:20
Réserv. Oblig. : X   Tps pause : 15:00-17:00

Ambiance : Le restaurant occupe un bâtiment entier, avec une jolie statue de cochon à l'entrée et un intérieur spacieux réparti sur trois étages.
Menu : Le restaurant propose de la poitrine de porc et du cou de porc vieillis pendant 506 heures au total, au cours de 51 processus.
Caractéristiques : La viande de porc la mieux vieillie est le fruit de deux années de recherche et de développement et d'un processus de vieillissement unique et scientifique.
Recommandation : Ne vous préoccupez pas de la cuisson de la viande, le personnel se chargera de la griller pour vous. Essayez le riz frit spécial à la crème. Il est recommandé de préférer le porc au bœuf.
Remarque : La salle au deuxième étage fonctionne selon le principe du premier arrivé, premier servi (pas de réservation), tandis que les salles noires privées du troisième étage doivent être réservées. Attendez-vous à de longues attentes, car il y a souvent beaucoup de monde. La viande vieillie peut avoir un arôme unique. Tous les membres du groupe doivent se présenter à l'entrée. En période d'affluence, il n'est pas toujours possible de passer des commandes supplémentaires, aussi faut-il commander généreusement dès le début. L'ambiance est animée, mais il faut savoir que les conversations peuvent être très bruyantes.

Produits populaires du menu

A506 숙성 삼겹살 (poitrine de porc vieillie) 150g 18 000
I506 숙성 목살 (cou de porc vieilli) 150g 19 000
크림볶음밥 Cream Bokkeumbap (riz frit) 10 000

---

5 **Jongno / Gwanghwamun / Insa-dong**
종로 / 광화문 / 인사동

Un restaurant apprécié des habitants de Jongno depuis 2014

시민식당 본점
Simin Sikdang (succursale principale)

서울 종로구 돈화문로5길 30
Jongno-gu Donhwamun-ro 5-gil 30
blog.naver.com/siminsikdang   instagram.com/siminsikdang

Tel : 0507-1445-8296   Fermé : Lu
Réservation par tél : O   Ouv. : Ma-Di 11:00-22:00
À emporter : O   Dern. cmd. : X
Réserv. Oblig. : X   Tps pause : —

Ambiance : L'intérieur est propre et spacieux, avec une grille de barbecue à chaque table. Il s'étend sur deux étages.
Menu : Du samgyeopsal au jeyuk bokkeum (porc épicé) avec des sets de riz, les sélections répondent aux besoins de groupes de différentes tailles.
Caractéristiques : Le samgyeopsal de 29 cm est une spécialité qui met en valeur les coupes les plus délicieuses de porc avancé. Des machines à repasser Styler sont installées dans tout le restaurant pour éliminer gratuitement les odeurs de viande des vêtements.
Recommandation : Outre les réservations régulières et les réservations de groupe, des salles privées pour les fêtes d'anniversaire sont disponibles au deuxième étage. La commande d'un menu fixe comprend un ragoût de kimchi. Le riz frit au wagyu inclus dans le menu fixe permet de s'amuser à le préparer soi-même ; de l'aide est disponible sur demande.
Remarque : Les prix des samgyeopsal sont un peu plus élevés, mais la qualité est excellente.

Produits populaires du menu

제육쌈밥정식 Jeyuk Ssambap Jeongsik (menu composé d'un roulé de riz au porc épicé) 14 000
커플아삼육세트 Couple Asamyuk Set (Wagyu + Samgyeopsal + Jeyuk Bokkeum + Wagyu Fried Rice + Kimchi Jjigae) 59 000

NAENGMYEON 냉면

Le Naengmyeon 냉면 (« nouilles froides ») est un plat de nouilles très apprécié, originaire de Corée du Nord. Datant de la dynastie Joseon, sa popularité a grimpé en flèche dans les villes du nord comme Pyongyang et Hamhung, avant de devenir un plat national très apprécié après la guerre de Corée. Servi avec des concombres, des tranches de poire coréenne, du radis mariné, un œuf dur et des tranches de poitrine, le naengmyeon offre une délicieuse fusion de saveurs. Personnalisez votre expérience en ajoutant une touche de sauce moutarde épicée et un soupçon de vinaigre. Dans le monde du naengmyeon, il existe deux variétés principales : 물냉면 mul naengmyeon, une soupe de nouilles rafraîchissante composée de nouilles méticuleusement élaborées, immergées dans un généreux bol de bouillon glacé revigorant (à base de bœuf, de poulet ou de dongchimi - kimchi à l'eau de radis).

Si lemul naengmyeon est originaire de Pyongyang, il existe le 비빔냉면 bibim naengmyeon, plus épicé, baignant dans le gochujang. La variante de Hamhung, connue sous le nom de 회냉면 hoe naengmyeon, relève le niveau d'épices avec du poisson cru mariné, généralement de la raie. La principale différence entre le naengmyeon de Pyongyang et le naengmyeon de Hamhung réside dans leurs nouilles. Le naengmyeon de Pyongyang se compose généralement de nouilles de sarrasin grossières et épaisses qui ont tendance à se briser lorsqu'on les mâche.

En revanche, le naengmyeon de Hamhung incorpore du sarrasin mélangé à de l'amidon de pomme de terre et de patate douce, ce qui donne des nouilles plus moelleuses que fines. Il est intéressant de noter que, dans les enquêtes menées auprès des touristes étrangers, en particulier ceux qui ne viennent pas d'Asie, le naengmyeon est souvent considéré comme un plat coréen que les étrangers hésitent à goûter. Le fait de devoir mâcher des nouilles et l'idée de les servir dans un bouillon froid peuvent sembler peu familières au premier abord. Cependant, une fois que vous aurez pris l'habitude du goût, vous pourriez bien vous retrouver accro et incapable de résister à son charme unique.

KALGUKSU 칼국수

Kalguksu 칼국수, qui signifie littéralement « nouilles au couteau », tire son nom de la méthode unique de découpe. Cette méthode se distingue de l'extrusion ou du filage généralement utilisés pour les nouilles. Les nouilles méticuleusement fabriquées à la main sont préparées à partir d'une pâte composée de farine de blé, d'œufs et parfois de poudre de haricots pour plus de texture. Le processus consiste à étaler finement la pâte, à la couper en longues bandes et à la faire mijoter jusqu'à ce qu'elle atteigne la perfection. Ces nouilles sont ensuite généreusement servies dans un bol avec un bouillon chaud et un éventail d'ingrédients.

Le bouillon, un savoureux mélange d'anchois séchés, de crustacés et de varech (parfois agrémenté d'un soupçon de bouillon de poulet), est soumis à un processus de cuisson lente pour obtenir son goût riche. Les courgettes, les pommes de terre et les échalotes coréennes se joignent aux nouilles dans une danse jusqu'à ébullition, ce qui donne un plat copieux assaisonné de sel et agrémenté d'une garniture au choix.

Naengmyeon - nouilles froides 냉면

 Apgujeong / Cheongdam / Garosu-gil
압구정 / 청담 / 가로수길

La maison des nouilles authentiques de style Pyongyang

봉밀가 강남구청역
Bong Mil Ga
(Gangnam-gu Office Station)

강남구 선릉로 664
Gangnam-gu Seolleung-ro 664
instagram.com/bongmilga_official

Tel : 02-546-2305

Réservation par tél : X	Ouv. : T.J. 11:30-21:30
À emporter : X	Dern. cmd. : 14:30 / 20:30
Réserv. Oblig. : X	Tps pause : 15:00-17:00

Ambiance : Spacieuse, confortable et bien éclairée.
Menu : Une grande variété de plats, notamment des nouilles de sarrasin de style Pyongyang, des onmyeon (nouilles chaudes), des gomtang et des crêpes de sarrasin.
Caractéristiques : Les nouilles sont faites à 100 % de sarrasin, sans ajout de farine, et sont plus épaisses que celles des autres restaurants de nouilles froides.
Recommandation : Essayez les nouilles froides en été et les nouilles chaudes en hiver.
Remarque : Le nombre de places de stationnement étant limité, il est recommandé d'utiliser les transports en commun pour s'y rendre.

Produits populaires du menu

평양 메밀국수 Pyeongyang Memilguksu (nouilles au blé noir) 14 000
평양온면 Pyeongyang Onmyeon (nouilles chaudes) 14 000
평양 손만두 Pyeongyang Sonmandu (boulettes faites à la main) 8 000

Seocho / Seorae Village
서초 / 서래마을

Restaurant populaire connu pour ses copieux galbijjim et son délicieux Hamheung-styke naengmyeon.

서초면옥 본점
Seocho Myeon Ok
(succursale principale)

서울 서초구 동광로 97
Seocho-gu Donggwang-ro 97

Tel : 02-536-1423

Réservation par tél : X	Ouv. : T.J. 10:30-21:00
À emporter : X	Dern. cmd. : X
Réserv. Oblig. : X	Tps pause : —

Ambiance : Le restaurant est indépendant et dispose d'un grand espace, sans problème de stationnement.
Menu : Comprend des options de naengmyeon de style Hamheung, des boulettes et divers plats principaux.
Caractéristiques : Lorsque vous commandez un galbijjim, un bol de bouillon galbitang vous est également fourni. En ajoutant du riz cuit à la vapeur séparément et en le mélangeant au bouillon, vous pourrez déguster une délicieuse soupe de riz !
Recommandation : Associer les galbijjim chauds aux naengmyeon froids est une combinaison fantastique !
Remarque : Les dumplings sont disponibles en demi-portions, ce qui en fait un plat idéal pour les solitaires ou si le groupe de personnes à dîner est réduit. Le liquide dans la marmite n'est pas de l'eau, mais un bouillon savoureux. Si vous préférez l'eau, vous pouvez la demander séparément.

Produits populaires du menu

회냉면 Hoe (poisson cru) Naengmyeon 12 000
손만두 Son Mandu (boulettes faites à la main) 9 000
갈비찜(대) Galbijjim (grand) (côtes courtes de bœuf braisées) 73 000

Hannam-dong / Itaewon
한남동 / 이태원

 Myeongdong
명동

Restaurant réputé pour son naengmyeon de style Hamheung qui rafraîchit le corps et l'esprit

한남면옥
Hannam Myeon Ok

용산구 우사단로10가길 10
Yongsan-gu Usadan-ro 10ga-gil 10

Tel : 0507-1385-6608
Réservation par tél : X
À emporter : O
Réserv. Oblig. : X
Ouv. : Lu-Sa 11:00-22:00
Di 12:00-20:00
Dern. cmd. : Di - Je 19:45
Ve, Sa 21:45
Tps pause : —

Ambiance : Situé dans une ruelle pittoresque, ce petit restaurant est confortable avec un intérieur modeste orné de plantes et de charmantes décorations.
Menu : Le naengmyeon et le bar clam kalguksu figurent en bonne place sur la carte, qui propose également des dumplings et divers amuse-gueules.
Caractéristiques : Connu pour sa sauce légèrement épicée et son bouillon savoureux, le mul naengmyeon est généreusement garni de tranches de jeunes radis kimchi, ce qui en rehausse la texture. Le bouillon chaud équilibre délicatement le plat.
Recommandation : Les boulettes de viande se marient bien avec le naengmyeon, tandis que les boulettes de kimchi épicé complètent le kalguksu.
Remarque : La sauce d'assaisonnement est forte ; si vous êtes sensible aux épices, il est recommandé d'opter pour du mul naengmyeon. L'eau et le bouillon sont en libre-service, les gobelets d'eau se trouvant sur l'étagère supérieure et les gobelets de bouillon sur l'étagère inférieure.

Produits populaires du menu

물/비빔냉면 Mul Naengmyeon / Bibim Naengmyeon 9 000
바지락 칼국수 Bajirak Kalguksu (soupe de nouilles aux palourdes) 10 000

Le summum du naengmyeon de style Hamheung, avec des saveurs épicées, piquantes et sucrées.

명동함흥면옥 본점
Myeongdong Hamheung Myeon Ok (succursale principale)

서울 중구 명동10길 35-19
Jung-gu Myeongdong 10-gil 35-19

Tel : 02-776-8430
Réservation par tél : X
À emporter : X
Réserv. Oblig. : X
Fermé : Di
Ouv. : Lu-Sa 11:00-20:00
Dern. cmd. : X
Tps pause : —

Ambiance : Un extérieur sophistiqué et une atmosphère sereine à l'intérieur.
Menu : Savourez des naengmyeon doux mais savoureux, de style Hamheung, servis à la fois en bibim (mélangé à une sauce épicée) et en bouillon.
Caractéristiques : Le bouillon de viande chaud est servi avant le plat principal pour nettoyer le palais.
Recommandation : Pour les nouilles froides au poisson cru, il est conseillé d'essayer le poisson cru épicé plutôt que la morue.
Remarque : Fermé tous les dimanches.

Produits populaires du menu

회냉면 Hoe (poisson cru) Naengmyeon 13 000
물냉면 Mul Naengmyeon 12 000
비빔냉면 Bibim (épicé) Naengmyeon 12 000

⑤ Jongno / Gwanghwamun / Insa-dong
종로 / 광화문 / 인사동

Naengmyeon épicé et piquant de style Hamheung qui stimule l'appétit depuis 1955

오장동 함흥냉면
Ojangdong Hamheung Naengmyeon

중구 마른내로 108
Jung-gu Mareunnae-ro 108
ojangmyeok.modoo.at/

Tel : 02-2267-9500
Réservation par tél : X
À emporter : X
Réserv. Oblig. : X

Fermé : Ma
Ouv. : Lu,Me-Di 11:00-20:00
Dern. cmd. : X
Tps pause : 15:30-17:00

Ambiance : Situé sur une route quelque peu fréquentée, mais facile à trouver. L'intérieur est spacieux et confortable. Comme il s'agit d'un établissement plus ancien, il reçoit beaucoup de clients réguliers qui sont plus âgés.
Menu : Spécialisé dans les nouilles à mâcher à base d'amidon de patate douce, il sert principalement des naengmyeon. Le hoe muchim (poisson cru mariné épicé) est épicé et piquant.
Caractéristiques : Le bouillon chaud servi dans une bouilloire est modérément assaisonné et très savoureux.
Recommandation : Si le bibim naengmyeon ou le hoe naengmyeon est trop épicé pour vous, ajoutez-y un peu de bouillon. Le naengmyeon hoe et le naengmyeon bibim sont préférés au mul naengmyeon.
Remarque : L'attente se fait forcément sur place, mais le taux de rotation est rapide. Vous pouvez généralement obtenir une place en moins de 20 minutes.

Produits populaires du menu

회냉면 Hoe Naengmyeon 15 000
물냉면 Mul Naengmyeon 15 000
만두 Mandu 12 000

Restaurant réputé de Séoul connu pour ses Naengmyeon et Bulgogi traditionnels de Pyongyang depuis 1946

우래옥
Woo Lae Oak

중구 창경궁로 62-29
Jung-gu Changgyeonggung-ro 62-29

Tel : 02-2265-0151
Réservation par tél : X
À emporter : X
Réserv. Oblig. : X

Fermé : Lu
Ouv. : Ma-Di 11:30-21:00
Dern. cmd. : 20:40
Tps pause : —

Ambiance : L'intérieur est conçu à partir d'éléments coréens traditionnels. Le restaurant est spacieux et dispose de nombreuses places assises au premier et au deuxième étage, ce qui garantit un taux de rotation élevé. L'accès au deuxième étage se fait par des escaliers.
Menu : Les plats principaux sont les traditionnels naengmyeon et bulgogi de Pyongyang. Le menu comprend également du galbitang, des côtes grillées et du yukhoe.
Caractéristiques : Les nouilles de sarrasin sont moelleuses et fermes. Seuls des ingrédients coréens sont utilisés. Le paiement se fait à l'avance et il y a des chargeurs de téléphone et des prises de courant dans la salle d'attente.
Recommandation : Le galbitang est disponible en quantité limitée uniquement les mardis, jeudis et samedis. Associez le naengmyeon au bulgogi pour une expérience optimale.
Remarque : Attendez-vous à de longues attentes, même en dehors des heures de repas. L'eau froide doit être demandée séparément.

Produits populaires du menu

평양냉면 Pyeongyang Naengmyeon 16 000
비빔냉면 Bibim Naengmyeon 16 000
갈비탕 Galbitang 18 000

⑧ Hongdae 홍대

L'un des meilleurs restaurants de naengmyeon de style Pyongyang à Séoul

을밀대 평양냉면
Eulmildae Pyeongyang Naengmyeon

마포구 숭문길 24
Mapo-gu Sungmun-gil 24

Tel : 02-717-1922
Réservation par tél : X   **Ouv. :** T.J. 11:00-22:00
À emporter : O   **Dern. cmd. :** X
Réserv. Oblig. : X   **Tps pause :** —

Ambiance : L'intérieur reflète le passage du temps avec son décor nostalgique. Il est divisé en trois bâtiments et les clients sont guidés en fonction de la liste d'attente. À l'intérieur, il y a une quinzaine de tables, pour la plupart rondes, ainsi que quelques sièges bas.
Menu : Le naengmyeon de style Pyongyang, riche et savoureux, est complété par des crêpes de haricots mungo et des tranches de bœuf bouilli.
Caractéristiques : Tremper les tranches de porc bouilli dans de la sauce soja avec des oignons verts rapés et de l'ail pour une combinaison parfaite.
Recommandation : Lorsque vous commandez des nouilles froides, demandez « 거냉 (geo naeng) » pour obtenir un bouillon sans glace, ce qui vous permet de savourer la véritable saveur du bouillon. En demandant « 양많이 (yang mani) », vous obtiendrez un peu plus de nouilles sans frais supplémentaires (bien que la quantité de garnitures puisse être réduite).
Remarque : Vu qu'il est situé dans une ruelle avec de nombreux magasins à proximité, il est facile de passer à côté. Bien qu'il puisse y avoir de l'attente, le taux de rotation est relativement rapide.

Produits populaires du menu

물냉면 Mul Naengmyeon 15 000
비빔냉면 Bibiim Naengmyeon 15 000
수육 Suyuk (tranches de bœuf bouilli) 35 000

Kalguksu - nouilles coupées au couteaus 칼국수

⑤ Jongno / Gwanghwamun / Insa-dong 종로 / 광화문 / 인사동

Un lieu de restauration préféré des convives, connu pour ses boulettes de pâte faites à la main dans le style nord-coréen.

취야벌 국시
Chwiyabeol Guksi

종로구 인사동7길 21
Jongno-gu Insadong 7-gil 21

Tel : 02-730-0305   **Fermé :** Di
Réservation par tél : X   **Ouv. :** Lu-Sa 09:30-21:30
À emporter : O   **Dern. cmd. :** X
Réserv. Oblig. : X   **Tps pause :** —

Ambiance : Installé dans un bâtiment hanok traditionnel rénové, il propose des tables avec chaises et des places assises. Situé dans une ruelle plutôt que dans une rue principale, il peut être difficile à trouver, il est donc conseillé de demander son chemin aux habitants des environs.
Menu : Spécialisé dans les boulettes de pâte à la vapeur de style nord-coréen, servies dans divers plats, notamment à la vapeur, dans des plats chauds et dans des soupes. Il propose également des plats comme les crêpes aux fruits de mer.
Caractéristiques : Les visiteurs peuvent observer à l'intérieur la préparation des dumplings faits à la main dans le style nord-coréen. Réputé pour ses plats copieux et nutritifs composés de quantités généreuses de viande et de légumes.
Recommandation : Comme il s'agit d'un restaurant spécialisé dans les boulettes, il est fortement conseillé de commander des boulettes.
Remarque : Lorsque vous commandez un hot pot, soyez prudent, car l'assaisonnement se dépose au fond ; une ébullition prolongée peut intensifier la salinité du bouillon. Pour commander un hot pot, il faut en commander au moins deux. La plupart des places sont au sol et il faut se déchausser, c'est un détail qu'il faut garder à l'esprit.

Produits populaires du menu

접시만두 Jeopsi Mandu (boulettes à la vapeur) 11 000
만두전골 Mandu Jeongol (Dumpling Hot Pot) 14 000
취야국시 Chwiya Guksi (nouilles) 9 000

Jongno / Gwanghwamun / Insa-dong
종로 / 광화문 / 인사동

 Samcheong-dong
삼청동

Un restaurant bien-aimé, connu pour ses dumplings et ses plats chauds depuis 1988.

Nouilles de sarrasin faites à la main avec 100 % de sarrasin de Bongpyeong.

깡통만두
Kkang Tong Mandu

북촌막국수
Bukchon Makguksu

종로구 북촌로2길 5-6
Jongno-gu Bukchon-ro 2-gil 5-6

서울 종로구 삼청로 141, 지하 1층
Jongno-gu Samcheong-ro 141, B1
bukchonmakguksu.modoo.at

Tel : 02-794-4243
Réservation par tél : X
À emporter : X
Réserv. Oblig. : X
Fermé : Di
Ouv. : JDS 11:30-21:00
Sa 11:30-20:00
Dern. cmd. : JDS 14:40, 20:10
Sa 19:10
Tps pause : JDS 15:30-17:00

Tel : 02-737-4111
Réservation par tél : O
À emporter : O
Réserv. Oblig. : X
Ouv. : T.J. 10:00-20:30
Dern. cmd. : 20:00
Tps pause : —

Ambiance : Situé à l'intérieur d'une ruelle étroite, le restaurant dispose néanmoins d'un vaste espace et de nombreuses tables.
Menu : Axé sur les plats de nouilles comme le kalguksu et les dumplings, il propose également une variété de crêpes.
Caractéristiques : Les nouilles sont fraîchement préparées chaque matin, ce qui garantit une texture moelleuse pour les dumplings et les nouilles de soupe.
Recommandation : En raison de l'attente fréquente sur place, il est conseillé de commander à l'avance des places et des menus via Catch Table. La soupe Onban, de style nord-coréen, comprend des dumplings et des crêpes de haricots mungo, une rareté ailleurs, ce qui en fait un choix recommandé pour une expérience gastronomique unique.
Remarque : La soupe aux boulettes peut ne pas convenir à tout le monde en raison de son bouillon fade, tandis que le hot pot est une alternative préférable malgré son bouillon fort, qui peut donner soif après consommation. Des toilettes sont disponibles à l'intérieur de l'établissement.

Ambiance : L'intérieur spacieux est meublé de nombreuses places assises confortables, les tables étant largement réparties, ce qui en fait un lieu propice à la conversation.
Menu : Offre des plats allant des nouilles de sarrasin aux nouilles coupées au couteau, en passant par divers accompagnements.
Caractéristiques : Vend des makguksu à base de nouilles de sarrasin 100 % pur Bongpyeong (nom de la région).
Recommandation : Goûtez leur propre deul gi reum makguksu (nouilles de sarrasin à l'huile de périlla). Leurs boulettes sont également très bonnes. Si vous venez en été, essayez les memil kong guksu (nouilles de sarrasin aux haricots) de saison.
Remarque : Même si vous commandez un petit format, les portions sont généreuses. Il y a moins de monde en semaine.

Produits populaires du menu

들기름막국수 Deul Gi Reum Makguksu (Nouilles froides de sarrasin à l'huile de sésame) 13 000
메밀칼국수 Memil Kalguksu (nouilles de sarrasin coupées au couteau) 14 000
메밀 굴림 만두 Memil Gulim Mandu (boulettes roulées dans de la farine de sarrasin) 15 000

Produits populaires du menu

찐만두 Jjinmandu (boulette à la vapeur) 11 000
만두전골 Mandu Jeongol (Dumpling Hot Pot) 40 000
온반 Onban (soupe de style nord-coréen) 12 000

Samcheong-dong
삼청동

 Jamsil
잠실

Un lieu réputé pour le kalguksu, avec un riche bouillon d'os de bœuf et des boulettes fraîchement préparées tous les matins.

황생가칼국수
Hwang Saeng Ga Kalguksu

서울 종로구 북촌로5길 78
Jongno-gu Bukchon-ro 5-gil 78
황생가칼국수.com

Tel : 02-739-6334
Réservation par tél : X
À emporter : X
Réserv. Oblig. : X
Ouv. : T.J. 11:00-21:30
Dern. cmd. : 20:40
Tps pause : —

Ambiance : L'intérieur est de taille moyenne avec une touche d'éléments traditionnels hanok. Il y a beaucoup de tables et de sièges traditionnels au sol. Un deuxième étage propose des places supplémentaires.
Menu : Le kalguksu est un bouillon laiteux préparé à partir d'os de bœuf coréen mijotés, de poitrine et de jarret, accompagné de boulettes de pâte faites à la main.
Caractéristiques : Vous pouvez voir le propriétaire faire des boulettes depuis l'entrée.
Recommandation : Lors de la dégustation du kalguksu, au lieu de manger le kimchi fraîchement préparé seul, essayez de le placer sur les nouilles pour profiter d'une saveur plus harmonieuse. En été, le kong guksu (nouilles froides à la soupe de haricots) est un plat de saison à ne pas manquer.
Remarque : L'attente peut être assez longue, il est donc recommandé d'arriver tôt. Le restaurant dispose d'une vaste salle d'attente séparée à l'extérieur.

Produits populaires du menu

사골칼국수 Sagol Kalguksu (nouilles artisanales coupées au couteau dans un bouillon de bœuf) 12 000
콩국수 Kongguksu (nouilles froides à la soupe de haricots) 15 000
왕만두국 Wang Mandu (soupe de boulettes géantes) 12 000

Le kalguksu traditionnel de Jeonju dans un cadre moderne

베테랑 롯데잠실점
Veteran (succursale de Lotte Jamsil)

송파구 올림픽로 240 지하 1층 푸드코트
Songpa-gu Olympic-ro 240 B1F Food Court

Tel : —
Réservation par tél : X
À emporter : X
Réserv. Oblig. : X
Ouv. : Lu-Je 10:30-20:00
Ve-Di 10:30-20:30
Dern. cmd. : X
Tps pause : —

Ambiance : Situé au sous-sol du hall de restauration 1F du centre commercial Lotte, il propose des tables de bar et des tables normales.
Menu : Spécialisé dans trois plats principaux : kalguksu, jjolmyeon (nouilles à mâcher) et mandu.
Caractéristiques : Les nouilles sont épaisses et moelleuses, d'une texture similaire à celle des nouilles udon.
Recommandation : Les dumplings sont préparés avec des enveloppes fines, ce qui leur permet de s'accorder parfaitement avec les kalguksu.
Remarque : En raison du nombre limité de tables par rapport aux autres restaurants du Food Hall, il est conseillé de réserver une table avant de passer commande.

Produits populaires du menu

칼국수 Kalguksu 9 000
만두 Mandu 7 000
쫄면 Jjolmyeon (nouilles à mâcher) 8 000

GEJANG 게장

Le Gejang 게장 (« crabe mariné ») est un plat incontournable en Corée, composé de crabes crus marinés qui se déclinent en deux délicieuses variantes : **Ganjang Gejang** 간장 게장, trempé dans de la sauce soja pour un goût savoureux, et **Yangnyeom Gejang** 양념 게장, infusé de piment épicé, créant une explosion de fraîcheur et de saveur océaniques. Et ne vous souciez pas de vous salir - n'hésitez pas à retrousser vos manches, à casser les carapaces de crabe et à savourer chaque bouchée (ils vous fourniront même des gants jetables et un tablier !)

JUK 죽

죽 juk, un porridge coréen traditionnel, occupe une place importante dans la tradition et la culture culinaires coréennes. Souvent considéré comme un repas réconfortant, en particulier quand on est malade ou lorsque l'on recherche une option légère et digeste, le juk est fabriqué en faisant mijoter du riz ou d'autres céréales jusqu'à ce qu'elles atteignent une texture molle, semblable à celle d'une bouillie. Qu'il soit dégusté sous sa forme simple ou agrémenté d'un éventail d'ingrédients tels que des légumes, de la viande, des fruits de mer, des œufs et des assaisonnements, le juk est une expérience savoureuse et nourrissante. Sa popularité auprès des personnes soucieuses de leur apport calorique s'explique par la méthode de fabrication de la bouillie, qui consiste à faire bouillir et tremper une quantité modeste de céréales, ce qui donne un sentiment de satiété avec des portions plus petites que le riz ou le pain.

Gejang - poulet mariné sauté 게장

 Apgujeong / Cheongdam / Garosu-gil
압구정 / 청담 / 가로수길

L'endroit le plus célèbre de Corée du Sud pour le crabe mariné à la sauce soja

프로간장게장 신사본점
Pro Ganjang Gejang (succursale principale de Sinsa)

서울 서초구 강남대로97길 7, 지하1.2층, 지상1층
Seocho-gu Gangnam-daero 97-gil 7 B1, B2, 1F
instagram.com/prosoycrab

Tel : 02-543-4126
Réservation par tél : X
À emporter : O
Réserv. Oblig. : X
Ouv. : T.J. 11:00-23:00
Dern. cmd. : X
Tps pause : —

Ambiance : Le bâtiment est grand et se compose de deux niveaux : un sous-sol et un rez-de-chaussée. L'intérieur aux tons boisés crée une atmosphère chaleureuse. L'espace est propre et spacieux, ce qui permet de manger confortablement.
Menu : Offre une variété de plats à base d'étrilles bleues, y compris du crabe mariné à la sauce soja et assaisonné, ainsi que des options à la vapeur et à l'étouffée.
Caractéristiques : Le secret de sa saveur réside dans le processus de vieillissement de trois jours des crabes femelles capturés dans la mer de l'Ouest.
Recommandation : Il est agréable de mélanger du riz blanc avec des tripes de crabe et il est également conseillé d'essayer le bibimbap aux œufs de crabe.
Remarque : Le nom « Pro » vient du fait que des joueurs de baseball professionnels se rendent fréquemment dans ce restaurant.

Produits populaires du menu

간장게장 Ganjang Gejang (crabe mariné à la sauce de soja) (2 grosses femelles) 114 000
양념게장 Yangyeom Gejang (crabe mariné assaisonné) (2 grosses femelles) 120 000
꽃게찜 Kkot Ge Jjim (crabe fleuri cuit à la vapeur) 85 000

Un restaurant qui sert des plats à base de sauce soja et de marinade depuis deux générations

게방식당
Gebang Sikdang

서울 강남구 선릉로131길 7
Gangnam-gu Seolleung-ro 131-gil 7
gebangsikdang.modoo.at
instagram.com/gebangsikdang.official

Tel : 010-8479-1107
Réservation par tél : O
À emporter : O
Réserv. Oblig. : X
Fermé : Di, 1er et 3e lun de chaque mois
Ouv. : T.J. 11:30-21:00
Dern. cmd. : X
Tps pause : 15:00-17:30

Ambiance : L'extérieur ressemble à un café et à une boulangerie, ce qui lui confère un charme unique.
Menu : Offre une variété de plats comprenant du crabe mariné à la sauce soja, ainsi que des œufs de crabe, des ormeaux et des crevettes jang (marinade à la sauce soja) avec du riz.
Caractéristiques : Une collaboration entre des parents qui ont tenu un restaurant de spécialités à base de crabe pendant 25 ans et un spécialiste du marketing de la mode, ce qui a donné lieu à un intérieur élégant.
Recommandation : Un menu fixe comprend du riz, de la soupe et des accompagnements de base. Les saveurs sont plus douces que dans d'autres restaurants de crabe à la sauce soja, ce qui convient aux débutants.
Remarque : Les places assises peuvent être inconfortables pour certains en raison de l'absence de dossier. Les femmes peuvent trouver que l'espace pour les sacs à main est insuffisant. Pour connaître les derniers prix, visitez le site web.

Produits populaires du menu

간장게장/양념게장 Ganjang Gejang / Yangnyeom Gejang (crabe mariné à la sauce de soja / crabe mariné épicé) 36 000
간장 전복 Ganjang Jeonbok (ormeau mariné à la sauce de soja) 25 000

Apgujeong / Cheongdam / Garosu-gil
압구정 / 청담 / 가로수길

Crabe mariné à la sauce soja préparé avec un soin maternel

서백자간장게장
Seobaekja Ganjang Gejang

서울 강남구 삼성로 542, 2층
Gangnam-gu Samseong-ro 542, 2F
sbjgejang.com

Tel : 02-552-2254

Réservation par tél : O	**Ouv. :** Lu-Ve 10:30-22:00
À emporter : O	Sa-Di 10:00-21:30
Réserv. Oblig. : X	**Dern. cmd. :** X
	Tps pause : —

Ambiance : Divisé en salles spacieuses et en salles privées, il convient parfaitement aux réunions de groupe.
Menu : Outre le ragoût de crabe, il existe diverses options telles que le borigulbi (poisson tambour jaune séché et vieilli à l'orge) et le bibimbap avec des œufs de crabe, ce qui permet une grande variété de choix.
Caractéristiques : Le ragoût de crabe est accompagné d'une soupe d'algues et de divers plats d'accompagnement.
Recommandation : Stimulez votre appétit avec la bouillie de potiron servie en entrée et terminez par du thé omija en dessert.
Remarque : il est plus économique de commander le menu fixe pour les déjeuners en semaine.

Produits populaires du menu

간장게장 Ganjang Gejang (crabe mariné à la sauce de soja) 38 000
양념게장 Yangnyeom Gejang (crabe mariné épicé) 40 000
꽃게찜 Kkotge Jjim (crabe fleuri cuit à la vapeur) 68 000

 Hannam-dong / Itaewon
한남동 / 이태원

Un haut lieu du crabe mariné à la sauce soja, préparé avec du crabe domestique frais.

장지녕 간장게장
Jangjinyeong Ganjang Gejang

서울 용산구 독서당로 46, 지하 1층
Yongsan-gu Dokseodang-ro 46, B1
instagram.com/brand_jjn

Tel : 02-794-7737

Réservation par tél : O	**Ouv. :** T.J. 11:30-22:00
À emporter : O	**Dern. cmd. :** X
Réserv. Oblig. : X	**Tps pause :** 15:00-17:00

Ambiance : Ambiance spacieuse et agréable avec des tables adaptées aux groupes, ce qui en fait un lieu idéal pour les rassemblements.
Menu : Outre le crabe mariné à la sauce soja et aux épices, le restaurant propose divers plats tels que l'huître assaisonnée, la salade de coques, les boulettes de viande à la coréenne et le calmar sauté aux épices.
Caractéristiques : D'avril à septembre, on y sert du lieu jaune cru assaisonné de Sokcho, et d'octobre à avril de l'année suivante, des huîtres assaisonnées. Ces plats ne sont disponibles que pendant ces saisons, il est donc fortement recommandé d'y goûter.
Recommandation : Pour agrémenter votre repas, vous pouvez accompagner le crabe mariné d'un assortiment de légumes assaisonnés et de kimchi jeune et frais.
Remarque : Le restaurant propose des plats à emporter ainsi qu'un service de livraison de colis.

Produits populaires du menu

장지녕 명품게장 세트(1인) - Jang Jinyeong Myeong Pum Gejang (Crabe mariné de luxe) set (par personne) - 35 000
불쭈꾸미 세트(1인) - Bul Jjukkumi Set (Set de calamars sautés épicés (par personne) - 15 000
제주갈치김치 - Jeju Galchi (Pêche de le Sabre) Kimchi - 15 000

Myeongdong
명동

Un restaurant de spécialités proposant du crabe vieilli mariné au soja avec des œufs

함초간장게장
Hamcho Ganjang Gejang

중구 명동8가길 27, 지하 1층
Jung-gu Myeongdong 8ga-gil 27, B1F
blog.naver.com/mwooh2

Tel : 02-318-1624
Réservation par tél : O   Ouv. : T.J. 11:30-22:00
À emporter : O   Dern. cmd. : 21:00
Réserv. Oblig. : X   Tps pause : —

Ambiance : L'extérieur présente une atmosphère tranquille de hanok, avec des places assises à l'extérieur. L'intérieur est assez spacieux et rempli de plantes. Il est particulièrement apprécié des clients étrangers.
Menu : Crabe mariné au soja, crabe mariné épicé, crêpes aux fruits de mer et ragoût de fruits de mer.
Caractéristiques : Connu pour son crabe mariné au soja avec des œufs, vieilli avec du hamcho (salicorne), un aliment de santé reconnu.
Recommandation : Le menu fixe est conseillé plutôt que le crabe mariné au soja à la carte.
Remarque : les prix sont un peu élevés. Il est intéressant de noter que le restaurant propose également des samgyetang, mais le crabe mariné au soja est fortement recommandé.

Produits populaires du menu

간장게장 Ganjang Gejang (crabe mariné à la sauce de soja) 40 000
간장게장정식 Ganjang Gejang (crabe mariné à la sauce de soja) Jeongsik (table d'hôte) 80 000
해물파전 Haemul Pajeon (crêpes aux fruits de mer) 25 000

Jongno / Gwanghwamun / Insa-dong
종로 / 광화문 / 인사동

Un restaurant coréen aux recettes traditionnelles vieilles de 300 ans

큰기와집
Keun Giwa Jip

종로구 북촌로 22
Jongno-gu Bukchon-ro 22
blog.naver.com/keunkiwajip_0501

Tel : 0507-1448-9032
Réservation par tél : X   Ouv. : T.J. 11:30-21:00
À emporter : O   Dern. cmd. : 20:00
Réserv. Oblig. : X   Tps pause : 15:00-17:30

Ambiance : Le restaurant a une structure unique, avec une entrée située au fond d'une ruelle. L'intérieur est simple, mais présente des éléments coréens, et n'est pas très spacieux. Il est particulièrement apprécié des touristes chinois.
Menu : Offre une variété de plats, dont le crabe mariné au soja, le crabe mariné épicé, le bibimbap au crabe et les côtes courtes braisées.
Caractéristiques : Les recettes de la famille Cheongju Han, vieilles de 300 ans, sont respectées.
Recommandation : La sauce soja utilisée est à base d'herbes médicinales pour éliminer les impuretés et l'amertume, et les crabes, provenant de Seosan, sont pleins d'œufs riches, ce qui leur confère une saveur profonde. Les travers de porc braisés sont chers pour la taille de la portion.
Remarque : Il n'y a pas de salle d'attente attitrée, et les places assises pour les personnes qui attendent sont très exiguës, ce qui les rend inconfortables.

Produits populaires du menu

간장게장 Ganjang Gejang (crabe mariné à la sauce de soja) 59 000
양념게장 Yangnyeom (crabe mariné épicé) Gejang 42 000
게장 비빔밥 Gejang Bibimbap 37 000

8 Hongdae
홍대

Un restaurant spécialisé qui ne sert que du crabe mariné à la sauce soja

서산꽃게
Seosan Kkotge

서울 마포구 도화길 12-3
Mapo-gu Dohwa-gil 12-3

Tel : 02-719-9693

Réservation par tél : O	**Ouv. :** JDS 11:50-21:00
À emporter : X	WE / Jour férié 11:50-20:00
Réserv. Oblig. : O	**Dern. cmd. :** X
	Tps pause : 14:30-17:30

Ambiance : Il faut se déchausser avant d'entrer et les places assises sont constituées de tables surélevées. Le restaurant est relativement petit et les espaces entre les tables sont étroits.
Menu : Le restaurant ne propose qu'un seul menu : le crabe mariné à la sauce soja.
Caractéristiques : Les crabes sont gros, charnus et délicieux. Ils sont cultivés dans les eaux profondes de la mer de l'Ouest. Une variété de plats d'accompagnement est servie, notamment du kimchi vieilli et du ragoût de maquereau, des algues et du laurier, et des huîtres assaisonnées.
Recommandation : Du riz à la vapeur est servi à volonté, n'hésitez donc pas à vous resservir si nécessaire.
Remarque : Le restaurant fonctionne uniquement sur réservation. Les toilettes sont très anciennes et peuvent être peu pratiques.

Produits populaires du menu

간장게장 (1인) Ganjang Gejang (1 personne) 40 000

---

9 Yeouido
여의도

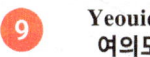

Crabe mariné au soja, préparé à partir des meilleurs étrilles bleues coréennes

화해당 여의도점
Hwa Hae Dang (succursale de Yeouido)

영등포구 국회대로62길 15, 1층 3호
Yeongdeungpo-gu Gukhoe-daero 62-gil 15, 1F #3
smartstore.naver.com/hwahaedang

Tel : 02-785-4422	**Fermé :** Di, Lu
Réservation par tél : O	**Ouv. :** Ma-Sa 11:00-21:00
À emporter : O	**Dern. cmd. :** 20:00
Réserv. Oblig. : X	**Tps pause :** 15:00-17:30

Ambiance : L'intérieur confortable présente des tables aux tons bruns et un éclairage chaleureux, créant une atmosphère accueillante. Des salles privées sont également disponibles. Le restaurant est populaire auprès de la clientèle étrangère.
Menu : Deux plats principaux : le crabe mariné au soja et le sébaste cuit à la vapeur.
Caractéristiques : Chaque printemps, des crabes bleus dodus sont surgelés et utilisés tout au long de l'année.
Recommandation : Dégustez le crabe mariné avec du riz fraîchement cuit enveloppé dans des gim (algues) parfumées. Si vous ne savez pas manier les baguettes, utilisez les gants en plastique fournis pour manger le crabe.
Remarque : Les prix sont plutôt élevés. Le nombre de places étant limité, il faut s'attendre à une certaine attente.

Produits populaires du menu

간장게장과 돌솥밥 Ganjang Gejang & Dolsot Bap (crabe mariné au soja avec de la marmite de pierre) : 47 000
우럭포 찜 Ureokpo Jjim (sébaste cuit à la vapeur) : 70 000

Jamsil
잠실

Un endroit idéal pour déjeuner, avec des ganjang gejang frais

본가진미간장게장
Bonga Jinmi Ganjang Gejang

송파구 백제고분로 420
Songpa-gu Baekjegobun-ro 420
instagram.com/jinmicrab

Tel : 0507-1342-5081

Réservation par tél : O	Ouv. : T.J. 11:00-22:00
À emporter : O	Dern. cmd. : X
Réserv. Oblig. : O	Tps pause : —

Ambiance : L'intérieur spacieux comprend de grandes tables, ce qui le rend idéal pour les réunions de groupe.
Menu : Outre le crabe mariné au soja, vous pouvez déguster une variété de fruits de mer marinés tels que le saumon, les crevettes ou encore l'ormeau.
Caractéristiques : Le restaurant n'utilise que les crabes nationaux les plus frais et de première qualité, achetés directement aux enchères. Une généreuse sélection de plats d'accompagnement est proposée.
Recommandation : Le crabe mariné peut être assez épicé, il est donc recommandé de choisir le crabe mariné au soja. Pour celles et ceux qui ne peuvent pas manger de crabe cru, du crabe cuit à la vapeur est également disponible. Le set de crabes mâles est moins cher que le set de crabes femelles. La différence réside dans la présence d'œufs et dans la taille de la portion (250 g contre 180 g).
Remarque : Il est possible d'emballer et de livrer des coffrets-cadeaux. Il y a souvent beaucoup de monde aux heures du dîner.

Produits populaires du menu

암꽃게 간장게장 정식 Amkkotge (crabes femelles) Ganjangejang (crabe mariné au soja) Jeongsik (table d'hôte) (250g) 38 000
숫꽃게 간장게장 정식 Sutkkotge (crabe mariné au soja) Jeongsik (table d'hôte) (180g) 18 000

Juk - porridge 죽

 Hannam-dong / Itaewon
한남동 / 이태원

Un restaurant de porridge qui utilise du riz fraîchement moulu

한뿌리죽 이촌본점
Han Ppuri Juk
(succursale principale d' Ichon)

용산구 이촌로 245, 2층
Yongsan-gu Ichon-ro 245, 2F
instagram.com/hanppuri

Tel : 0507-1408-0103

Réservation par tél : O	Ouv. : T.J. 10:00-21:00
À emporter : O	Dern. cmd. : 20:30
Réserv. Oblig. : X	Tps pause : WE 15:30-16:30

Ambiance : Le restaurant, situé au deuxième étage, est soigné mais peu spacieux, ce qui ne permet pas d'accueillir de grands groupes.
Menu : Offre une variété de bouillies, y compris la bouillie de légumes, la bouillie de poulet au ginseng et la bouillie d'ormeaux.
Caractéristiques : La bouillie est préparée avec du riz fraîchement moulu pour maintenir une qualité optimale, ce qui permet d'obtenir une meilleure texture et une saveur riche. Les plats d'accompagnement sont également de grande qualité.
Recommandation : Lorsqu'il y a beaucoup de monde, il est recommandé de prendre un repas à emporter. Vous pouvez demander à ce que le porridge soit séparé en diverses portions pour les commandes de groupe.
Remarque : Les prix sont plutôt élevés.

Produits populaires du menu

삼계죽 Samgye Juk (Ginseng et poulet) 20 000
제주식전복죽 Jejusik Jeonbok Juk (ormeau à la mode de Jeju) 23 000
호박죽 Hobak Juk (citrouille) 16 000

⑨ Yeouido 여의도

Un restaurant de spécialités de porridge réputé à Yeouido depuis 20 ans

대여죽집
Daeyeo Juk Jip

서울 영등포구 여의대방로67길 22
Yeongdeungpo-gu Yeouidaebang-ro 67-gil 22
www.02-783-6023.kti114.net

Tel : 02-783-6023
Réservation par tél : X
À emporter : O
Réserv. Oblig. : X

Fermé : Jour férié
Ouv. : JDS 07:00-21:00
WE 08:30-20:00
Dern. cmd. : JDS 20:30
WE 19:30
Tps pause : —

Ambiance : Le restaurant n'est pas très spacieux mais n'est pas à l'étroit, offrant une vue claire de l'extérieur à l'intérieur.
Menu : Il propose une variété de bouillies telles que d'abalone, de ginseng, de champignons, de crevettes et de pignons de pin.
Caractéristiques : Le riz utilisé provient d'Icheon et les ormeaux vivants de Wando, ce qui garantit leur qualité et leur fraîcheur.
Recommandation : Pour améliorer votre expérience du porridge, accompagnez-le de baek kimchi (kimchi blanc) et de mul kimchi (kimchi d'eau).
Remarque : Situé dans un petit bâtiment niché dans une ruelle, vous pourriez devoir faire quelques efforts pour le trouver.

Produits populaires du menu

전복죽 Jeonbok Juk (bouillie d'ormeaux) 17 000
버섯굴죽 Beoseot Gul Juk (bouillie de champignons et d'huîtres) 14 000
소두부죽 Sodubu Juk (bouillie de bœuf et de tofu) 14 000

KOREAN FRIED CHICKEN

Le poulet frit coréen (communément appelé "Korean Fried Chicken") a été largement plébiscité pour sa texture croustillante et sa viande tendre et savoureuse. Il est devenu un délice culinaire apprécié tant en Corée que dans le reste du monde, grâce à un éventail varié de saveurs, chaque variété ayant son propre assaisonnement ou sa propre sauce.

Par exemple, le poulet yangnyeom 양념 ravit le palais avec sa sauce sucrée et épicée à base de gochujang et d'ail, tandis que le poulet au soja et à l'ail offre un savoureux mélange de sauce soja, d'ail et d'huile de sésame, qui confère un goût riche au plat. Le poulet épicé buldak 불닭 satisfait les amateurs de saveurs audacieuses et intenses, grâce à sa pâte de piment et à son infusion de poivre. La popularité du poulet frit coréen dépasse les frontières générationnelles. L'émergence du chimaek « 치맥 » (poulet + maekju, « bière »), un phénomène culturel qui associe le poulet frit à la bière, a encore renforcé son attrait.

Le poulet moo 무 (« radis de poulet »), compagnon essentiel du poulet frit coréen, est apprécié pour sa saveur douce et acidulée et sa texture croustillante. Enrichi de vinaigre, de sucre, de sel et parfois de flocons de piment ou d'ail, il constitue un contraste rafraîchissant avec le poulet savoureux, ravivant le palais et offrant un répit par rapport aux variétés plus épicées.

JEON 전

Le Jeon 전 est une gamme variée de crêpes savoureuses profondément enracinées dans la tradition culinaire coréenne. Ces crêpes sont fabriquées à partir d'une pâte composée de farine, d'œufs, d'eau ou de bouillon et d'un assortiment d'ingrédients tels que des légumes, des fruits de mer, de la viande ou du kimchi. Une fois mélangées, elles sont frites à la poêle jusqu'à ce qu'elles prennent une délicieuse teinte dorée, offrant une combinaison alléchante d'extérieurs croustillants et d'intérieurs tendres.

Les Coréens ont pour coutume de dire que les jours de pluie, il faut se laisser tenter par la combinaison classique de pajeon 파전, une crêpe verte à l'échalote, accompagnée de makgeolli 막걸리, un vin de riz traditionnel. Cette combinaison est depuis longtemps appréciée des Coréens, mais son origine exacte reste sujette à spéculation. Certaines théories suggèrent que l'association entre la pluie et les crêpes provient de la ressemblance des sons grésillants, évoquant une réaction instinctive chez les amateurs. Une autre théorie la relie aux traditions agricoles, où les fermiers cherchaient du réconfort dans les pajeon et les makgeolli pendant les temps morts dus à la pluie, établissant ainsi une tradition culinaire saisonnière qui persiste encore aujourd'hui. Adoptez la tradition et savourez les différents goûts !

Korean Fried Chicken

 Apgujeong / Cheongdam / Garosu-gil
압구정 / 청담 / 가로수길

Un restaurant de poulet spacieux, idéal pour passer un moment animé

깐부치킨 압구정역점
Kkanbu Chicken
(succursale de Apgujeong Station)

강남구 압구정로32길 11, 1층 103호
Gangnam-gu Apgujeong-ro 32-gil 11, #103

Tel : 0507-1428-9283		**Fermé :**	1er dim de chaque mois
Réservation par tél : X		**Ouv. :** T.J. 15:00-24:00	
À emporter : O		**Dern. cmd. :** X	
Réserv. Oblig. : X		**Tps pause :** —	

Ambiance : Extérieur propre, intérieur branché, spacieux avec de nombreuses tables et une terrasse extérieure.
Menu : Offre une variété d'options de poulet, y compris le poulet frit classique et des variétés aromatisées comme l'ail et la sauce soja.
Caractéristiques : Le poulet est préparé selon une méthode spéciale de double cuisson. Tous les plats sont préparés à la commande, il faut donc s'attendre à un temps d'attente de 15 à 20 minutes.
Recommandation : L'ensemble poulet et bière est un bon rapport qualité-prix. Si vous préférez ne pas manger de poulet frit, vous pouvez choisir l'option gril électrique. Vous pouvez également commander du poulet frit de base et essayer différentes sauces en accompagnement.
Remarque : L'ambiance animée ne se prête pas à des conversations tranquilles.

Produits populaires du menu

크리스피 순살치킨 Poulet Sunsal croustillant (tendres) 21 000
마늘간장 순살치킨 Maneul Ganjang Sunsal (cuisses de poulet à l'ail et au soja) 22 000

 Hannam-dong / Itaewon
한남동 / 이태원

Un restaurant sain à base de poulet entier avec une réduction significative des matières grasses

해방촌닭
Haebangchon Dak

용산구 신흥로 97-5
Yongsan-gu Sinheng-ro 97-5
instagram.com/haebangchondak

Tel : 0507-1399-2037		**Ouv. :** JDS 17:00-24:00	
Réservation par tél : O		WE 16:00-24:00	
À emporter : O		**Dern. cmd. :** X	
Réserv. Oblig. : X		**Tps pause :** —	

Ambiance : Situé dans une ruelle étroite du marché Haebangchon Sinheung, à une minute de marche de l'entrée. L'espace est petit, avec des tables de 2 personnes pour la plupart et une table de 4 personnes. Il y a également une table au bar.
Menu : Propose des poulets entiers aux herbes, y compris des variétés aux herbes préparées au gril électrique et à l'ail.
Caractéristiques : Le poulet est domestique, farci de ginseng, de jujube et de riz gluant et cuit lentement pendant une heure et demie à l'aide d'un gril électrique pour éliminer l'excès d'huile, ce qui donne une expérience légère et saine de la vraie cuisine lente.
Recommandation : Le poulet entier est accompagné d'une sauce épicée, d'une sauce à la moutarde et de radis marinés.
Remarque : Le week-end, le restaurant ouvre une heure plus tôt qu'en semaine. Les temps d'attente sont longs et l'enregistrement se fait manuellement. Les toilettes communes ne sont pas très propres.

Produits populaires du menu

전기구이 한방통닭 Jeongi Gui Hanbang Tongdak (poulet entier aux herbes grillé à l'électricité) 20 000
전기구이 마늘한방통닭 Jeongi Gui Maneul Hanbang Tongdak (poulet entier à l'ail et aux herbes, grillé à l'électricité) 24 000

Hongdae 홍대

 Yeouido 여의도

Déguster du poulet tout en regardant des matchs sportifs sur grand écran

Un restaurant de poulet frit qui utilise des techniques de vieillissement lent et se targue d'un service rapide.

더블플레이치킨 홍대점
Double Play Chicken (succursale de Hongdae)

마포구 동교로 201, 2층
Mapo-gu Donggyo-ro 201, 2F
instagram.com/doubleplay_chicken

Tel : 0507-1401-9042

Réservation par tél :	O	Ouv. : Lu-Je 17:00 - 02:00
À emporter :	O	Ve 17:00 - 02:30
Réserv. Oblig. :	X	Sa 16:30 - 02:30
		Di 14:00 - 01:00
		Dern. cmd. : X
		Tps pause : —

Ambiance : Situé au deuxième étage d'un immeuble, l'intérieur spacieux est décoré de néons et de souvenirs sur le thème du baseball professionnel coréen et américain. Les multiples écrans géants créent une atmosphère de pub sportif typique où l'on peut regarder divers matchs de sport.
Menu : Propose une variété d'options de poulet frit ainsi que des menus d'accompagnement comme le tteokbokki.
Caractéristiques : Le restaurant s'enorgueillit de proportions parfaites pour les assaisonnements et les sauces, mis au point après des années de recherche. Les commandes peuvent être passées à l'aide de tablettes installées à chaque table.
Recommandation : Des connaissances de base sur le baseball professionnel coréen amélioreront votre expérience. La saison de baseball s'étend de mars à octobre, mais il n'y a pas de match le lundi. Essayez l'option moitié-moitié. Les commandes à emporter bénéficient d'une réduction spéciale.
Remarque : Les noms des menus sont des termes liés au baseball, qui peuvent ne pas vous être familiers. Vérifiez bien les détails du menu.

Produits populaires du menu

더플 핫 오리지널 치킨 Double Play Hot Original Chicken 16 900
오리지널 / 양념 Poulet original / assaisonné et épicé 18 9000

둘둘치킨 여의도공원점
Dul Dul (Two Two) Chicken (succursale de Yeouido Park)

서울 영등포구 의사당대로 38
Yeongdeungpo-gu Uisadang-daero 38
22chicken.co.kr

Tel : 02-2090-7223

Réservation par tél :	O	Ouv. : JDS 15:00 - 01:00
À emporter :	O	WE 14:00-23:00
Réserv. Oblig. :	X	Dern. cmd. : O
		Tps pause : YES

Ambiance : Connu pour sa salle spacieuse, il accueille souvent des réservations de groupe et des réceptions de mariage.
Menu : Offre une variété de saveurs de poulet au-delà des options frites et assaisonnées.
Caractéristiques : Utilise une méthode de « poudre sèche » plutôt qu'une pâte à frire humide, ce qui permet une préparation plus rapide du poulet.
Recommandation : C'est un endroit idéal pour prendre un verre et déguster divers plats d'accompagnement avec le poulet. Le restaurant organise souvent des retrouvailles d'encouragement pendant les matchs sportifs.
Remarque : Situé juste à côté de la station de radiodiffusion KBS, il est pratique pour les spectateurs des studios. Son emplacement face au parc Yeouido, le rend idéal pour prendre place aux tables en plein air, se détendre et savourer tranquillement un poulet et une bière (chimaek).

Produits populaires du menu

양념치킨 Poulet frit Yangnyeom (assaisonné) 22 000
마늘치킨 Maneul (ail) Poulet frit 23 000

Jamsil
잠실

Un restaurant de poulets, de hamburgers et de pizzas près du lac Seokchon, où des robots servent les plats

BBQ치킨 빌리지 송리단길점
BBQ Chicken Village (succursale de Songlidan-gil)

서울 송파구 석촌호수로 284
Songpa-gu Seokchonhosu-ro 284
m.bbq.co.kr/menu/menuList2.asp

Tel : 02-2203-8292

Réservation par tél : X	**Ouv. :** T.J. 10:00 - 02:00
À emporter : O	**Dern. cmd. :** X
Réserv. Oblig. : X	**Tps pause :** —

Ambiance : L'intérieur est spacieux et agréable, avec un design de type café. Les jours de beau temps, vous pouvez prendre votre repas en terrasse.
Menu : Offre une variété de poulets, de pizzas, de hamburgers et de plats d'accompagnement.
Caractéristiques : Fidèle à son nom, « BBQ » signifie « Best of the Best Quality », et le restaurant ne vend que du poulet de la meilleure qualité. Chaque table est équipée d'une tablette pour faciliter le paiement, et vous pouvez observer les robots qui servent les plats !
Recommandation : Le soir, installez-vous sur la terrasse extérieure pour profiter d'un repas avec vue sur les lumières de la Lotte Tower.
Remarque : Les plats les plus demandés sont souvent épuisés, il est donc préférable de s'y rendre à l'avance !

Produits populaires du menu

바사칸 윙 Basakan (croustillant) Wing 23 000
황금올리브치킨 Hwanggeum (poulet aux olives doré) 23 000
Burger au poulet BBQ (doux ou épicé) 5 000
Pizza Chicago au pepperoni 11 000

Jeon - crêpe coréenne 전

 Apgujeong / Cheongdam / Garosu-gil
압구정 / 청담 / 가로수길

Un gastropub coréen servant une variété de makgeolli et de délicieux plats d'accompagnement

묵전
Mukjeon

강남구 언주로 168길 22
Gangnam-gu Eonju-ro 168-gil 22

Tel : 02-548-1461

Réservation par tél : O	**Ouv. :** T.J. 11:30~24:00
À emporter : O	Jour férié 11:30~22:00
Réserv. Oblig. : X	**Dern. cmd. :** 22:30
	Tps pause : —

Ambiance : Une maison familiale rénovée avec une **ambiance** unique et une cour, souvent bondée de jeunes visiteurs.
Menu : Une large sélection de plats coréens, notamment des crêpes, des plats à la vapeur, des grillades et des soupes.
Caractéristiques : En plus du menu coréen, le restaurant propose une large sélection de vins de riz.
Recommandation : Essayez les crêpes assorties avec le vin de riz.
Remarque : Les toilettes sont situées en haut des escaliers, faites donc attention lorsque vous descendez après les avoir utilisées.

Produits populaires du menu

시골장터모둠전 (소) Sigol Jangteo Modum Jeon
(crêpes assorties (petites)) 20 000
모둠 해물파전 Modum Haemul Pajeon
(crêpes aux fruits de mer) 27 000
동그랑땡 Donggeurang Ttaeng
(crêpes au bœuf) 16 000

Hannam-dong / Itaewon
한남동 / 이태원

Un endroit idéal pour déguster des crêpes coréennes accompagnées de makgeolli, surtout après une soirée en boîte

전지전능
Jeonji Jeonneung

용산구 보광로60길 14
Yongsan-gu Bogwang-ro 60-gil 14

Tel : 02-792-1400	Fermé :	Di
Réservation par tél : X	Ouv. : Lu-Ve 18:00 - 05:00	
À emporter : O	Sa 19:00 - 07:00	
Réserv. Oblig. : X	Dern. cmd. : Lu-Ve 04:00	
	Sa 06:00	
	Tps pause : —	

Ambiance : L'espace n'est pas grand, mais il est propre avec de charmantes tables rondes en acier inoxydable. L'entrée largement ouverte donne une impression d'espace.
Menu : Le plat principal est un assortiment de crêpes (jeon), ainsi que des tteokbokki, du tofu kimchi, du sundubu jjigae, etc.
Caractéristiques : Vous pouvez déguster différents types de crêpes qui se marient bien avec le makgeolli.
Recommandation : Les sièges qui servent de couvercles cachent des espaces où vous pouvez ranger vos vêtements. Il est préférable de commander un assortiment de crêpes plutôt que des crêpes individuelles.
Remarque : Les tabourets n'ayant pas de dossier, ils peuvent ne pas convenir aux personnes souffrant de problèmes de dos. L'endroit est souvent fréquenté par des personnes qui ont bu dans les boîtes voisines.

Produits populaires du menu

모둠전 Modeum Jeon (crêpes assorties) 28 000

 Jongno / Gwanghwamun / Insa-dong
종로 / 광화문 / 인사동

Un restaurant de nouilles célèbre pour son kalguksu à base de graines de périlla.

체부동잔치집
Chebudong Janchi Jip

서울 종로구 자하문로1길 16
Jongno-gu Jahamun-ro 1-gil 16

Tel : 02-730-5420	Ouv. : T.J. 11:00-22:30
Réservation par tél : X	Dern. cmd. : 22:00
À emporter : O	Tps pause : —
Réserv. Oblig. : X	

Ambiance : Les tables sont petites et l'espace est restreint, mais le taux de rotation est élevé.
Menu : Le bâtiment principal et l'annexe proposent différents types de plats, il faut donc bien vérifier avant de venir.
Caractéristiques : En plus des nouilles, il y a une grande variété de plats d'accompagnement à choisir.
Recommandation : Il y a un récipient séparé pour le kimchi sur le côté, ce qui vous permet d'en prendre autant que vous voulez.
Remarque : L'attente peut être longue en raison du grand nombre de randonneurs.

Produits populaires du menu

콩모밀 Kong Momil (nouilles au sarrasin) : 8 000
손칼국수 Son Kalguksu
(nouilles artisanales coupées au couteau) 6 000
손수제비 Son Sujebi (soupe de pâte déchirée à la main) 6 000

8 Hongdae
홍대

Un endroit où vous pouvez déguster un assortiment de jeon et de jjigae en un seul repas.

잔치회관
Janchi Hoegwan

서울 마포구 도화2안길 2-4 1층
Mapo-gu Dohwa 2an-gil 2-4
instagram.com/janchi_hoekwan

Tel : 0507-1389-4788
Réservation par tél : O
À emporter : O
Réserv. Oblig. : X
Fermé : Di
Ouv. : Lu-Sa 11:00-22:00
Dern. cmd. : 21:00
Tps pause : 15:00-17:00

Ambiance : Situé bien en vue sur une rue principale, il dispose de tables et d'un intérieur propre et agréable, avec un concept de maison coréenne traditionnelle. L'atmosphère est animée, proche d'un rassemblement festif.
Menu : Offre une variété de plats dont le galbitang (soupe de côtes courtes), le jeon (crêpes) avec le jjigae (ragoût), le yukhoe (bœuf cru assaisonné).
Caractéristiques : Présente avec fierté une sélection variée de fruits de mer de saison et de plats de saison de ferme à table, appréciés au fil des saisons.
Recommandation : Goûtez aux plats saisonniers qui changent au fil des saisons. La généreuse portion de wang galbitang offre un excellent rapport qualité-prix. En commandant l'assortiment de crêpes et le ragoût de crêpes, vous pourrez déguster les restes de crêpes et de légumes dans une marmite bouillante, un plat traditionnel de la province de Gyeongsang. La grande variété de makgeolli disponibles permet de goûter à différents types de crêpes.
Remarque : Tous les plats de crêpes sont frits dans de l'huile, ce qui les rend très caloriques.

Produits populaires du menu

왕갈비탕 Wang Galbitang 12 000
모듬전+전찌개 Modeum Jeon (crêpes assorties) + Jeon Jjigae (ragoût) 38 000

HANJEONGSIK
한정식

Hanjeongsik 한정식 (« table d'hôte coréenne ») vous invite à savourer un repas traditionnel coréen complet, méticuleusement élaboré et présenté sous la forme d'un menu fixe composé d'un large éventail de plats. Ce menu est réputé pour son agencement méticuleux, son équilibre des saveurs et sa signification culturelle. Le voyage culinaire comprend des banchan 반찬 (petits plats d'accompagnement), du riz, de la soupe et divers plats principaux, offrant aux convives un délicieux aperçu de la riche tapisserie des délices culinaires coréens. Une anecdote historique intrigante : Les rois coréens prenaient cinq repas par jour, dont deux étaient le grand 12 (shibi) cheop bansang, connu sous le nom de surasang 수라상 ou « repas royal ». Si vous souhaitez vous plonger dans l'essence de la culture coréenne des banchan et vivre l'expérience d'un repas comme un roi coréen, votre destination est un restaurant Hanjeongsik !

LA CUISINE CONTEMPORAINE CORÉENNE

Récemment, la restauration contemporaine coréenne est devenue une tendance culinaire dynamique et inventive, reflétant la profondeur culturelle de la Corée tout en adoptant des concepts culinaires modernes. Cette évolution des options de restauration est motivée par le désir de réimaginer la cuisine coréenne traditionnelle de manière innovante, afin de répondre à l'évolution des goûts, tant au niveau local que mondial. La cuisine coréenne contemporaine met l'accent sur les ingrédients frais et d'origine locale, les méthodes de cuisson innovantes et la présentation artistique, dans le but d'élever l'expérience culinaire. Son importance réside dans sa capacité à mettre en valeur la diversité et la complexité des saveurs coréennes tout en intégrant les influences culinaires mondiales.

Hanjeongsik - table d'hôte coréenne 한정식

Apgujeong / Cheongdam / Garosu-gil
압구정 / 청담 / 가로수길

Un restaurant hanjeongsik haut de gamme avec une vue imprenable sur la ville, idéal pour un rendez-vous en amoureux

동화고옥
Dong Hwa Go Ok

서울 강남구 테헤란로 337, 14층
Gangnam-gu Teheran-ro 337, 14F
openine.com/동화고옥   instagram.com/donghwagohok

Tel : 0507-1382-8324
Réservation par tél : O   **Ouv. :** T.J. 11:30-22:00
À emporter : X   **Dern. cmd. :** 21:00
Réserv. Oblig. : O   **Tps pause :** 15:00-17:00

Ambiance : Intérieur moderne et branché de style occidental, avec un éclairage chaleureux. La salle principale comporte plusieurs tables de quatre personnes et un étage supérieur en forme d'alcôve. Il y a également deux compartiments de quatre personnes.
Menu : Offre des plats et, séparément, des options telles que goldongmyeon (nouilles à l'huile de périlla) et bibimmyeon (nouilles épicées).
Caractéristiques : Interprétation moderne de la « cuisine royale » pour faire revivre notre belle culture culinaire coréenne.
Recommandation : Si les plats du déjeuner vous semblent trop copieux, choisissez un plat de nouilles par personne et partagez le bulgogi ; cela devrait suffire.
Remarque : Le bibimmyeon peut être épicé, mais le piquant peut être modifié à la demande. Les compartiments avec banquettes offrent une certaine intimité, mais ne donnent pas sur l'extérieur.

Produits populaires du menu

동화 골동면 Donghwa Goldongmyeon
(nouilles à l'huile de périlla) 15 000
동화 비빔면 Donghwa Bibimmyeon (nouilles épicées) 15 000
Lunch A Cours 29 000
Dinner A Cours 79 000

Jongno / Gwanghwamun / Insa-dong
종로 / 광화문 / 인사동

Un restaurant spécialisé dans la nourriture des temples qui favorise la santé et le bien-être

발우공양
Balwoo Gongyang

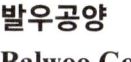

서울 종로구 우정국로 56, 5층
Jongno-gu Ujeongguk-ro 56, 5F
balwoo.or.kr/

Tel : 02-733-2081   **Fermé :** Di
Réservation par tél : O   **Ouv. :** Lu-Sa 11:30-21:00
À emporter : X   **Dern. cmd. :** 19:40
Réserv. Oblig. : O   **Tps pause :** 15:00-18:00

Ambiance : Un restaurant haut de gamme où l'on peut déguster la cuisine des temples dans une salle privée, avec un repas végétalien dont vous recevrez les explications au moment d'être servi.
Menu : Divisé en plats Seon/Won/Maeum/Hee, vous permettant de choisir votre menu préféré.
Caractéristiques : Nourriture saine, car le restaurant n'utilise pas cinq des épices âpres (ail, oignon, oignon vert, ciboulette et poireau) ni d'assaisonnements artificiels. Le restaurant est directement géré par l'ordre Jogye du bouddhisme coréen. Aucun œuf ni produit laitier n'est utilisé.
Recommandation : Chaque personne peut commander des plats différents.
Remarque : Le plat Hee doit être réservé par l'intermédiaire de Naver, car il s'agit d'un menu à commander à l'avance. Le plat Seon n'est proposé qu'en semaine, à l'heure du déjeuner. Ce n'est peut-être pas le meilleur choix pour celles et ceux qui recherchent des repas riches en protéines.

Produits populaires du menu

선식 Seon Cours 30 000 (Déjeuner en semaine uniquement)
원식 Won Cours 30 000
마음식 Maeum Cours 70 000
희식 Hee Cours 120 000 (en pré-commande uniquement)

5 Jongno / Gwanghwamun / Insa-dong
종로 / 광화문 / 인사동

Un restaurant hanjeongsik réputé, apprécié de toutes les générations depuis plus de 40 ans

하나로회관
Hanaro Hoegwan

서울 종로구 인사동5길 25, 지하 1층
Jongno-gu Insadong 5-gil 25, B1

Tel : 02-732-7451　　　　　　**Fermé :** Di
Réservation par tél : O　　　**Ouv. :** JDS 11:30-21:30
À emporter : X　　　　　　　Sa 11:30-21:00
Réserv. Oblig. : X　　　　　**Dern. cmd. :** JDS 20:00
　　　　　　　　　　　　　　　　　　　　　　　WE 19:30
　　　　　　　　　　　　　　　Tps pause : 15:00-17:00

Ambiance : Le restaurant dispose de 160 places assises, y compris des salles privées pour divers rassemblements allant de la plus petite à la plus grande célébration.
Menu : Le restaurant propose un menu varié comprenant des salades, des soupes, des plats sautés, des sashimis et des crêpes.
Caractéristiques : Le repas commence par une bouillie de potiron fraîchement moulu, servie en entrée.
Recommandation : Les plats étant servis dans l'ordre de froid à chaud, les accompagner de riz rehausse l'expérience gastronomique.
Remarque : Si vous dînez dans une salle privée traditionnelle, vous devez enlever vos chaussures et aucune chaise avec dossier n'est fournie.

Produits populaires du menu

Hanaro Jeongsik (de base) 33 000
Hanaro Hanjeongsik (régulier) 40 000
Hanaro Teuk Jeongsik (spécial) 50 000

Jeom Shim (déjeuner) Hanjeongsik 27 000

Un restaurant coréen traditionnel qui existe depuis 25 ans

인사동 촌
Insadong Chon

서울 종로구 인사동14길 19
Jongno-gu Insadong 14-gil 19

Tel : 02-720-4888　　　　　　**Fermé :** Di
Réservation par tél : O　　　**Ouv. :** Lu-Sa 11:30-21:00
À emporter : O　　　　　　　**Dern. cmd. :** 20:00
Réserv. Oblig. : X　　　　　**Tps pause :** 15:00-17:30

Ambiance : L'endroit dispose d'un Hanok traditionnel et d'un jardin, créant ainsi une atmosphère élégante.
Menu : Les menus sont divisés en Namchon, Seochon et Bukchon, ce qui vous permet de commander en fonction du nombre de personnes.
Caractéristiques : Dégustez une variété de plats, dont le bulgogi, le kimchi jeon et la salade de conques, ainsi que de nombreux accompagnements.
Recommandation : Situé près de Ssamziegil, c'est un endroit idéal à visiter avec des amis étrangers, car il y a beaucoup à voir.
Remarque : Certains plats d'accompagnement sont payants, n'oubliez pas de vérifier.

Produits populaires du menu

남촌정식 Namchon Set Menu 20 000
서촌정식 Seochon Set Menu 30 000
북촌정식 Bukchon Set Menu 40 000

Jongno / Gwanghwamun / Insa-dong
종로 / 광화문 / 인사동

Cuisine des temples qui apaise l'esprit et le corps avec des ingrédients naturels

마지
Maji

종로구 자하문로5길 19
Jongno-gu Jahamun-ro 5-gil 19

Tel : 0507-1418-5228
Réservation par tél : X
À emporter : X
Réserv. Oblig. : O

Fermé : Ma
Ouv. : Lu,Me-Di
11:30-20:00
Dern. cmd. : 19:10
Tps pause : 15:00-17:30

Ambiance : Situé dans une ruelle, le restaurant est modestement décoré d'un hanok rénové, offrant une atmosphère intime et confortable. Le mélange harmonieux d'objets coréens et d'ambiance familiale est saisissant.
Menu : Offre des options à la carte telles que du riz avec diverses garnitures et de la soupe de pâte de soja, ainsi que des plats comprenant des salades et des accompagnements assortis.
Caractéristiques : Les plats du déjeuner et du dîner sont proposés au même prix et contiennent les mêmes ingrédients. Désigné comme un restaurant adapté aux musulmans.
Recommandation : Des accompagnements supplémentaires peuvent être commandés pour 3 000 won de plus par plat. Il n'est donc pas nécessaire de commander un ensemble si vous ne voulez que des accompagnements spécifiques.
Remarque : les réservations sont obligatoires, uniquement par téléphone, et les personnes seules sont parfois acceptées. Les plats sont servis relativement rapidement.

Produits populaires du menu

오늘의마지 Oneul-eui Maji (spécial du jour) 11 000
런치디너세트 Lunch Dinner Set 23 000

Cours (sur réservation) de 35 000 à 65 000

Un restaurant de cuisine des temples où vous pourrez déguster des plats sains à base de légumes sauvages

산촌
San Chon

서울 종로구 인사동길 30-13
Jongno-gu Insadong-gil 30-13
www.sanchon.com

Tel : 02-735-0312
Réservation par tél : X
À emporter : X
Réserv. Oblig. : X

Ouv. : T.J. 11:30-22:00
Dern. cmd. : X
Tps pause : —

Ambiance : L'intérieur est agrémenté de plantes et d'objets décoratifs exotiques.
Menu : Porridge, légumes sauvages assortis, accompagnements de saison et japchae de villages de montagne.
Caractéristiques : Découvrez une cuisine de temples propre et saine au cœur de la ville.
Recommandation : Savourez le thé de bienvenue à base d'aiguilles de pin en guise d'apéritif.
Remarque : Le paiement est exigé à l'avance. Ne manquez pas d'explorer la galerie après votre repas.

Produits populaires du menu

비빔밥 Bibimbap 15 000
정식 Jeongsik (table d'hôte) 29 000

⑤ Jongno / Gwanghwamun / Insa-dong
종로 / 광화문 / 인사동

Restaurant coréen hanjeongsik propre et sophistiqué

수운
Soowoon

종로구 우정국로 26 센트로폴리스 2층
Jongno-gu Ujeongguk-ro 26, Centropolis, 2F
haevichi.com/soowoon   instagram.com/haevichidining

Tel : 0507-1360-4310
Réservation par tél : O   **Ouv. :** T.J. 11:30-22:00
À emporter : O   **Dern. cmd. :** 14:00/20:30
Réserv. Oblig. : O   **Tps pause :** 14:30-17:30

Ambiance : Situé au deuxième étage du bâtiment Centropolis, le restaurant offre un cadre moderne et luxueux. La salle à manger comprend de longues tables pouvant accueillir plus de 20 personnes et quelques petites tables de 4 personnes, le reste étant composé de salles privées.
Menu : En plus des plats fixes, divers plats de spécialité sont disponibles.
Caractéristiques : Réinterprétation moderne de l'élégante cuisine coréenne présentée de manière raffinée et sophistiquée.
Recommandation : En plus des plats principaux, les plats individuels sont excellents. Avec une large sélection de vins de qualité, il est fortement recommandé de les accompagner.
Remarque : Les prix sont plus élevés que dans les restaurants coréens typiques. C'est l'endroit idéal pour faire plaisir à quelqu'un de spécial. Pour réserver une salle, il faut passer une commande d'au moins 70 000 wons. Dans l'ensemble, les saveurs sont bien équilibrées, mais pour certain(e)s, elles pourraient être un peu fades.

Produits populaires du menu

수육과 들기름 막국수 Suyuk & Deulgireum Makguksu (tranches de porc bouillies et nouilles froides à l'huile de sésame) 23 000
떡갈비 비빔밥 Tteokgalbi (poitrine de bœuf marinée) Bibimbap 24 000
낙지 쌈밥 Nakji Ssambap (poulpe enveloppé dans de la laitue) 24 000
Lunch Cours 85 000
Dinner Cours 110,00

Un restaurant coréen traditionnel spécialisé dans le sébaste jaune séché vieilli à l'orge et le crabe mariné à la sauce de soja

양반댁
Yangban Daek

서울 종로구 인사동길 19-18
Jongno-gu Insadong-gil 19-18
instagram.com/yangbandeck

Tel : 02-733-5507   **Fermé :** Di
Réservation par tél : O   **Ouv. :** Lu-Sa 11:30-22:00
À emporter : O   **Dern. cmd. :** 21:00
Réserv. Oblig. : X   **Tps pause :** 15:00-17:30

Ambiance : Profitez d'une atmosphère authentique dans un hanok traditionnel.
Menu : Ce restaurant propose un menu de riz en pot composé de crabe mariné à la sauce soja, de sébaste vieilli à l'orge et de côtes de porc.
Caractéristiques : Utilise des ingrédients directement cultivés à Eumseong, Chungbuk, et des crabes femelles d'origine locale pour créer un goût frais avec de la sauce soja.
Recommandation : Après avoir terminé le riz en pot, complétez votre repas avec du nurungji.
Remarque : Les plats du menu peuvent se terminer rapidement en raison de la disponibilité des ingrédients.

Produits populaires du menu

간장게장 솥밥정식 Ganjang Gejang Sotbap Jeongsik
(crabe mariné à la sauce de soja avec du riz dans un pot chaud table d'hôte) 38 000
보리굴비 솥밥정식 Borigulbi Sotbap Jeongsik
(ombres séchées conservées dans un pot d'orge avec du riz dans un pot chaud table d'hôte) 28 000
돼지갈비 솥밥정식 Dwaeji Galbi Sotbap Jeongsik
(côtes de porc avec du riz dans un pot chaud table d'hôte) 28 000

Samcheong-dong
삼청동

Un hanjeongsik sain avec du miel à la place du sucre

꿀밥상
Kkul Bapsang

종로구 삼청로 101
Jongno-gu Samcheong-ro 101

Tel : 0507-1417-9801

Réservation par tél : O	Ouv. : T.J. 10:20-20:00
À emporter : O	Dern. cmd. : 19:15
Réserv. Oblig. : X	Tps pause : 15:30-16:30

Ambiance : L'intérieur présente un design simple dans les tons boisés, offrant une atmosphère confortable. Il y a également des tables à l'extérieur, ce qui crée une **ambiance** charmante et confortable. L'endroit est populaire parmi les étrangers, bien que le nombre de places soit limité.
Menu : Offre une variété de plats, y compris des plats fixes avec plus de 10 accompagnements préparés par les chefs, des options à la carte comme le bibimbap, et des articles supplémentaires comme le bulgogi.
Caractéristiques : Les plats du menu sont élaborés dans le respect de la santé, avec moins de sucre et du miel à la place. De grandes photos de plats affichées à l'extérieur aident à comprendre les plats proposés.
Recommandation : Pour commander un menu fixe, il faut être au moins deux. Il est conseillé de choisir différents menus pour varier les plaisirs. Les plats d'accompagnement sont à volonté.
Remarque : Chaque personne doit commander au moins un plat du menu. Le personnel communique bruyamment et est occupé par les commandes de livraison, ce qui crée une atmosphère bruyante qui n'est pas propice aux conversations. Il peut être difficile de dîner seul.

Produits populaires du menu

꿀밥상특정식 Kkul Bapsang Teuk Jeongsik (table d'hôte) 17 000
꿀밥상비빔밥 Kkul Bapsang Bibimbap 13 000

Un restaurant traditionnel coréen propre et populaire auprès des touristes

소선재
So Seon Jae

종로구 삼청로 113-1
Jongno-gu Samcheong-ro 113-1

Tel : 02-730-7002

Réservation par tél : X	Ouv. : T.J. 11:30-21:00
À emporter : X	Dern. cmd. : 14:00, 20:30
Réserv. Oblig. : X	Tps pause : 14:30-17:00

Ambiance : Le restaurant de style hanok n'est pas très grand et peut accueillir environ 25 personnes. Il est composé de salles et de tables individuelles.
Menu : Offre des plats coréens représentatifs tels que des galettes de côtes courtes grillées avec du riz, du poisson grillé à l'orge avec du riz, et du bossam de légumes marinés avec du riz.
Caractéristiques : Utilisation minimale d'assaisonnements artificiels, utilisation d'enzymes maison et de pâte de soja pour un goût propre et sain dans tous les plats. Une variété de plats d'accompagnement est proposée.
Recommandation : Les menus fixes sont recommandés. Soyez prudent avec le poisson grillé, car l'odeur peut persister sur les vêtements.
Remarque : Le week-end, la durée du repas peut être limitée à une heure en cas de réservations ultérieures. L'espace restreint peut ne pas convenir aux conversations importantes.

Produits populaires du menu

한우떡갈비와 식사 Hanwoo Tteokgalbi-wa Siksa (galettes de bœuf Ddok Galbi avec riz) 19 000

소선재 보리굴비 코스 Sosonjae Cours de poisson 49 000
소선재 간장게장 코스 Sosonjae Cours de crabe crue 55 000

⑧ Hongdae 홍대

Un lieu où l'on peut assister tous les jours à de superbes spectacles de musique traditionnelle coréenne

조선초가한끼 마포점
Chosun Choga Hankki (succursale de Mapo)

서울 마포구 독막로 288
Mapo-gu Dokmak-ro 288

Tel : 0507-1334-0183	**Fermé :** Chuseok / Seollal	
Réservation par tél : X	**Ouv. :** T.J. 11:30-21:00	
À emporter : X	**Dern. cmd. :** 14:00	
Réserv. Oblig. : X	**Tps pause :** 15:00-17:00	

Ambiance : L'extérieur ressemble à une maison traditionnelle coréenne au toit de chaume, ce qui donne l'impression de se retrouver dans la dynastie Joseon. Des tables sont disposées au centre de la salle et des sièges traditionnels coréens sont disposés sur les côtés, avec des chaises à haut dossier pour plus de confort.
Menu : Offre une variété de plats, y compris un ensemble de festin royal comprenant du galbi, du yukjeon, du yukhoe et du sinseollo (pot chaud).
Caractéristiques : On a l'impression de se retrouver à l'époque de la dynastie Joseon, où l'on vous sert une cuisine royale.
Recommandation : Vivez une expérience unique en assistant à des spectacles de gayageum au centre du restaurant (les soirs de semaine à 19 heures et 20 heures (spectacles de 30 minutes) et les week-ends à 18 heures et 19 heures).
Remarque : Pour les grands groupes, pensez à commander un menu fixe. Si vous dînez dans l'espace traditionnel, vous devez enlever vos chaussures.

Produits populaires du menu

진수성찬 2인 세트 Jin Su Seong Chan Set pour 2 personnes 78 000
조선왕대갈비 Joseon Wang (Jumbo-size) Dae Galbi 36 000
갈비밥 Galbi Riz 16 000

⑨ Yeouido 여의도

Un restaurant coréen haut de gamme spécialisé dans une variété de menus mettant en vedette le bœuf Hanwoo.

경복궁 블랙 여의도IFC점
Gyeongbokgung Black (succursale de Yeouido IFC)

영등포구 국제금융로 10 콘래드호텔 L1층 경복궁블랙
Yeongdeungpo-gu Gukjegeumyung-ro 10, Conrad Hotel, L1F

Tel : 02-6137-3050	
Réservation par tél : O	**Ouv. :** T.J. 11:30-22:00
À emporter : X	**Dern. cmd. :** X
Réserv. Oblig. : X	**Tps pause :** JDS 15:00-17:00

Ambiance : Doté d'un intérieur moderne et épuré aux accents coréens, le restaurant est entièrement composé de salles de table, offrant aux clients une expérience de restauration privée.
Menu : Offre une variété de plats de bœuf grillé et de plats de résistance, ainsi que des options pour le déjeuner.
Caractéristiques : Spécialisé dans divers plats de bœuf à base de Hanwoo (bœuf coréen). Offre une variété de plats d'accompagnement.
Recommandation : Il est recommandé d'essayer le menu du midi en semaine.
Remarque : Accès facile par l'ascenseur de l'hôtel Conrad. Certains galbi et certains plats du menu limité sont à base de bœuf américain au lieu de Hanwoo. Si vous ne cherchez pas spécifiquement du Hanwoo, vous pouvez choisir sans problème. Les prix ont tendance à être plus élevés.

Produits populaires du menu

한우 양념불고기 한정식 Hanwoo Yangnyeom Bulgogi Hanjeongsik (table d'hôte de bœuf coréen mariné) (Jour de semaine) 50 000
Cours 93 000-200 000

10 Jamsil
잠실

Un restaurant hanjeongsik d'un excellent rapport qualité-prix, idéal pour les réunions de famille.

산들해 송파점
Sandlehae (succursale de Songpa)

서울 송파구 위례성대로 6, 2층
Songpa-gu Wiryeseong-daero 6, 2F
sdhfood.co.kr

Tel : 02-448-3457		
Réservation par tél : O	Ouv. : T.J. 11:30-21:00	
À emporter : X	Dern. cmd. : 20:40	
Réserv. Oblig. : O	Tps pause : 15:00-17:00	

Ambiance : Intérieur spacieux et propre, idéal pour les réunions de groupe.
Menu : Offre une variété de plats, dont le bossam, le poisson grillé, le crabe mariné à la sauce soja et un éventail d'accompagnements.
Caractéristiques : Le riz servi est du riz Icheon, une variété de haute qualité historiquement offerte aux rois.
Recommandation : Le Hanjeongsik exige une commande minimum pour deux personnes. Lorsque vous mangez le riz dans un bol de pierre chaud, retirez-en environ les trois quarts, versez l'eau de la cruche fournie dans le bol en pierre et dégustez le riz roussi à la fin de votre repas.
Remarque : Tous les plats d'accompagnement du set sont à volonté, mais ne sont remplis que sur demande. Lorsque vous commandez un hanjeongsik, le personnel apporte en une seule fois l'ensemble du service de la cuisine à votre table. Évitez de placer des objets personnels sur la table avant l'arrivée des plats afin de faciliter le processus.

Produits populaires du menu

한정식 Hanjeongsik 23 000
한돈 돼지불고기 Handon Dwaeji (porc coréen) Bulgogi 20 000
한우 소불고기 Hanwoo So (bœuf coréen) Bulgogi 27 000

Contemporaine coréenne

1 Apgujeong / Cheongdam / Garosu-gil
압구정 / 청담 / 가로수길

La gastronomie coréenne revisitée avec une touche de modernité par le chef australien

에빗
Evett

서울 강남구 도산대로45길 10-5
Gangnam-gu Dosan-daero 45-gil 10-5
restaurantevett.com   instagram.com/restaurantevett

Tel : 0507-1399-1029	Fermé : Lu/Di	
Réservation par tél : O	Ouv. : Ma-Me 17:30-22:30	
À emporter : X	Je-Sa 12:00-22:30	
Réserv. Oblig. : O	Dern. cmd. : X	
	Tps pause : 14:30-17:30	

Ambiance : Le restaurant est doté de hauts plafonds et d'un excellent éclairage naturel, avec un intérieur moderne aux tons chauds. La cuisine ouverte permet aux convives d'observer les chefs à l'œuvre.
Menu : Le restaurant propose des plats distincts pour le déjeuner et le dîner, ainsi qu'une option d'accord avec le vin. Les plats esthétiques intègrent des éléments inspirés de la nature coréenne.
Caractéristiques : Le menu de dégustation réinterprète les ingrédients coréens à l'aide d'idées et de techniques inspirées du monde entier.
Recommandation : Il est également possible d'accompagner le menu d'alcools coréens qui s'accordent parfaitement avec les plats proposés. La lecture préalable de la description des menus sur le site Internet peut améliorer votre expérience.
Remarque : Comme dans la plupart des établissements de haute gastronomie, les portions sont réduites, il faut donc se concentrer sur l'expérience plutôt que sur le fait de se gaver. Le menu peut changer en fonction des saisons, il convient donc de consulter le site web avant de se rendre sur place. Certains plats contiennent des fourmis comestibles, il faut le savoir si vous avez des doutes.

Produits populaires du menu

Lumch Cours 150 000
Dinner Cours 250 000

Apgujeong / Cheongdam / Garosu-gil
압구정 / 청담 / 가로수길

Un gastropub proposant des plats coréens revisités qui se marient parfaitement avec les boissons coréennes traditionnelles

구들
Gudeul

서울 강남구 선릉로155길 26, 3층
Gangnam-gu Seolleung-ro 155-gil 26, 3F

Tel : 0507-1485-1592	**Fermé :** Di
Réservation par tél : O	**Ouv. :** Lu-Sat 17:30-23:00
À emporter : X	**Dern. cmd. :** 22:00
Réserv. Oblig. : O	**Tps pause :** —

Ambiance : Le restaurant dispose d'un intérieur élégant et d'une **ambiance** confortable et intime. La magnifique petite terrasse du jardin, dont les fenêtres peuvent être ouvertes, permet de s'évader en toute tranquillité. Les sièges du bar offrent une expérience plus vivante.
Menu : Souvent appelé « Omakase coréen », le restaurant propose une variété de plats coréens qui se marient bien avec l'alcool. L'option « Gudeul Juansang / Banju Charim » comprend une gamme complète de plats allant de la cuisine coréenne au dessert.
Caractéristiques : Les commandes d'alcool sont obligatoires, ce qui vous permet d'accompagner votre repas d'une boisson.
Recommandation : Le menu se marie à merveille avec les alcools traditionnels coréens. Si vous ne savez pas quoi boire, essayez la boisson recommandée du mois.
Remarque : Il s'agit d'un bar-restaurant où il faut commander de l'alcool. La commande minimale est d'une bouteille pour deux personnes, ou d'une bière ou d'un cocktail par personne.

Produits populaires du menu

구들 주안상 / 반주 차림 Gudeul Juansang / Banju Charim 79 000

Cuisine coréenne moderne inspirée de Séoul et de New York

정식당
Jeongsikdang

서울 강남구 선릉로158길 11
Gangnam-gu Seolleung-ro 158-gil 11
jungsik.kr   instagram.com/jungsik_inc

Tel : 02-517-4654	**Ouv. :** T.J. 12:00-22:00
Réservation par tél : O	**Dern. cmd. :** 13:15 / 19:15
À emporter : X	**Tps pause :** 15:00-17:30
Réserv. Oblig. : O	

Ambiance : Le lieu se compose d'un café au premier étage, d'une salle à manger principale au deuxième étage et de salles privées au troisième étage. En cas d'attente, les clients sont placés au premier étage. Les familles avec enfants sont automatiquement placées dans la salle du troisième étage, sans frais supplémentaires.
Menu : Pour le déjeuner, le restaurant propose 9 plats de saison à base d'ingrédients coréens, tandis que le dîner présente 11 options de menu.
Caractéristiques : Des interprétations modernes de la cuisine coréenne sont servies par plats, et les desserts intègrent des éléments coréens.
Recommandation : Si vous mentionnez votre anniversaire à l'avance, vous pourrez bénéficier d'un service surprise.
Remarque : Il est recommandé de réserver via Catchtable. Les réservations sont ouvertes le 1er des mois pairs (février, avril, juin, août, octobre, décembre) à 11 heures pour des réservations jusqu'à deux mois à l'avance (par exemple, le 1er avril à 11 heures, les réservations pour mai et juin sont ouvertes). Les demandes de renseignements par téléphone ne sont possibles qu'en semaine, de 11 heures à 20 heures ; aucun appel n'est accepté le week-end. Les demandes peuvent également être envoyées à reservation@jungsik.kr.

Produits populaires du menu

Signature Lunch 195 000
Signature Dinner 290 000

⑤ Jongno / Gwanghwamun / Insa-dong
종로 / 광화문 / 인사동

Un restaurant fusion coréen connu pour ses délicieux slushies makgeolli

주유별장 D타워점
Juyu Byeoljang (succursale de D Tower)

종로구 종로3길 17, 4층
Jongno-gu Jong-ro 3-gil 17, 4F
instagram.com/juyubyeoljang_ghm

Tel : 0507-1430-8485
Réservation par tél : O	Ouv. : T.J. 11:30-22:00
À emporter : X	Dern. cmd. : JDS 20:50
Réserv. Obl. : X	Jour férié 19:50
	Tps pause : 15:00-17:00

Ambiance : Situé au 4e étage de la D Tower. L'entrée est petite, mais l'intérieur est spacieux et luxueux, avec de longues tables et des lustres. Les sièges offrent une vue sur l'intérieur de la D Tower et sur la ville à l'extérieur.
Menu : Le restaurant propose une variété de plats fusionnant la cuisine coréenne et la cuisine occidentale. Les différentes options de slushie makgeolli sont particulièrement populaires.
Caractéristiques : Savourez des plats fusion uniques et du makgeolli dans une atmosphère sophistiquée.
Recommandation : Les plats recommandés sont les capellini à l'huile de sésame et les crêpes de pommes de terre au fromage. Les makgeolli slushies sont à goûter absolument. La réservation permet d'obtenir une meilleure place.
Remarque : Les prix sont relativement élevés par rapport à la taille des portions. En raison de l'acoustique du bâtiment, il peut être bruyant, ce qui le rend moins adapté aux réunions d'affaires.

Produits populaires du menu

바삭치즈 반달감자전 Basak Cheese Bandal Gamja Jeon (crêpes de pommes de terre au fromage) 23 000
전복 들기름 카펠리니 Jeonbok Deulgireum (Capellini d'ormeau à l'huile de périlla) 22 000
미나리 파스타 Minari (persil coréen) Pasta 20 000

Un restaurant écologique proposant des plats sains et esthétiques

꽃밥에피다
Kkot Bap E Pida

서울 종로구 인사동16길 3-6
Jongno-gu Insadong 16-gil 3-6
goodbab.co.kr   instagram.com/flowerrice_official

Tel : 0507-1362-0276
Réservation par tél : O	Ouv. : T.J. 11:30-21:00
À emporter : O	Dern. cmd. : 14:00 / 20:00
Réserv. Obl. : O	Tps pause : 15:00-17:30

Ambiance : L'extérieur dégage une atmosphère vibrante de café, tandis que l'intérieur présente un design hanok spacieux et agréable.
Menu : Le restaurant propose des plats à base de riz brun, de légumes biologiques et sans pesticides, de blé coréen sans pesticides, de sauces traditionnelles à base de soja local, de porc naturel sans antibiotiques et de bœuf coréen biologique. Les variations saisonnières du menu sont particulièrement impressionnantes (consultez la page d'accueil avant de vous rendre sur place).
Caractéristiques : Utilise plus de 90 % d'ingrédients issus de méthodes agricoles respectueuses de l'environnement.
Recommandation : Un plat végétarien est disponible, ce qui en fait un endroit idéal pour les végétaliens.
Remarque : Le « Bojagi Bibimbap Set » propose une sélection bien équilibrée, mais il n'est disponible que pour le déjeuner. Les portions ont tendance à être petites.

Produits populaires du menu

보자기 비빔밥 세트 Bojagi Bibimbap Set 24 000 (uniquement au déjeuner)

Cours spéciaux saisonniers 42 000 - 89 000

⑦ Seongsu-dong
성수동

Un restaurant coréen fusion moderne proposant des menus saisonniers uniques

Un restaurant de barbecue coréen raffiné qui propose des plats bien conçus.

다반
Daban

서울로인 서울숲점
Seouloin
(succursale de Seoul Forest)

성동구 서울숲4길 18-10
Seongdong-gu Seoulsup 4-gil 18-10
instagram.com/daban_seoul

성동구 서울숲2길 32-14, 102동 2층 203-2호
Seongdong-gu Seoulsup 2-gil 32-14, Building 102, 2F, #203-2
instagram.com/seouloin_official

Tel : 070-8844-2262
Réservation par tél : O
À emporter : X
Réserv. Oblig. : O
Ouv. : JDS 11:30-22:00
WE 11:30-22:00
Dern. cmd. : JDS 14:45, 21:15
WE 21:15
Tps pause : 15:30-17:00

Tel : 02-466-0329
Réservation par tél : O
À emporter : O
Réserv. Oblig. : X
Ouv. : T.J. 11:30-22:00
Dern. cmd. : 20:30
Tps pause : 15:00-17:00

Ambiance : Bien que l'enseigne indique que le restaurant se trouve au premier étage, il faut monter un petit escalier pour y accéder. L'endroit est petit et confortable, avec des places assises au comptoir. L'intérieur moderne et l'éclairage chaleureux en font un lieu prisé pour les rendez-vous galants.
Menu : En plus d'une variété de plats fusionnés coréens à la carte, des menus fixes saisonniers sont disponibles.
Caractéristiques : Le restaurant propose une gamme de plats uniques que vous ne trouverez pas dans les restaurants coréens typiques.
Recommandation : En optant pour un Hansang (menu partagé) ou un Bansang (menu pour une personne), vous goûterez à une cuisine coréenne plus traditionnelle, tandis qu'en commandant à la carte, vous découvrirez des plats plus fusionnels. La glace makgeolli est vivement recommandée.
Remarque : Le menu Bansang change en fonction des saisons et n'est disponible que jusqu'à 20h30. Il peut ne pas convenir à ceux qui recherchent une cuisine coréenne strictement traditionnelle.

Ambiance : Situé au deuxième étage d'un immeuble commercial, le restaurant dispose d'un intérieur moderne et luxueux. La plupart des tables sont prévues pour quatre personnes, avec beaucoup d'espace entre elles. En dînant, les gens peuvent admirer la forêt de Séoul et les gratte-ciel voisins à travers les baies vitrées.
Menu : Le menu propose des plats coréens traditionnels revisités avec une touche de modernité, ainsi que des plats de BBQ coréen bien choisis. Une large sélection de boissons alcoolisées est également disponible.
Caractéristiques : Le restaurant utilise une vaisselle élégante et colorée pour présenter la cuisine coréenne d'une manière propre et sophistiquée, attirant à la fois le palais et l'œil, en particulier chez les jeunes. Avant de servir les plats, les ingrédients sont présentés.
Recommandation : Opter pour les menus plats (A/B/Signature) offre une expérience gastronomique plus diversifiée que de commander à la carte. Les plats du déjeuner et du dîner sont d'un excellent rapport qualité-prix.
Remarque : Le prix des plats varie en fonction de la quantité de viande. Le restaurant offre une bouteille de vin par table sans droit de bouchon.

Produits populaires du menu

반상 Bansang (saisonnier) 21 000 - 23 000
매생이 굴 라비올리 - Maesaeng-i Gul (huître aux algues) Ravioli 14 000
묵은지 감태김밥 Muguenji Gamtae (Kimchi vieilli avec Ecklonia Cava séché) Kimbap 15 000

Produits populaires du menu

서울 밀면 Seoul Milmyeon (nouilles de blé) 14 000
육회 감태 Yukhoe Gamtae (bœuf cru assaisonné avec Ecklonia Cava séché) 18 000

Lunch Special A 59/69 000 B 79/89/99 000
Dinner Cours A 69/79 5000 B 99/109/119 000
Signature 119/129/139 000

9 Yeouido 여의도

Un restaurant coréen moderne et raffiné qui offre une expérience unique

수티문
Sutimun

영등포구 국제금융로8길 27-8, 지하1층
Yeongdeungpo-gu Gukjegeumyung-ro 8-gil 27-8, B1F
instagram.com/sutimoon_official

Tel : 0507-1383-7323
Réservation par tél : O   **Ouv. :** T.J. 11:30-22:00
À emporter : X   **Dern. cmd. :** 21:30
Réserv. Oblig. : X   **Tps pause :** 15:00-18:00

Ambiance : L'intérieur luxueux se caractérise par un mobilier dans les tons noirs, des sols clairs et un éclairage doux, créant ainsi un agencement propre et élégant. Le restaurant comprend des salles privées et une salle à manger principale.
Menu : Le restaurant propose des plats à la carte qui varient entre la semaine et le week-end. Il n'y a pas de plat à la carte.
Caractéristiques : Quatre menus différents sont proposés dans des atmosphères distinctes, offrant une expérience sensorielle et unique.
Recommandation : Tous les convives doivent choisir le même plat lorsqu'ils commandent le dîner.
Remarque : Pour les réservations de 2 à 3 personnes, les réservations par téléphone sont obligatoires. Le restaurant fonctionne sur la base d'une réservation à 100 %. Les enfants de moins de 14 ans ne sont pas admis et les clients âgés de 14 ans et plus doivent commander le même plat.

Produits populaires du menu

Cours en semaine 39 000 / 59 000
Dîner Cours 130 000 / 200 000

10 Jamsil 잠실

Un restaurant coréen haut de gamme qui a su trouver l'harmonie entre tradition et modernité

비채나
Bicena

서울 송파구 올림픽로 300 롯데월드타워 81층
Songpa-gu Olympic-ro 300, Lotte World Tower, 81F
www.bicena.com   instagram.com/bicena_seoul

Tel : 02-3213-1261
Réservation par tél : O   **Ouv. :** JDS 11:30-22:00
À emporter : X   WE 10:00-22:00
Réserv. Oblig. : O   **Dern. cmd. :** X
                                      Tps pause : 14:30-18:00

Ambiance : Situé au 81e étage du Signiel Seoul, il offre une vue à couper le souffle. C'est le restaurant coréen le plus haut du monde. Le restaurant propose des tables dans le hall et des salles privées sur réservation.
Menu : Le concept consiste à « retracer le long chemin de la cuisine coréenne pour créer de nouveaux souvenirs », avec des options telles que des plats de bienvenue, des plats initiaux, des plats principaux, des plats de remplissage, des accompagnements et des plats de conclusion. Le style coréen est plus traditionnel que dans d'autres établissements de haute gastronomie.
Caractéristiques : Offre des plats de saison. Les options végétariennes, sans gluten et halal ne sont pas disponibles. Idéal pour les rendez-vous et les occasions spéciales.
Recommandation : Le menu varie selon les jours de la semaine, les week-ends et les dîners, il est donc préférable de visiter l'établissement en fonction du menu que vous préférez.
Remarque : Les réservations sont ouvertes le 1er de chaque mois, un mois à l'avance. Les demandes pour les grands groupes peuvent être adressées à bicena@gkwangjuyo.comAll. La vaisselle provient de Kwangjuyo, la société mère, et peut être achetée sur son site Internet.

Produits populaires du menu

산천코스 Cours de Sancheon (déjeuner JDS) 135 000
산천코스 Sancheon Course (WE/Jour férié déjeuner) 160 000
일월코스 Cours Ilwol (dîner JDS) 220 000

SNACKS CORÉENS

KIMBAP 김밥

Le kimbap 김밥 est un plat coréen délicieux et accessible qui permet aux nouveaux venus de découvrir la scène culinaire du pays. Le nom « kimbap » se traduit par « riz aux algues », ce qui souligne le rôle essentiel des algues dans ce plat. Le riz, assaisonné d'huile de sésame et de sel, associé à diverses garnitures telles que radis marinés, concombres, carottes et protéines comme le bœuf, le jambon ou l'œuf, crée une expérience satisfaisante et personnalisable. Il s'agit d'un en-cas ou d'un repas pratique et portable, parfait pour les explorateurs en déplacement. Si le kimbap présente des similitudes avec les rouleaux de sushi japonais, les différences sont notables. Le riz du kimbap est assaisonné avec de l'huile de sésame et du sel, tandis que le riz des sushis utilise un mélange de vinaigre de riz, de sucre et de sel. Le kimbap offre une plus grande variété d'ingrédients et peut comporter des éléments cuits ou marinés, alors que le sushi met traditionnellement l'accent sur le poisson cru. Une variante notable est le Chungmu Kimbap 충무김밥, dérivé de l'ancien nom de lieu « Chungmu » à Tongyeong, Gyeongsangnam-do, qui se distingue du kimbap typique par le fait que le riz et les accompagnements sont servis séparément. Le riz est enroulé dans des algues et coupé en morceaux allongés. Les accompagnements comprennent une salade de calmars, des gâteaux de poisson sautés et des radis marinés.

TTEOKBOKKI 떡볶이

Le tteokbokki 떡볶이 (« gâteau de riz sauté ») est un plat emblématique de la cuisine de rue coréenne, apprécié de tous pour ses saveurs alléchantes. Ce plat est composé de garaetteok 가래떡, de longues galettes de riz moelleuses en forme de barre, baignées dans un mélange délectable de sauce gochujang (pâte de piment rouge) sucrée et épicée. Complété par des ingrédients tels que des galettes de poisson, des œufs durs et des oignons verts, le 떡볶이 est une délicieuse symphonie de goûts et de textures.

SUNDAE 순대

Sundae 순대 se compose de boudin fabriqué à partir d'un mélange d'intestins de porc ou de sang de vache, de nouilles de patate douce, d'orge et de riz gluant, assaisonnés de diverses épices pour créer un profil de saveur distinctif. Le Sundae est préparé dans différents styles régionaux, avec des variations à la fois dans les ingrédients et les méthodes de cuisson. Parmi les variantes du Sundae, citons le Sundae ojingeo 오징어순대, qui utilise le calmar comme enveloppe, et le Sundae baek 백순대, connu pour sa couleur plus claire et son goût plus doux sans l'utilisation de sang.

Kimbap 김밥 Tteokbokki 떡볶이 Sundae 순대

 Apgujeong / Cheongdam / Garosu-gil
압구정 / 청담 / 가로수길

De délicieux aliments keto pour un mode de vie sain

보슬보슬 압구정본점
Boseulboseul
(succursale principale de Apgujeong)

서울 강남구 압구정로 216, 지상 1층 16, 17, 18, 19호
Gangnam-gu Apgujeong-ro 216
instagram.com/boseulboseul

Tel : 0507-1365-1261

Réservation par tél : X	Ouv. : T.J. 08:00-21:00
À emporter : O	Dern. cmd. : 20:30
Réserv. Oblig. : X	Tps pause : —

Ambiance : L'intérieur est propre et spacieux, conçu pour accueillir un grand nombre de personnes en tenant compte des clients pour la vente à emporter. Il est également idéal pour les personnes seules à la recherche d'un repas rapide.
Menu : Diverses options de kimbap comme le Namdo Mukeunji (kimchi vieilli), le thon et le maquereau.
Caractéristiques : Ce restaurant spécialisé dans le keto met l'accent sur l'alimentation et la santé, avec une excellente note d'hygiène.
Recommandation : Un bar en libre-service propose de la soupe, des radis marinés, du kimchi et bien d'autres choses encore. Vous pouvez également emporter les restes chez vous en utilisant les matériaux d'emballage fournis.
Remarque : En raison de la forte affluence le week-end et pendant les heures de déjeuner, il est recommandé de réserver. Les plats du menu sont susceptibles d'être modifiés en fonction de la saison et de la disponibilité des ingrédients.

Produits populaires du menu

남도무켄지 참치 고등어 Namdo Mukeunji Chamchi Godeungeo (Thon Maquereau) 9 500
남도무켄지 멸치 양념김 Namdo Mukeunji Myeolchi Yangnyeom Gim (algues assaisonnées à l'anchois) 9 500
묵참 키토 마요 Mookcham Keto Mayo (Mukeunchi + thon + mayonnaise) 8 500

Seocho / Seorae Village
서초 / 서래마을

Un restaurant de tteokbokki populaire près du terminal des bus express

빌라드스파이시 파미에스테이션점
Villa de Spicy
(succursale de Famille Station)

서초구 사평대로 205 파미에스테이션
Seocho-gu Sapyeong-daero 205, Famille Station
www.villadespicy.com

Tel : 0507-1358-1973

Réservation par tél : X	Ouv. : T.J. 11:00-21:30
À emporter : O	Dern. cmd. : X
Réserv. Oblig. : X	Tps pause : 15:00-17:00

Ambiance : Le cadre spacieux offre de nombreuses tables et un intérieur moderne avec des plaques de cuisson à induction à chaque table.
Menu : Spécialisé dans le tteokbokki instantané avec des variétés supplémentaires comme le tteokbokki royal et le tteokbokki carbonara.
Caractéristiques : Connu comme la première marque de tteokbokki haut de gamme en Corée, offrant une large gamme de plats de tteokbokki que l'on ne trouve pas dans les restaurants de tteokbokki habituels.
Recommandation : Choisissez la taille, le degré de piquant et les garnitures que vous préférez, et ajoutez éventuellement des garnitures supplémentaires pour personnaliser votre commande.
Remarque : Il y a toujours beaucoup de monde et des temps d'attente. Les plats frits sont plus chers.

Produits populaires du menu

즉석떡볶이 Jeukseok (instantané) Tteokbokki pour 2 16 000
레드 쉬림프 떡볶이 Red Shrimp Tteokbokki 12 000
궁중 떡볶이 Gungjung (à base de sauce de soja) Tteokbokki 12 000

④ Myeongdong
명동

Chungmu Kimbap avec un mélange harmonieux de calmars et de radis marinés

Un restaurant de kimbap célèbre pour avoir été apprécié par le président

명동충무김밥
Myeongdong Chungmu Kimbap

서울 중구 명동10길 16
Jung-gu Myeongdong 10-gil 16

Tel : 02-755-8488
Réservation par tél : X
À emporter : O
Réserv. Oblig. : X
Ouv. : T.J. 09:30-22:00
Dern. cmd. : X
Tps pause : —

Ambiance : L'intérieur du restaurant est assez spacieux, avec de nombreuses tables disponibles. Il y a également de nombreuses places assises pour les personnes seules.
Menu : Le menu ne comporte qu'un seul plat, le Chungmu Kimbap, accompagné de deux plats et d'un bouillon d'anchois.
Caractéristiques : Le goût unique et addictif de l'huile de sésame épicée et noisette dans le kimbap vous fera revenir.
Recommandation : La commande de calmars en accompagnement est gratuite pour la première fois, mais un supplément de 2 000 wons s'applique à partir de la deuxième portion. D'autres accompagnements (comme le kimchi) sont disponibles gratuitement. Un thermos rempli de bouillon d'anchois, qui peut être dégusté avec le kimbap, est placé sur chaque table. Les plats étant très simples, le service est rapide. La commande et le paiement se font directement à la table via une borne.
Remarque : Comme ce restaurant ne propose qu'un seul plat, il peut décevoir les personnes qui recherchent une certaine variété dans leur choix de repas.

Produits populaires du menu

충무김밥 1set Chungmu Kimbap 1 Set 11 000

통통김밥 회현점
Tong Tong Kimbap
(succursale de Hoehyeon)

서울 중구 퇴계로2길 1
Jung-gu Toegye-ro 2-gil 1
instagram.com/tongtong_gimbab

Tel : 0507-1391-4833
Réservation par tél : X
À emporter : O
Réserv. Oblig. : X
Fermé : Sa, Di
Ouv. : Lu-Ve 07:30-19:00
Dern. cmd. : 18:50
Tps pause : 14:30-15:30

Ambiance : L'extérieur jaune vif attire l'attention, tandis que l'intérieur, bien que peu spacieux, comporte de nombreuses tables bien disposées.
Menu : Le restaurant propose principalement des kimbap personnalisables ainsi que des udon, des ramen et des tteokbokki. Chaque table est équipée d'une tablette pour faciliter les commandes.
Caractéristiques : Des portions généreuses remplies d'ingrédients, garantissant une bonne bouchée à chaque fois.
Recommandation : Pour les commandes à emporter, utilisez le kiosque extérieur prévu à cet effet.
Remarque : La soupe et les accompagnements sont en libre-service. Les clients sont tenus de rapporter leurs plats après le repas. Les sauces sont conservées au réfrigérateur.

Produits populaires du menu

참치김밥 Chamchi Kimbap (Thon) 5 500
통통 현미김밥 Tong Tong Hyunmi Kimbap (riz brun) 4 500
불오징어 Bul Ojingeo (calamars épicés) 6 000

5 Jongno / Gwanghwamun / Insa-dong
종로 / 광화문 / 인사동

Un endroit qui vend des kimbap simples et des toasts pour des repas rapides.

팔판동꼬마김밥 앤 토스트
Palpandong Kkoma Gimbap & Toast

종로구 팔판길 36
Jongno-gu Palpan-gil 36

Tel : 02-3210-2554	**Fermé :** Lu
Réservation par tél : X	**Ouv. :** Ma-Di 09:00-19:00
À emporter : O	**Dern. cmd. :** X
Réserv. Oblig. : X	**Tps pause :** —

Ambiance : L'aspect vintage du lieu est mis en valeur par son extérieur blanc orné d'images peintes et d'un logo coréen épuré. À l'intérieur, bien que petit, il y a environ quatre places assises, y compris des sièges face au mur qui conviennent pour manger seul.
Menu : Ils vendent des kimbap et des toasts, y compris des mini kimbap pour les enfants.
Caractéristiques : Le kimbap, généreusement rempli d'œufs et de galettes de poisson, est particulièrement attrayant en raison de son épaisseur.
Recommandation : Les toasts avec omelette aux légumes et beaucoup de ketchup sont également recommandés. C'est parfait pour un repas rapide quand on est occupé.
Remarque : Le restaurant vend également des brochettes de gâteaux de poisson, mais pour les commandes à emporter, un minimum de trois brochettes est requis.

Produits populaires du menu

꼬마김밥 Kkoma (mini) Gimbap 3 500
팔판김밥 Palpan Gimbap 4 500
참치김밥 Chamchi (thon) Gimbap 5 000

10 Jamsil
잠실

Un restaurant de tteokbokki et d'aliments frits salué par la critique.

맛쟁이떡볶이 본점
Mat Jaeng I Tteokbokki (succursale principale)

서울 송파구 석촌호수로 134 108호
Songpa-gu Seokchonhosu-ro 134, #108
instagram.com/official_handsome_tteokbokki

Tel : 0507-1388-3307	
Réservation par tél : X	**Ouv. :** T.J. 11:00-21:00
À emporter : O	**Dern. cmd. :** X
Réserv. Oblig. : X	**Tps pause :** —

Ambiance : Situé dans une ruelle, l'extérieur rouge et mignon attire l'attention. À l'intérieur, l'espace confortable ne compte que quatre tables.
Menu : Le restaurant propose des plats principaux comme le tteokbokki et des aliments frits faits à la main, ainsi que des sundae (saucisses coréennes).
Caractéristiques : Le restaurant propose des plats à emporter et se spécialise dans le tteokbokki, qui est également proposé sous forme de kit repas. Une mini-boisson au yaourt est servie en guise de touche finale au dessert.
Recommandation : Commandez le tteokbokki avec quelques fritures et trempez-les dans la sauce tteokbokki.
Remarque : Le nombre de places assises étant limité, il est préférable d'opter pour la vente à emporter.

Produits populaires du menu

옛날 맛쟁이 떡볶이 - Original Tteobokki 6 500
체다치즈떡볶이 - Tteobokki au fromage cheddar 6 000
쫄깃쫄깃 찰순대 - Jjolgit Jjolgit Chal Sundae (Sundae au riz gluant) 5 000

CHINOISE

L'histoire de la cuisine chinoise en Corée est un récit d'échanges culturels et d'adaptation au fil des siècles. D'abord réservée à l'élite, la cuisine chinoise est progressivement devenue plus accessible à mesure que les liens culturels entre la Chine et la Corée se sont renforcés. Les chefs coréens ont adapté les recettes chinoises traditionnelles aux goûts locaux, ce qui a donné naissance à des plats emblématiques comme le jajangmyeon 짜장면 (« nouilles aux haricots noirs »), le jjamppong 짬뽕 (« soupe de nouilles épicée aux fruits de mer ») et le tangsuyuk 탕수육 (« bœuf ou porc aigre-doux »). Ces plats font partie intégrante du mode de vie coréen et sont appréciés lors des réunions de famille et des repas décontractés. Le système de livraison efficace, y compris les services à moto, a contribué à leur adoption généralisée, faisant des plats d'inspiration chinoise une option de restauration appréciée dans tout le pays. La popularité récente des plats chauds, tels que le huoguo 훠궈 et le malatang 마라탕, témoigne également de l'évolution du palais, reflétant l'appréciation croissante des Coréens pour les diverses saveurs chinoises. Récemment, les restaurants américano-chinois sont devenus populaires en Corée, en grande partie grâce aux personnes qui ont étudié à l'étranger ou visité les États-Unis et qui ont découvert la version américanisée de la cuisine chinoise.

JAPONAISE

Au fil du temps, les cuisines coréenne et japonaise se sont entremêlées par le biais du commerce, de la diplomatie et des échanges culturels, partageant une appréciation mutuelle des aliments de base tels que le riz, les fruits de mer et les aliments fermentés. L'introduction du bouddhisme a facilité l'échange de plats végétariens et de techniques culinaires entre la Corée et le Japon. L'intégration de la cuisine japonaise dans le mode de vie coréen a été un processus progressif influencé par des événements historiques, la mondialisation et l'évolution des préférences alimentaires. La cuisine japonaise a gagné en popularité en Corée pendant la période coloniale japonaise (1910-1945), lorsque les traditions culinaires du Japon sont devenues plus accessibles. Ces dernières années, le sushi omakase a gagné en popularité auprès de la jeune génération coréenne, reflétant un intérêt croissant pour l'exploration culinaire et les expériences gastronomiques. Cette tendance met en évidence le désir des Coréens appartenant à la génération des millenials de s'intéresser à diverses cultures alimentaires et de vivre des expériences gastronomiques authentiques sans quitter leur pays d'origine.

Américano-chinoise

② Seocho / Seorae Village
서초 / 서래마을

Une grande marque de cuisine chinoise américaine

차알 파미에스테이션점
Cha'R (Famille Station)

서울 서초구 사평대로 205 파미에스테이션 2층
Seocho-gu Sapyeong-daero 205, Famille Station, 2F
char2012.com   instagram.com/cha_r_official

Tel : 02-6282-3218
Réservation par tél : X   **Ouv. :** T.J. 11:00 - 9:30
À emporter : O   **Dern. cmd. :** 20:30
Réserv. Oblig. : X   **Tps pause :** 15:00-17:30

Ambiance : Situé au deuxième étage de Famille Station. L'endroit spacieux présente un design décontracté et un éclairage lumineux.
Menu : Propose des plats américano-chinois tels que le poulet General Tso, le poulet à l'orange et le bœuf mongolien, ainsi que de la cuisine chinoise traditionnelle.
Caractéristiques : Réinterprétation de la cuisine chinoise américaine pour l'adapter aux goûts coréens. Les commandes peuvent être passées à l'aide de tablettes placées à chaque table.
Recommandation : Il est recommandé de commander plusieurs plats à la carte plutôt que des menus fixes.
Remarque : Les saveurs sont légèrement adaptées aux préférences coréennes, il ne faut donc pas s'attendre à retrouver le goût exact de la cuisine chinoise américaine. Les plats ont tendance à être assez épicés. Le restaurant fonctionne sans interruption le week-end.

Produits populaires du menu

제너럴 쏘 키친 General Tso's Chicken 17 500
오렌지 치킨 Orange Chicken 18 000
몽골리안 비프 Mongolian Beef 22 000

③ Hannam-dong / Itaewon
한남동 / 이태원

Un restaurant spécialisé dans la cuisine chinoise à l'américaine et qui a été présenté à la télévision

H5NG

서울 용산구 신흥로 95-17
Yongsan-gu Sinheng-ro 95-17
instagram.com/h5ng_hbc

Tel : 02-3789-4165   **Fermé :** Lu,Ma
Réservation par tél : X   **Ouv. :** Me-Ve 18:00-23:00
À emporter : O   Sa 12:00-24:00
Réserv. Oblig. : X   Di 10:00-23:00
                                  Dern. cmd. : Me-Ve 22:00
                                                   Sa 23:00
                                                   Di 22:00
                                  Tps pause : WE 15:00-18:00

Ambiance : Situé à l'intérieur du marché Haebangchon Shinheung, l'espace est petit, avec un comptoir et des tables de bar près de la fenêtre.
Menu : Le restaurant propose des plats chinois familiers, mais aussi des plats uniques comme le bœuf mongolien, les légumes verts chinois et le poulet General Tso.
Caractéristiques : Ce restaurant chinois de style américain propose de nombreux plats originaux. Chaque table dispose d'un code QR permettant de commander par smartphone.
Recommandation : Les crevettes à la crème sont très addictives, alors ne manquez pas de les commander.
Remarque : Vous devez inscrire votre nom sur une liste d'attente. Le week-end, il faut s'attendre à une attente de plus d'une heure, car de nombreux clients y viennent pour boire, ce qui ralentit la rotation.

Produits populaires du menu

몽골리안 비프 Mongolian Beef 18 000
크림새우 Cream Saewoo 20 000
레몬치킨 Lemon Chicken 16 000

Dimsum   # Chinoise - général

 Apgujeong / Cheongdam / Garosu-gil
압구정 / 청담 / 가로수길

Un luxueux restaurant chinois connu pour ses délicieux dim sum

몽중헌 청담점
Mongjungheon
(succursale de Cheongdam)

서울 강남구 도산대로 445, 지하 1층
Gangnam-gu Dosan-daero 445, B1F
www.mongjungheon.co.kr

Tel : 02-3446-7887
Réservation par tél : O   **Ouv. :** JDS 11:30-22:00
À emporter : O   WE/Jour férié 11:30-21:30
Réserv. Obl. : X   **Dern. cmd. :** JDS 14:00/21:00
                                        WE 14:00/20:30
                  Tps pause : 15:00-17:30

Ambiance : L'intérieur du restaurant s'inspire du monde mythique des immortels chinois et ressemble à une maison de rêve.
Menu : Les dim sum constituent l'attraction principale, avec des options telles que le har gow et le gow choi gau, ainsi qu'une grande variété d'autres plats chinois.
Caractéristiques : Plus de 30 types de dim sum sont préparés par des chefs chinois renommés, qui recréent fidèlement les saveurs authentiques de Hong Kong.
Recommandation : Même si vous commandez d'autres plats, il est fortement recommandé d'ajouter les dim sum à votre repas, car c'est la spécialité du restaurant.
Remarque : Comme il s'agit d'une franchise, si vous ne pouvez pas vous rendre dans ce restaurant, vous pouvez déguster les mêmes saveurs de haute qualité dans l'une de ses autres succursales.

Produits populaires du menu

Signature Dim Sum
(하교 Har Gow / 구채교 Gow Choi Gau) 3 pièces 14 000

Lunch Cours 65 000-115 000
Dinner Cours 85 000-14 000
Dimsum Special Cours - Lunch 75 000 Dinner 95 000

Un restaurant chinois de cuisine pékinoise qui offre un bon rapport qualité-prix

대려도 Dae Ryeo Do

서울 강남구 역삼로 118
Gangnam-gu Yeoksam-ro 118
www.daeryudo.com

Tel : 02-555-0550
Réservation par tél : O   **Ouv. :** T.J. 11:30-22:00
À emporter : O   **Dern. cmd. :** 14:30/21:30
Réserv. Obl. : X   **Tps pause :** 15:00 ~ 17:30

Ambiance : Le restaurant a été récemment rénové et dispose de plusieurs salles privées et salles de banquet, ce qui en fait un lieu recommandé pour les réunions d'entreprise. La salle centrale est cependant très fréquentée, avec de nombreuses tables entassées dans l'espace, ce qui peut donner une impression de promiscuité.
Menu : Le menu est divisé en deux parties : le déjeuner et le dîner, avec des options à la carte et des plats fixes. Les plats proposés sont variés.
Caractéristiques : Ce restaurant de cuisine pékinoise est spécialisé dans les plats typiques tels que l'aileron de requin et le concombre de mer braisé.
Recommandation : Les plats sont bien composés et offrent un bon rapport qualité-prix. Dans le quartier de Gangnam, il faut compter entre 20 000 et 30 000 KRW de plus pour des plats de qualité similaire.
Remarque : Il est recommandé de commander les plats principaux plutôt que les plats de nouilles.

Produits populaires du menu

잡탕밥 Japtangbap
(Riz mélangé avec des fruits de mer assortis) 22 000
간소큰새우 Ganso Keun Saewoo
(crevettes braisées dans une sauce à l'ail et à la tomate) 20 000
기아해삼 Gia Haesam
(concombres de mer braisés farcis aux crevettes) 98 000

Lunch Cours à partir de 38 000
Dinner Cours à partir de 70 000

Apgujeong / Cheongdam / Garosu-gil
압구정 / 청담 / 가로수길

Un restaurant chinois haut de gamme réputé pour son porc aigre-doux à la texture cotonneuse

Un restaurant chinois branché célèbre pour son steak à la truffe jjajangmyeon

JS 가든 압구정점
JS Garden
(succursale de Apgujeong)

서울 강남구 언주로174길 13
Gangnam-gu Eonju-ro 174-gil 13
www.jsgarden.co.kr   instagram.com/jsgarden.official

Tel : 0504-1400-4677
Réservation par tél : O   **Ouv. :** T.J. 11:30-22:00
À emporter : O   **Dern. cmd. :** 14:00.21:00
Réserv. Oblig. : X   **Tps pause :** 15:00-17:00

Ambiance : Situé au deuxième étage d'un immeuble, le restaurant présente un intérieur moderne et élégant avec une salle spacieuse et des salles privées. Les tables sont bien espacées, ce qui permet de manger confortablement. Le décor à thème chinois rehausse l'atmosphère.
Menu : Offre une gamme de plats chinois traditionnels, y compris le canard de Pékin, de la cuisine coréenne et chinoise et des plats uniques comme le porc aigre-doux qui a une texture cotonneuse à l'extérieur.
Caractéristiques : Bien qu'il s'agisse d'une franchise, chaque succursale est gérée individuellement afin de maintenir une qualité constante.
Recommandation : Il est conseillé de choisir un repas complet plutôt que des plats individuels. Les plats peuvent être servis en demi-portions sur demande. Droit de bouchon gratuit.
Remarque : Pour déguster le canard de Pékin, spécialité de JS Garden, vous devez appeler le restaurant un jour à l'avance pour réserver.

Produits populaires du menu

새우볶음밥 Saewoo Bokkeumbap (riz frit avec crevettes) 21 000
목화솜 탕수육 Mokhwasom Tangsuyuk (porc aigre-doux (petit/régulier)) 45 000/60 000
북경오리 Canard de Pékin (demi) 80 000

Lunch Cours 50 000 - 70 000
Dinner Cours 88 000-200 000

무탄 압구정본점
Mutan
(succursale principale de Apgujeong)

서울 강남구 논현로176길 22
Gangnam-gu Nonhyeon-ro 176-gil 22

Tel : 02-549-9339
Réservation par tél : O   **Ouv. :** T.J. 11:00-22:00
À emporter : O   **Dern. cmd. :** 2:50
Réserv. Oblig. : X   **Tps pause :** —

Ambiance : L'extérieur présente de grandes fenêtres donnant sur la rue, tandis que l'intérieur est propre et bien entretenu. Le restaurant dispose d'une salle spacieuse et de salles privées pour la commodité des clients.
Menu : Plats de fusion comme le steak de filet et le jjajangmyeon à la truffe, ainsi que divers plats de cuisine coréo-chinoise, que l'on trouve rarement dans les restaurants chinois typiques.
Caractéristiques : Connu pour son goût et son atmosphère haut de gamme, Mutan est recommandé pour les rendez-vous dans les quartiers d'Apgujeong ou de Gangnam.
Recommandation : Nous vous recommandons vivement le porc aigre-doux. Les portions sont généralement généreuses.
Remarque : Il n'est pas possible d'attendre à l'intérieur du restaurant ; les clients doivent faire la queue à l'entrée du bâtiment, où des chauffages sont mis à leur disposition en hiver.

Produits populaires du menu

스테이크 트러플 자장면 Nouilles à la sauce aux haricots noirs avec truffe et filet de bœuf 33 000
제주 흑돼지 볶음탕수육 Porc noir sauté aigre-doux 45 000

Seocho / Seorae Village
서초 / 서래마을

 Myeongdong
명동

Un restaurant de cuisine chinoise sur le thème du Shanghai des années 1930

Un restaurant qui mélange la cuisine cantonaise avec des éléments uniques de Hong Kong, de Taïwan et de Corée

모던눌랑 센트럴시티점
Modern Nullang (succursale de Central City)

팔레드신
Palais de Chine

서울 서초구 사평대로 205
Seocho-gu Sapyeong-daero 205
www.modernnulang.com   instagram.com/sunatfood.official

서울 중구 퇴계로 67 레스케이프 호텔 6층
Jung-gu Toegye-ro 67, L'Escape Hotel, 6F
lescapehotel.com/

Tel : 02-6282-5005

Réservation par tél :	O	Ouv. : T.J.	11:30-22:00
À emporter :	O	Dern. cmd. :	—
Réserv. Oblig. :	X	Tps pause :	21:00

Tel : 02-317-4001

Réservation par tél :	O	Ouv. : T.J.	1:30-22:00
À emporter :	O	Dern. cmd. :	14:30 / 21:30
Réserv. Oblig. :	X	Tps pause :	15:00-17:00

Ambiance : Le restaurant dispose d'un intérieur luxueux qui allie l'opulence de la Chine à des éléments occidentaux modernes. Il y a beaucoup de places assises et les tables sont généreusement espacées.
Menu : Le restaurant propose une grande variété d'options, notamment des entrées, des plats principaux et des cocktails, ce qui permet de choisir et de mélanger les plats. Les plats sont bien composés et il y a de nombreux plats chinois de style fusion que l'on ne trouve nulle part ailleurs.
Caractéristiques : Le restaurant offre une atmosphère unique rappelant les rues de Shanghai des années 1930, ainsi qu'un festin de plats délicieux.
Recommandation : Ne manquez pas de goûter aux plats fusion uniques de Modern Nulang, que vous ne trouverez dans aucun autre restaurant typique.
Remarque : Il n'y a pas de pause, vous pouvez donc entrer et vous asseoir immédiatement s'il y a une place libre. La grande assiette posée sur la table sert à poser d'autres plats et non à servir directement la nourriture.

Ambiance : Situé dans l'hôtel L'Escape, il offre un environnement spacieux et propre où les clients peuvent découvrir les saveurs et l'élégance de l'Orient. Les accents du design chinois, d'un rouge vibrant, ajoutent une touche de glamour.
Menu : Du canard laqué au mélange de dim sum et de plats cantonais traditionnels agrémentés de touches modernes, le menu offre une grande variété d'options.
Caractéristiques : Spécialisé dans la cuisine cantonaise comme base, avec des éléments distinctifs de Hong Kong, de Taiwan et de Corée pour créer des plats bien pensés et innovants qui préservent l'essence de chaque ingrédient.
Recommandation : Réputé pour ses dim sum et son canard laqué, qui reflètent les saveurs régionales de la Chine.
Remarque : Les clients de l'hôtel bénéficient d'une réduction de 10 %. Il est recommandé de réserver 3 à 4 jours à l'avance, en particulier pour le canard laqué et certains autres plats.

Produits populaires du menu

모던눌랑 케이지 Modern Nulang Cage 45 000
민트&라임 슈림프 Mint & Lime Shrimp 40 000
크랩 타워 라이스 Crab Tower Rice 23 000

Produits populaires du menu

북경오리 Canard de Pékin 160 000 (réservation obligatoire 3 jours à l'avance)
라탕면 La Tang Myeon (palourde, concombre de mer, seiche, légumes assortis, soupe épicée aux nouilles) 32 000
소흥주 칠리 새우 Soheungju Chili Saewoo (crevettes géantes, vin de riz chinois, vinaigre, chili) 53 000

⑤ Jongno / Gwanghwamun / Insa-dong
종로 / 광화문 / 인사동

Un restaurant chinois moderne qui met en valeur les saveurs naturelles de ses ingrédients

차이797 을지로점
Chai797 (succursale de Euljiro)

서울 중구 청계천로 100, 지하1층
Jung-gu Cheonggyecheon-ro 100, B1F
instagram.com/chai797_   www.chai797.co.kr

Tel : 0507-1421-0301
Réservation par tél : O
À emporter : O
Réserv. Oblig. : X
Ouv. : JDS 11:30-22:00
WE 12:00-22:00
Dern. cmd. : 21:00
Tps pause : 15:00-17:30

Ambiance : L'intérieur moderne a une subtile touche chinoise. Le restaurant propose une variété de places assises, y compris des tables, des cabines et des salles privées, permettant d'accueillir un grand nombre d'invités.
Menu : La carte propose des plats chinois traditionnels, des plats chinois de style coréen et une cuisine fusion moderne. Les clients peuvent choisir entre des plats à l'unité et des options à la carte. Des dim sum sont également disponibles.
Caractéristiques : Les plats mettent en valeur les saveurs naturelles des ingrédients, en utilisant des produits frais et sains provenant de sources locales.
Recommandation : La cuisine chinoise se marie parfaitement avec la bière. Essayez la soupe nurungji (riz croustillant), un plat difficile à trouver dans les autres restaurants chinois.
Remarque : Les prix sont plus élevés, mais l'absence de longues attentes permet de prendre place rapidement.

Produits populaires du menu

고기짬뽕 Gogi Jjamppong (soupe de nouilles épicée au porc grillé) 12 500
해산물 누룽지탕 Haesanmul Nurungjitang (soupe de fruits de mer braisée avec riz croustillant et légumes) 48 000
토종 마늘볶음밥 Tojong Maneul Bokkeumbap (riz sauté à l'ail local sélectionné) 15 000

Restaurant chinois réputé pour ses nouilles au bœuf et ses ragoûts à base de bouillon de type Qingdao

진중 우육면관 광화문
Jin Joong Uyuk Myeon Gwan Gwanghwamun

서울 종로구 종로7길 29-14
Jongno-gu Jong-ro 7-gil 29-14
instagram.com/niuroumian_guan/

Tel : 0507-1313-4830
Réservation par tél : O
À emporter : X
Réserv. Oblig. : X
Ouv. : T.J. 11:00-22:00
Dern. cmd. : 21:00
Tps pause : 14:00-17:00

Ambiance : Récemment construit avec des tables de bar au premier étage et des tables séparées au deuxième étage.
Menu : Contrairement aux restaurants chinois typiques, il se concentre sur un menu spécialisé avec des plats comme les nouilles au bœuf, le ragoût de bœuf, les aubergines à la mode du Sichuan, le tofu mapo aux haricots verts et les boulettes bouillies à la mode chinoise.
Caractéristiques : Connu pour ses soupes copieuses remplies de bœuf varié et de légumes abondants, rappelant les toniques médicinaux, elles réchauffent et rassasient.
Recommandation : Si vous commandez un ragoût de bœuf, vous pouvez opter pour des aubergines et du tofu mapo à la mode de Sichuan. L'association avec la liqueur de kaoliang spécialement sélectionnée et recommandée par le maître des nouilles au bœuf rehausse les saveurs.
Remarque : Les commandes sont passées et payées à l'avance. Les plats sont servis rapidement. Lorsque vous commandez des nouilles au bœuf, vous pouvez demander un supplément de coriandre.

Produits populaires du menu

우육전골 Wooyuk Jeongol (ragoût de bœuf) 24 000
우육면 Wooyuk Myeon (nouilles au bœuf) 19 000
마파연두부 Mapo Yeondubu (Mapo Silky Tofu) 17 000

Huogo / Malatang

1. Apgujeong / Cheongdam / Garosu-gil 압구정 / 청담 / 가로수길

Authentique restaurant de hot pot de style yunnanais

인량훠궈
Illyang Huoguo

서울 강남구 강남대로140길 9 비피유빌딩 지하 1층
Gangnam-gu Gangnam-daero 140-gil 9, B1
renliang.co.kr   instagram.com/renliang_fishhotpot

Tel : 02-516-8777	Fermé : Lu
Réservation par tél : O	Ouv. : Ma-Di 11:30-23:00
À emporter : X	Dern. cmd. : 22:00
Réserv. Oblig. : X	Tps pause : 14:30-17:00

Ambiance : Le restaurant présente un décor intérieur haut de gamme de style chinois qui rappelle celui d'un restaurant chinois traditionnel. Il dispose d'un espace vaste et confortable avec de nombreuses tables.
Menu : Le restaurant propose une grande variété d'ingrédients, notamment des tranches fines de poisson à tête de serpent et divers champignons, soit au total plus de 60 options pour une expérience hot pot personnalisable. Les commandes peuvent être passées à l'aide d'une tablette à la table.
Caractéristiques : Le premier restaurant en Corée du Sud à proposer un hot pot traditionnel de poisson à tête de serpent dans le style du Yunnan, élaboré grâce à des recherches approfondies.
Recommandation : Ne manquez pas d'essayer le hot pot unique au poisson à tête de serpent, une expérience rare ailleurs. Pour 3 000 KRW supplémentaires, vous pouvez accéder au bar en libre-service, qui comprend des sauces et des fruits.
Remarque : Il est possible de commander des légumes supplémentaires, mais les portions sont petites. Vous pouvez choisir jusqu'à trois bouillons différents pour le hot pot.

Produits populaires du menu

훠궈 Huoguo 8 900
가물치 Gamulchi (poisson à tête de serpent) 15 000
1++최상급 한우Hanwoo (bœuf coréen de première qualité) 35 000

5. Jongno / Gwanghwamun / Insa-dong 종로 / 광화문 / 인사동

Authentique restaurant chinois de hot pot et de mala tang

마라중독
Mala Jung Dok

서울 종로구 삼일대로 391, 2층
Jongno-gu Samil-daero 391, 2F

Tel : 02-736-8880	Ouv. : T.J. 10:00-22:00
Réservation par tél : O	Dern. cmd. : X
À emporter : O	Tps pause : —
Réserv. Oblig. : X	

Ambiance : L'intérieur du restaurant est spacieux, ce qui le rend idéal pour les réunions de groupe et les événements d'entreprise.
Menu : Les principaux plats proposés sont le Hot Pot (Huoguo), le Mala Tang, le Mala Xiang Guo et le Guo Bao Rou. Les plats d'accompagnement comprennent du riz frit et du Menbosha, et des mini-crêpes sont disponibles pour un complément léger.
Caractéristiques : Vous pouvez personnaliser votre Hot Pot, Mala Tang ou Mala Xiang Guo avec les ingrédients de votre choix. Il existe également une option de Hot Pot à volonté, qui offre un excellent rapport qualité-prix.
Recommandation : Vous pouvez ajuster le côté piquant du Mala Tang en demandant au personnel le degré souhaité.
Remarque : Pour celles et ceux qui optent pour le Hot Pot à volonté, il y a un bar en libre-service. Attention toutefois à ne pas gaspiller la nourriture, car vous paierez un supplément environnemental de 5 000 KRW pour tout reste de nourriture.

Produits populaires du menu

마라탕 Mala Tang 7 000
훠궈 Huoguo (all-you-can-eat) 18 800
꿔바로우 Guo Bao Rou 10 000

Japonais - Ramen / Soba

① Apgujeong / Cheongdam / Garosu-gil
압구정 / 청담 / 가로수길

Un lieu où l'on peut déguster d'authentiques soba japonaises étirées à la main.

호무랑 (청담)
Homuran (Cheongdam)

서울 강남구 도산대로 442
Gangnam-gu Dosan-daero 442
josunhotel.com/retail/homurang.do

Tel : 02-6947-1279		Fermé : Seollal, Chuseok	
Réservation par tél : O		Ouv. : T.J. 11:30-17:30	
À emporter : X		Dern. cmd. : 15:30, 20:00	
Réserv. Obl. : X		Tps pause : 16:30-17:30	

Ambiance : L'intérieur est spacieux et luxueux et peut accueillir de grands groupes. C'est aussi un endroit populaire pour les rendez-vous galants.
Menu : Grâce à une collaboration vieille de 200 ans avec des maîtres japonais des soba, vous pourrez découvrir le goût authentique des nouilles soba japonaises étirées à la main.
Caractéristiques : L'espace modernise l'ambiance japonaise traditionnelle, offrant une fusion élégante du goût et de l'esthétique japonais. Exploité par l'hôtel Josun.
Recommandation : Les soba préparés par un artisan soba sont à goûter absolument, et les udon sont également excellents. Le set de sushis offre une bonne sélection. Les rouleaux sont également excellents.
Remarque : Si vous y allez en voiture, préparez-vous à une longue file d'attente pour le service de voiturier. Les portions de sashimi sont parfois trop petites pour le prix.

Produits populaires du menu

자루 소바 Zaru Soba 23 000
매콤한 참치 롤 Spicy Tuna Roll 24 000 (8 pièces)
스시 세트 Sushi Set 69 000
Lunch Cours à partir de 85 000

Un restaurant de ramen japonais calme et authentique

멘츠루 신사점
Menchuru (succursale de Sinsa)

서울 강남구 강남대로162길 21, 1층 102호
Gangnam-gu Gangnam-daero 162-gil 21, 1F #102
instagram.com/menchuru_sinsa/

Tel : 0507-1306-6465		Ouv. : T.J. 11:00-21:30	
Réservation par tél : O		Dern. cmd. : 21:00	
À emporter : O		Tps pause : —	
Réserv. Obl. : X			

Ambiance : Situé un peu à l'écart de la rue principale de Garosugil, cet endroit tranquille dispose d'un bar pouvant accueillir une dizaine de personnes, ainsi que de quelques tables de deux personnes.
Menu : Découvrez une variété de plats de nouilles japonais innovants qui répondent à des goûts variés.
Caractéristiques : Le restaurant est reconnu par de nombreux amateurs pour ses années d'expertise en matière de cuisine japonaise à base de nouilles.
Recommandation : Vous pouvez ajuster la salinité du bouillon sur demande. C'est un endroit idéal pour manger seul, et ils offrent du riz gratuit si vous en demandez.
Remarque : Commandez au kiosque situé à l'entrée avant de vous asseoir. Il n'y a généralement pas de temps d'attente après l'heure du déjeuner.

Produits populaires du menu

쇼유라멘 Shoryu Ramen 10 000
토리파이탄 Tori Paitan 10 500
아부라소바 Abura Soba 14 500

⑦ Seongsu-dong 성수동

Un restaurant de ramen tonkotsu adapté au palais coréen

록멘
Rongmen

서울 성동구 성수일로3길 2
Seongdong-gu Seongsuil-ro 3-gil 2

Tel : 0507-1339-9857
Réservation par tél : X	Ouv. : T.J. 11:30-21:00
À emporter : X	Dern. cmd. : X
Réserv. Oblig. : X	Tps pause : 15:00-17:00

Ambiance : Le restaurant dispose d'une table en forme de « ㄷ » en forme de bar à sushis pouvant accueillir environ 14 personnes. L'intérieur est petit, ce qui le rend idéal pour les repas rapides en solo.
Menu : En plus des ramen tonkotsu classiques aux saveurs douces et épicées, le menu comprend une variété d'options telles que les ramen à l'huile de périlla sans bouillon.
Caractéristiques : Dégustez des ramen aux saveurs douces, savoureuses et épicées.
Recommandation : Des attaches pour cheveux sont fournies pour permettre aux clients aux cheveux longs de manger confortablement. Le piquant est divisé en quatre niveaux. Il est possible de commander des garnitures supplémentaires comme des œufs, de la viande et des nouilles.
Remarque : Comme ce restaurant est géré par une seule personne, il peut arriver qu'il y ait de l'attente.

Produits populaires du menu

돈코츠라멘 Donkotsu Ramen 9 000
매운 돈코츠라멘 Spicy Donkotsu Ramen 9 000
들기름 라멘 Deul Gireum
(huile de périlla, sans bouillon) Ramen 9 000

⑧ Hongdae 홍대

Un restaurant de ramen paitan connu pour son riche bouillon de poulet

오레노라멘 본점
Oreno Ramen (succursale principale)

서울 마포구 독막로6길 14
Mapo-gu Dokmak-ro 6-gil 14
instagram.com/oreramen/

Tel : 02-322-3539
Réservation par tél : X	Ouv. : T.J. 11:00-22:00
À emporter : X	Dern. cmd. : 21:00
Réserv. Oblig. : X	Tps pause : —

Ambiance : Le restaurant offre une grande variété de places assises, y compris des tables de deux personnes, des tables de quatre personnes et des places au bar. La rotation des tables est rapide.
Menu : L'accent est mis sur deux types de ramen tori paitan, qui se caractérisent par un bouillon de poulet riche et crémeux, mélangé à une mousse semblable à celle d'un cappuccino. Les options comprennent le Tori Paitan Ramen doux et le Kara Paitan Ramen épicé. Des garnitures supplémentaires sont disponibles.
Caractéristiques : Le restaurant prend soin de maintenir la qualité de ses ramen en préparant quotidiennement du bouillon et des nouilles frais et en effectuant des tests constants.
Recommandation : Vous pouvez vous resservir gratuitement de nouilles, de riz et de bouillon, alors n'hésitez pas à en redemander si vous en avez besoin.
Remarque : Le restaurant est moins fréquenté si vous vous y rendez une heure avant la fermeture en semaine. Pendant les heures d'affluence, ils appellent votre numéro, alors restez à proximité pour ne pas rater votre tour.

Produits populaires du menu

토리 파이탄 라멘 Tori Paitan Ramen 12 000
카라 파이탄 라멘 Kara Paitan Ramen (épicé) 12 000

⑨ Yeouido 여의도

Un restaurant de soba connu pour son bouillon maison impressionnant et sa sauce soja

소몽
Somong

서울 영등포구 여의나루로 113 공작상가 2층 212, 213호
Yeongdeungpo-gu Yeouinaru-ro 113, 2F, #212, 213
instagram.com/so___mong   blog.naver.com/somong_yeouido

Tel : 0507-1475-8893	
Réservation par tél : X	Ouv. : T.J. 11:00- 20:30
À emporter : O	Dern. cmd. :
Réserv. Oblig. : X	Tps pause :
	22:30
	15:00-17:00

Ambiance : Situé dans un petit coin au deuxième étage entre la rivière Han et le grand magasin Hyundai, ce restaurant confortable et **d'ambiance** offre une expérience gastronomique charmante.
Menu : Le menu comprend des nouilles soba et des bols de riz tels que le soba uni, des bols de riz au saumon et des bols de riz à l'oursin. Le restaurant prend soin de préparer les nouilles soba et les bols de riz en utilisant des ingrédients soigneusement sélectionnés et préparés à la main. Le Tempura est également un plat phare.
Caractéristiques : Le restaurant prend soin de préparer des nouilles soba et des bols de riz en utilisant des ingrédients soigneusement sélectionnés et préparés à la main. Le Tempura est également un des points forts de l'établissement.
Recommandation : Il est recommandé de goûter les nouilles soba avec le bouillon maison et la sauce soja, qui sont les principales attractions. La combinaison de soba froides et de sushi inari est très appréciée des clients.
Remarque : S'y rendre juste après la fin de la pause augmente les chances d'entrer sans attendre.

Produits populaires du menu

냉소바 Soba froid 10 000
우니소바 Uni (Œufs d'oursins) Soba 16 000
연어덮밥 Yeoneo Deop Bap (bol de riz au saumon) 16 000

Sushi / Sashimi / Donburi
① Apgujeong / Cheongdam / Garosu-gil 압구정 / 청담 / 가로수길

Un restaurant japonais tendance qui est passé à la télé

갓포아키 삼성점
Kappo Akii (succursale de Samseong)

서울 강남구 테헤란로 610 B2
Gangnam-gu Teheran-ro 610, B2
instagram.com/kappo_akii

Tel : 02-6203-8660	
Réservation par tél : O	Ouv. : Lu-Ve 12:00 - 00:30
À emporter : X	Sa 17:30 - 00:30
Réserv. Oblig. : X	Di 17:00 - 23:00
	Dern. cmd. : X
	Tps pause : Lu-Ve
	14:30 - 17:30

Ambiance : Situé à 50 mètres de la sortie 1 de la gare de Samseong, au niveau 2 du sous-sol de l'hôtel Glad. Il s'agit d'un bar japonais où vous pouvez observer le chef préparer vos plats devant vous. **L'ambiance** générale est tamisée, ce qui rend le lieu moins propice aux rassemblements bruyants. L'espace est vaste, avec des sièges de bar, des tables, des cabines et des salles privées.
Menu : Offre une variété de plats, dont le sashimi, l'uni, l'udon et le tempura, ainsi qu'une sélection variée de plats d'accompagnement.
Caractéristiques : Le bar sert des plats de grande qualité qui se marient bien avec l'alcool. Des bières sans alcool sont également disponibles pour les personnes qui ne boivent pas.
Recommandation : Connu pour ses délicieux futomaki, ne manquez pas de les goûter. Si vous séjournez à l'hôtel Glad, vous pouvez bénéficier d'une réduction sur certains plats du menu.
Remarque : L'enseigne n'est pas très visible, donc si vous avez du mal à la trouver, demandez au personnel du service de voiturier de vous indiquer le chemin. Il ne s'agit pas d'un restaurant spécialisé dans les sushis, la carte des sushis est donc limitée. Pour un plus grand choix de sushis, rendez-vous dans un restaurant spécialisé dans les sushis.

Produits populaires du menu

사시미 Sashimi (2 personnes) 49 000
후토마키 Futomaki 29 000

Apgujeong / Cheongdam / Garosu-gil
압구정 / 청담 / 가로수길

Un authentique restaurant de sushis dirigé par un chef japonais renommé

스시코우지
Sushi Koji

Un restaurant moderne Kaisen-don réputé pour ses fruits de mer frais

특별한 오복수산
Teukbyeolhan Obok Susan

서울 강남구 도산대로 318 SB타워 어넥스B동 3층
Gangnam-gu Dosan-daero 318 (Building B), 3F

Tel : 02-541-6200
Réservation par tél : O
À emporter : X
Réserv. Oblig. : X
Ouv. : T.J. 11:00-22:00
Dern. cmd. : X
Tps pause : 14:00-18:30

서울 강남구 도산대로 150, 3층
Gangnam-gu Dosan-daero 150, 3F
instagram.com/oboksusan_official

Tel : 0507-1355-8570
Réservation par tél : O
À emporter : O
Réserv. Oblig. : X
Ouv. : T.J. 11:30-21:30
Dern. cmd. : 14:30 / 20:30
Tps pause : 15:00-17:30

Ambiance : Le restaurant dispose d'un comptoir où les clients peuvent regarder le chef préparer les plats devant eux.
Menu : Le restaurant propose un menu varié allant d'hors-d'œuvre à des sushis et desserts.
Caractéristiques : Présente un omakase haut de gamme réalisé par le chef d'un restaurant étoilé de Tokyo.
Recommandation : Les prix des menus du déjeuner et du dîner diffèrent, alors choisissez en fonction de vos préférences. Plusieurs chefs travaillent en même temps, chacun avec son propre style.
Remarque : Comptez entre 1 heure 30 minutes et 2 heures pour déguster tous les plats, donc prévoyez le temps nécessaire. Si vous n'avez pas l'habitude de l'omakase, il est conseillé d'en connaître le protocole. Les photographies sont autorisées avec une autorisation préalable, par courtoisie. Les réservations sont annulées en cas de retard de plus de 5 minutes, la ponctualité est donc essentielle.

Ambiance : Le restaurant présente un intérieur moderne aux tons blancs et propose des salles privées pour une expérience plus intime. L'agencement spacieux est idéal pour les rendez-vous galants et la propreté est remarquable.
Menu : Le restaurant propose une variété de plats japonais, notamment des plats principaux, des Kaisen-don, des sashimis et des bols de riz. Les portions sont généreuses.
Caractéristiques : La société exploite son propre centre de développement alimentaire pour maintenir la fraîcheur et le goût constant, en s'occupant de la préparation du poisson vivant et de l'élaboration des sauces. Les commandes sont passées à table via une tablette.
Recommandation : Pour les repas spéciaux de 10 plats, il est recommandé de réserver une salle ou une cabine pour une réunion de famille confortable, un dîner d'affaires ou un rendez-vous.
Remarque : Le restaurant collabore avec diverses sociétés d'alcool pour proposer des plats uniques de type « highball », qui valent la peine d'être essayés.

Produits populaires du menu

Lunch Counter Sushi Omakase 150 000
Dinner Counter Omakase 27 000

Produits populaires du menu

카이센동 Kaisen-don 22 000
사케 우니 이쿠라동 Sake Uni Ikura-don 28 000
우니 아보카도 오일 파스타 Uni Avocado Oil Pasta 35 000

Cours (toute la journée) 89 000

Hannam-dong / Itaewon
한남동 / 이태원

Une expérience gastronomique omakase qui harmonise la cuisine japonaise avec des influences coréennes

초승달
Cho Seung Dal

서울 용산구 회나무로26길 12
Yongsan-gu Hoenamu-ro 26-gil 12

Tel : 02-749-6444		**Fermé :**	Lu
Réservation par tél : O		**Ouv. :**	Ma-Di 12:00-21:30
À emporter : X		**Dern. cmd. :**	20:00
Réserv. Oblig. : O		**Tps pause :**	15:30-17:00

Ambiance : Il se caractérise par un intérieur épuré aux tons bruns. Malgré sa taille compacte, il peut accueillir efficacement grâce à des places au comptoir et des tables pour quatre personnes ou plus.
Menu : Profitez d'un plat omakase économique et d'une variété de boissons alcoolisées traditionnelles coréennes.
Caractéristiques : Combine la cuisine japonaise avec des influences coréennes, offrant le meilleur des deux mondes.
Recommandation : Les plats se marient bien avec les boissons coréennes traditionnelles. Il est également recommandé d'essayer le sandwich Katsu, qui est un plat supplémentaire du menu.
Remarque : Situé sur une colline, il est recommandé d'emprunter la route qui descend du Grand Hyatt. Le soir, il faut commander des boissons alcoolisées.

Produits populaires du menu

초승달 오마카세 Omakase 69 000
카츠산도 Katsu Sand 14 000

 Yeouido
여의도

Un restaurant omakase d'excellente qualité pour le prix

스시미소 국회의사당점
Sushi Miso
(succursale de National Assembly)

서울 영등포구 국회대로 750, 1층 114호
Yeongdeungpo-gu Gukhoe-daero 750, #114

Tel : 0507-1388-7734			
Réservation par tél : O		**Ouv. :**	T.J. 12:00-21:00
À emporter : X		**Dern. cmd. :**	X
Réserv. Oblig. : O		**Tps pause :**	Jour férié 13:30-17:00
			JDS 15:00-19:00

Ambiance : Situé au premier étage d'un immeuble, le restaurant dispose d'un petit comptoir en forme de U pouvant accueillir jusqu'à 14 personnes.
Menu : L'offre comprend des plats pour le déjeuner le week-end, des omakases pour le dîner et des omakases pour le déjeuner en semaine.
Caractéristiques : Le restaurant propose des plats de grande qualité avec un excellent rapport qualité-prix.
Recommandation : Les plats du déjeuner en semaine offrent un excellent rapport qualité-prix. Il y a de l'espace disponible pour ranger les objets personnels et les manteaux.
Remarque : Pour les personnes qui font la queue, les places sont attribuées en fonction de l'ordre d'arrivée, 5 minutes avant l'heure de réservation. Vous pouvez demander une place spécifique par téléphone. Les délais de réservation varient entre les jours de la semaine et les week-ends/vacances.

Produits populaires du menu

Lunch Omakase 50 000
Dinner Omakase 100 000

THAÏLANDAISE

À la fin du XXe siècle, l'émergence de la mondialisation a ouvert la voie à des échanges culturels plus importants et, en Corée, à l'accès à des cuisines internationales, dont la cuisine thaïlandaise. Avec ses saveurs vibrantes, ses épices aromatiques et ses ingrédients variés, la cuisine thaïlandaise a rapidement conquis le palais coréen. Les plats thaïlandais emblématiques tels que le pad thaï, le curry vert, le curry rouge, le Tom Yum Kung et le riz gluant à la mangue ont gagné en popularité grâce à leur mélange harmonieux de saveurs sucrées, acides, salées et épicées, ainsi qu'à l'utilisation d'ingrédients frais et d'herbes aromatiques. Aujourd'hui, la cuisine thaïlandaise est devenue un choix culinaire très apprécié en Corée, et les restaurants et autres établissements thaïlandais prolifèrent dans les villes et villages du pays.

VIETNAMIENNE

La cuisine vietnamienne a gagné en popularité en Corée, en partie grâce à l'émergence de communautés vietnamiennes dans le pays. De nombreux immigrants vietnamiens ont ouvert des restaurants pour mettre en valeur leurs traditions culinaires, en proposant des plats authentiques préparés à l'aide de méthodes et d'ingrédients traditionnels. Les Coréens ont été attirés par la fraîcheur, les herbes aromatiques et les saveurs audacieuses de la cuisine vietnamienne, en particulier des plats comme le pho (soupe de nouilles), les banh mi (sandwichs à la baguette), les rouleaux de printemps et le bun cha (porc grillé avec des nouilles). Ces plats ont permis aux Coréens de vivre une expérience gastronomique immersive célébrant le riche patrimoine culinaire du Vietnam.

Thaïlandaise

 Hannam-dong / Itaewon
한남동 / 이태원

Un restaurant certifié par le gouvernement thaïlandais

부다스벨리
Buddha's Belly

서울 용산구 녹사평대로40길 48
Yongsan-gu Noksapyeong-daero 40-gil 48
instagram.com/buddhasbelly_official

Tel : 1666-2753
Réservation par tél : O   Ouv. : T.J. 11:30-23:00
À emporter : X   Dern. cmd. : 22:00
Réserv. Oblig. : O   Tps pause : 15:00-16:30

Ambiance : Le restaurant dégage une atmosphère exotique qui rappelle celle d'un centre de villégiature haut de gamme d'Asie du Sud-Est, avec des plantes disséminées dans tout l'intérieur. La terrasse est dotée de fenêtres allant du sol au plafond, ce qui donne une impression d'ouverture.
Menu : Le restaurant propose principalement de la cuisine thaïlandaise, notamment des plats comme le pad thaï yam woonsen tale et le poo nim pad pong garee.
Caractéristiques : Une équipe de chefs thaïlandais recrée fidèlement les saveurs authentiques de la Thaïlande.
Recommandation : L'atmosphère unique est renforcée par la présence de peintures de Bouddha, de peintures murales thaïlandaises traditionnelles sur les panneaux du menu et de statues.
Remarque : En été, la terrasse peut attirer de nombreux insectes volants, ce qui peut perturber votre expérience gastronomique. Les prix sont plus élevés.

Produits populaires du menu

팟타이 Pad Thai 14 300
얌운센 딸레 Yam Woonsen 26 400
뿌 님 팟 퐁 커리 Poo Nim Pad Pong Karee 28 600

Repas fusion dans un lieu inspiré de l'ambassade de France au Vietnam

살라댕앰버시
Saladaeng Embassy

서울 용산구 회나무로35길 26
Yongsan-gu Hoenamu-ro 35-gil 26
instagram.com/saladaeng.series

Tel : 0507-1431-2218
Réservation par tél : O   Ouv. : T.J. 11:30-21:30
À emporter : X   Dern. cmd. : 20:30
Réserv. Oblig. : X   Tps pause : 15:00-17:00

Ambiance : Conçu pour évoquer l'ambassade de France au Vietnam, cet endroit dispose d'un beau jardin et d'une impressionnante piscine. L'atmosphère exotique en fait un lieu prisé par les amateurs de sorties et de photos.
Menu : Principalement des plats de fusion franco-asiatique, mélangeant la cuisine vietnamienne/thaïlandaise avec des éléments occidentaux.
Caractéristiques : Un mélange harmonieux de cultures orientales et occidentales, tant au niveau du lieu que de la nourriture.
Recommandation : Optez pour le menu fixe plutôt que pour les plats individuels. Nous vous recommandons vivement de goûter à la glace à la pastèque et au tangmo pan.
Remarque : Les réservations de places à l'extérieur peuvent être automatiquement annulées en fonction des conditions météorologiques.

Produits populaires du menu

아시아 2인 세트 Asia Set pour 2 Personnes 79 000
프렌치 2인 세트 Français Ensemble pour 2 personnes 89 000
앰버시 2인 세트 Embassy Set pour 2 Personnes 95 000
땡모반 Tangmo Pan 13 000

 **Seongsu-dong**
성수동

  Jamsil
잠실

Un lieu pour satisfaire votre nostalgie de la cuisine thaïlandaise authentique

Un restaurant thaïlandais dirigé par un chef cuisinier qui vit en Thaïlande depuis de nombreuses années

마하차이 성수본점
Maha Chai (succursale principale de Seongsu)

방콕언니
Bangkok Eonni

서울 성동구 뚝섬로 399, 2층
Seongdong-gu Ttukseom-ro 399, 2F
mahachai.modoo.at instagram.com/mahachai_thaifood

서울 송파구 송파대로48길 7
Songpa-gu Songpa-daero 48-gil 7
instagram.com/bangkokunni

Tel : 0507-1317-5678	
Réservation par tél : O	**Ouv. :** JDS 11:00-21:00
À emporter : O	WE/Jour férié 11:30-21:00
Réserv. Oblig. : X	**Dern. cmd. :** 15:30-17:00
	Tps pause : 20:20

Tel : 0507-1387-0566		**Fermé :** Lu
Réservation par tél : O		**Ouv. :** JDS 11:30-21:00
À emporter : O		WE/Jour férié 11:30-20:00
Réserv. Oblig. : X		**Dern. cmd. :** JDS 20:00
		WE 19:00
		Tps pause : 14:30-17:00

Ambiance : L'intérieur est de style industriel et **l'ambiance** est propre et ordonnée.
Menu : Offre une variété de plats thaïlandais tels que l'omelette pad thaï, le curry pu pad pong, la soupe de nouilles thaïlandaises et le tom yum goong, qui peuvent tous être dégustés avec des boissons alcoolisées.
Caractéristiques : La soupe de nouilles se distingue par son bouillon riche et ses nouilles moelleuses.
Recommandation : Le restaurant propose une variété de bières thaïlandaises telles que Singha, Tiger, Chang et Leo, qui se marient bien avec les plats.
Remarque : Attendez-vous à une attente à partir de 11 h 55 en semaine, et à une attente potentielle le week-end également.

Ambiance : Le charmant extérieur jaune attire l'attention comme s'il s'agissait d'un café, bien que l'intérieur ne comporte que peu de places assises. Il est situé dans une ruelle cachée.
Menu : Spécialisé dans la cuisine thaïlandaise avec une variété de plats, dont certains ne se trouvent pas dans les restaurants thaïlandais typiques de Corée.
Caractéristiques : La chef, qui a vécu en Thaïlande pendant plus de dix ans, s'efforce de recréer les saveurs authentiques dont elle est tombée amoureuse pendant son séjour dans ce pays.
Recommandation : Certains plats sont accompagnés de riz ou de nouilles, tandis que d'autres sont servis seuls. Faites attention aux détails du menu pour vous assurer que vous commandez la bonne portion.
Remarque : Le restaurant étant géré par un seul chef, les plats peuvent mettre plus de temps à arriver, alors prévoyez le nécessaire si vous avez un emploi du temps serré.

Produits populaires du menu

오믈렛 팟타이 Omelette Pad Thai 12 000
똠양꿍 & 면 Tom Yum Kung & Noodle (soupe de crevettes épicée et aigre) 12 000

Produits populaires du menu

얌운센 Yam Woon Sen 15 000
푸팟퐁커리 Poo Pad Pong Curry 17 000
카이룩커이 Kai Look Keuy (œufs frits) 9 000

Vietnamienne

 Apgujeong / Cheongdam / Garosu-gil
압구정 / 청담 / 가로수길

Un restaurant de pho avec un bouillon rafraîchissant préparé chaque jour

미아사이공
Mia Saigon

서울 강남구 도산대로30길 29
Gangnam-gu Dosan-daero 30-gil 29
instagram.com/mia_saigon_nhyun

Tel : 0507-1377-8793	**Fermé :** WE/Jour férié
Réservation par tél : X	Lu-Ve 11:30-22:00
À emporter : O	**Dern. cmd. :** 21:00
Réserv. Oblig. : X	**Tps pause :** 14:30-17:00

Ambiance : Situé dans un demi sous-sol avec un plafond bas, les chaises sont placées plus bas.
Menu : Offre une variété de plats vietnamiens, dont le pho, le pho bo, le bun cha et le com suon.
Caractéristiques : Le restaurant, ouvert à l'origine en 2009, a été rénové en juin 2021 et ne propose que les plats les plus populaires.
Recommandation : Il y a de nombreux accompagnements qui se marient bien avec le pho, alors n'oubliez pas de commander quelques menus d'accompagnement.
Remarque : Le bouillon de pho est préparé chaque jour et servi jusqu'à épuisement. Le restaurant peut donc fermer plus tôt si le bouillon est épuisé.

Produits populaires du menu

퍼보 Phở Bò 11 000
분짜 Bún Chả 14 000
고이꾸온 Gỏi Cuốn (rouleaux de printemps) 13 500

Un restaurant vietnamien à Apgujeong Rodeo connu pour son délicieux Bun Bo Xao

리틀사이공 압구정점
Little Saigon (Apgujeong Station)

서울 강남구 언주로 174길 26
Gangnam-gu Eonju-ro 174-gil 26
littlesaigon.co.kr

Tel : 02-547-9050	
Réservation par tél : X	**Ouv. :** T.J. 11:30-22:00
À emporter : O	**Dern. cmd. :** 21:00
Réserv. Oblig. : X	**Tps pause :** —

Ambiance : Le restaurant dispose d'une terrasse extérieure et d'un intérieur spacieux à la décoration propre et soignée, ce qui le rend adapté aux réunions de groupe.
Menu : Offre une variété de nouilles, de plats de riz et d'autres éléments du menu, idéal pour essayer une variété de plats.
Caractéristiques : Le bouillon combine sept herbes médicinales traditionnelles, offrant une saveur robuste mais rafraîchissante. Le goût tend vers une expérience vietnamienne authentique par rapport à d'autres restaurants vietnamiens.
Recommandation : Bien qu'il y ait de nombreux plats à choisir, il est recommandé d'essayer le Bun Bo Xao.
Remarque : En période d'affluence, il peut y avoir des retards dans le service.

Produits populaires du menu

퍼 보2 Phở Bò 2 (moyen) 13 500
짜죠 Chả Giò (rouleau d'œuf frit) 10 500
분보싸오 Bún Bò Xào (moyen) 14 900

Hannam-dong / Itaewon
한남동 / 이태원

 Jongno / Gwanghwamun / Insa-dong
종로 / 광화문 / 인사동

Un restaurant vietnamien traditionnel à l'atmosphère agréable

꾸잉
Kkuing

서울 용산구 이태원로 189
Yongsan-gu Itaewon-ro 189
instagram.com/quynh_official

Tel : 02-796-1244

Réservation par tél : O	Ouv. : T.J. 10:00-21:30
À emporter : O	Dern. cmd. : 21:30
Réserv. Oblig. : X	Tps pause : —

Ambiance : Le restaurant dispose d'un intérieur spacieux avec un thème vert et boisé qui capture de façon moderne l'essence du Vietnam. Il y a également des sièges en plein air sous des parasols.
Menu : Offre une variété de plats vietnamiens, dont le phở, le bún riêu et le bún chả.
Caractéristiques : Connu pour ses plats vietnamiens authentiques comme le nem lụi et le riz frit nam định. Le café vietnamien est particulièrement délicieux.
Recommandation : Si vous avez déjà goûté au phở vietnamien ailleurs, essayez le nem lụi et le riz frit nam định ici pour une nouvelle expérience.
Remarque : Ouvert 24 heures sur 24, c'est un endroit populaire pour un repas après une soirée arrosée. Les animaux de compagnie sont les bienvenus.

Produits populaires du menu

양지쌀국수 Yangji (poitrine de bœuf) Phở 11 000
분지우 Bún Riêu 11 000
남딩볶음밥 Nam Định Bokkeumbap (riz frit) 11 000

Un restaurant qui restitue le goût et l'atmosphère authentiques du Vietnam

냐항in안국
Nyahang in Anguk

서울 종로구 윤보선길 34-1
Jongno-gu Yunboseon-gil 34-1
instagram.com/nhahang_anguk

Tel : 0507-1334-6510

Réservation par tél : O	Ouv. : Lu-Ve 11:30-21:00
À emporter : O	WE 11:30-20:30
Réserv. Oblig. : X	Dern. cmd. : JDS 20:00
	WE 19:30
	Tps pause : JDS 14:00-17:00
	WE 15:30-16:30

Ambiance : Caché dans les ruelles d'Anguk-dong, le restaurant dispose d'un éclairage exotique qui évoque la sensation d'être au Vietnam. L'intérieur est confortable et accueillant, offrant une expérience culinaire immersive.
Menu : Spécialisé dans la cuisine vietnamienne, il propose des plats comme le pho, le riz frit aux crevettes et à l'ananas, et le banh xeo.
Caractéristiques : Profitez d'une **ambiance** vietnamienne exotique au cœur de la ville. Les commandes peuvent être passées facilement grâce à un kiosque, et les plats sont servis rapidement.
Recommandation : Essayez le banh xeo, disponible uniquement pendant les dîners en semaine et le week-end, et le sandwich banh mi, car la baguette de riz est fraîchement cuite tous les jours.
Remarque : Le menu du déjeuner est limité. Le goût du pho a été adapté aux papilles des Coréens.

Produits populaires du menu

불향 가득 쌀국수 Soupe de nouilles au bœuf 10 000
새우 파인애플 볶음밥 Riz frit aux crevettes et à l'ananas 10 000
반쎄오 Ban Xeo 23 000

8 Hongdae
홍대

Un authentique restaurant de soupe de nouilles thaïlandaise réputé pour son riche bouillon

소이연남
Soi Yeonnam

서울 마포구 동교로 267
Mapo-gu Donggyo-ro 267
instagram.com/soi_yeonnam

Tel : 0507-1355-5130

Réservation par tél : X	**Ouv. :** T.J. 11:00-21:20
À emporter : O	**Dern. cmd. :** 14:30/20:50
Réserv. Oblig. : X	**Tps pause :** 15:00-17:00

Ambiance : Réputé pour son intérieur au thème unique qui donne l'impression d'une escapade en Thaïlande, l'espace est confortable, avec plusieurs tables de 4 ou 2 personnes.
Menu : Offre une variété de plats, dont la soupe de nouilles au bœuf, la soupe de nouilles tom yum et des plats à base de soja.
Caractéristiques : Le restaurant se consacre à l'élaboration de soupes de nouilles thaïlandaises qui visent à surpasser les saveurs que l'on trouve en Thaïlande.
Recommandation : Le restaurant fournit des instructions sur la meilleure façon de déguster ses soupes de nouilles, que nous vous recommandons de suivre. Les rouleaux de printemps faits maison sont croustillants et moelleux, et nous vous recommandons vivement de les essayer.
Remarque : Les animaux domestiques ne sont admis à l'intérieur que s'ils sont dans une cage. Si l'entrée est fermée, cela signifie qu'il n'y a pas de place disponible pour le moment.

Produits populaires du menu

소고기쌀국수 Sogogi Ssalguksu (nouilles de riz au bœuf) 12 000
똠얌쌀국수 13 900 Tom Yum Ssalguksu (nouilles de riz)
소이뽀삐아 Soi Popia (rouleaux de printemps) 14 000

AMÉRICAINE

L'influence de la nourriture américaine en Corée provient de l'arrivée du personnel militaire américain après la guerre de Corée dans les années 1950. Les soldats ont introduit des plats américains classiques comme les hamburgers, les hot-dogs, le poulet frit et les sandwiches, qui se sont rapidement intégrés à la cuisine locale.

Les géants américains de la restauration rapide tels que McDonald's, KFC et Burger King ont renforcé cette influence en adaptant leurs menus pour y incorporer des saveurs coréennes. Au fil du temps, les adaptations coréennes des classiques américains, tels que les hamburgers bulgogi et le poulet frit à la coréenne, ont gagné en popularité, illustrant la fusion des traditions culinaires. Aujourd'hui, la cuisine américaine fait toujours partie intégrante de la scène culinaire coréenne, comme en témoigne la présence généralisée de restaurants et de chaînes de restauration rapide de style américain dans tout le pays.

ITALIENNE

La cuisine italienne a fait son apparition en Corée dans les années 1960, servant initialement les diplomates, les expatriés et l'élite. Toutefois, son véritable essor s'est produit à la fin du XXe siècle et au début du XXIe siècle, sous l'effet de la mondialisation, de la prospérité économique et de l'augmentation du tourisme. Aujourd'hui, la gastronomie italienne est florissante dans toute la Corée, avec des classiques comme la pizza, les pâtes, le risotto, la bruschetta et le tiramisu. Des trattorias douillettes aux restaurants haut de gamme, les restaurants italiens ornent les villes coréennes, offrant une délicieuse palette de saveurs.

En outre, les éléments culinaires italiens s'intègrent parfaitement à la cuisine coréenne, inspirant des plats de fusion innovants qui mélangent l'essence italienne aux ingrédients et techniques coréens. La série télévisée coréenne « Pasta » a joué un rôle essentiel dans la popularisation de la cuisine italienne, contribuant à sa reconnaissance et à son appréciation par le public coréen. Avec leur **ambiance** chaleureuse et leur atmosphère romantique, les restaurants italiens revêtent une grande importance culturelle en Corée, où ils sont souvent choisis comme lieux de prédilection pour les rendez-vous galants.

Américaine - Burger

Apgujeong / Cheongdam / Garosu-gil
압구정 / 청담 / 가로수길

Un lieu branché pour des burgers artisanaux et du champagne

제레미버거
Jeremy Burger

서울 강남구 언주로148길 14 1층 105호
Gangnam-gu Eonju-ro 148-gil 14, Building 'Ra', 1F #105
instagram.com/jeremydosan

Tel : 02-6404-0808		Fermé :	Di/Jour férié
Réservation par tél :	X	Ouv. :	JDS 11:00-20:30
À emporter :	O		Sa 12:00-16:00
Réserv. Oblig. :	X	Dern. cmd. :	JDS 14:30/20:00
			Sa 15:30
		Tps pause :	15:00-17:30

Ambiance : L'intérieur est entièrement blanc, ce qui crée une atmosphère propre et sophistiquée. L'espace peut accueillir environ 16 personnes.
Menu : Le menu comprend une variété de burgers artisanaux accompagnés de mini-bouteilles de champagne. Les commandes peuvent être passées au kiosque situé devant le comptoir.
Caractéristiques : Les burgers se distinguent par leurs steaks hachés fraîchement préparés.
Recommandation : Le Philly cheesesteak burger est fortement recommandé, surtout avec un supplément de fromage. Vous pouvez ajouter une boisson et une demi-portion de frites pour 6 000 KRW supplémentaires. Si vous êtes au régime, vous pouvez demander un wrap de laitue au lieu du pain.
Remarque : Le restaurant est petit, il peut donc y avoir de l'attente. Des plats à emporter sont également disponibles.

Produits populaires du menu

콘치즈버거 Corn Cheese Burger 9 400
제레미버거 Jeremy Burger 9 900
필리치즈스테이크 버거 Philly Cheese Steak Burger 13 000

② Seocho / Seorae Village
서초 / 서래마을

Un restaurant de burgers faits maison qui respire l'authenticité américaine

브루클린 더 버거조인트
Brooklyn The Burger Joint

서울 서초구 서래로2길 27
Seocho-gu Seorae-ro 2-gil 27

Tel : 02-533-7180			
Réservation par tél :	X	Ouv. :	T.J. 11:00-21:30
À emporter :	O	Dern. cmd. :	21:00
Réserv. Oblig. :	X	Tps pause :	—

Ambiance : On se croirait dans un restaurant de hamburgers américain typique, avec un intérieur spacieux capable d'accueillir de grands groupes. L'atmosphère est décontractée et animée.
Menu : Le restaurant propose une grande variété de produits, notamment des hamburgers, des frites, des accompagnements et des milkshakes. Des plats uniques comme les hamburgers à la viande d'agneau et les frites de patates douces ne sont pas couramment proposés ailleurs.
Caractéristiques : Découvrez des hamburgers faits maison dans une **ambiance** américaine et des plats uniques.
Recommandation : Essayez de tremper les frites dans les milkshakes. La salade de chou maison est particulièrement impressionnante.
Remarque : Vous pouvez choisir le degré de cuisson de votre hamburger ; par défaut, il sera à point.

Produits populaires du menu

브루클린 웍스 Brooklyn Works 12 500
램버거 Lamb Burger 14 300
코울슬로 Cole Slaw 7 500

Hannam-dong / Itaewon
한남동 / 이태원

Le mariage parfait des burgers artisanaux et de la bière pression

Un établissement spécialisé dans les hamburgers, connu pour son célèbre hamburger « Gut Buster »

더백테라스
The 100 (Baek) Terrace

자코비버거
Jacoby Burger

서울 용산구 한강대로40길 26, 3층
Yongsan-gu Hangang-daero 40-gil 26, 3F
instagram.com/the100fnb

서울 용산구 신흥로 38
Yongsan-gu Sinheng-ro 38

Tel : 0507-1392-3341	
Réservation par tél : O	Ouv. : T.J. 11:00-22:00
À emporter : O	Dern. cmd. : 21:00
Réserv. Oblig. : X	Tps pause : 15:30-17:00

Tel : 02-3785-0433	
Réservation par tél : X	Ouv. : T.J. 11:00 - 01:00
À emporter : O	Dern. cmd. : X
Réserv. Oblig. : X	Tps pause : —

Ambiance : L'intérieur est moderne et spacieux avec la lumière du soleil traversant les grandes fenêtres, ce qui donne l'impression d'être en voyage. Il y a une belle terrasse et un toit qui peuvent être utilisés les jours de beau temps.
Menu : Le restaurant propose des hamburgers artisanaux, des brunchs et divers accompagnements.
Caractéristiques : Les galettes, le jambon, le bacon et d'autres produits sont préparés sur place tous les jours.
Recommandation : Sauf les week-ends et les jours fériés, le restaurant propose des spécialités pour le déjeuner de 11h30 à 15h00, avec des menus fixes à prix réduit. Il est recommandé de remplacer les frites du menu par des frites de patate douce.
Remarque : Chaque table est équipée d'une tablette pour faciliter la commande, mais celle-ci n'est disponible que pour les tables intérieures.

Ambiance : L'intérieur est propre et spacieux, meublé de chaises et de tables de couleur noire. Il y a également deux tables sur une terrasse couverte.
Menu : En plus d'une variété de burgers artisanaux, le menu comprend des pâtes, des hot-dogs, des ailes de poulet et des salades.
Caractéristiques : Les galettes de hamburgers sont composées à 100 % de viande de paleron et de poitrine de bœuf, de légumes frais et de petits pains cuits au four tous les jours.
Recommandation : Personnalisez votre commande à votre guise, et si vous avez des demandes de garnitures spécifiques, indiquez-le au moment de la commande.
Remarque : Tous les hamburgers sont préparés à la commande, ce qui prend environ 20 minutes. Les ailes de poulet épicées sont très piquantes. Le célèbre Gut Buster Burger est prévu pour deux personnes et n'est pas disponible à emporter.

Produits populaires du menu

치즈 버거 Cheese 9 500
더백 버거 The 100 10 800
더블백 버거 Double 100 16 800

Produits populaires du menu

내장파괴버거 Gut Buster Burger (Pour 2 personnes) 29 900
자코비버거 Jacoby Burger 10 900
블루하와이안 베이컨 버거 Blue Hawaiian Bacon Burger 12 900

Seongsu-dong
성수동

 Hongdae
홍대

Un restaurant de burgers fait maison, célèbre pour ses burgers aux crevettes

Un lieu spécialisé dans les hamburgers faits maison, parfaits pour un repas satisfaisant

제스티살룬 성수
Zesty Saloon Seongsu

풀리너마이트 홍대
Fullinamite

서울 성동구 서울숲4길 13
Seongdong-gu Seoulsup 4-gil 13
instagram.com/zestysaloon

서울 마포구 홍익로 13-4
Mapo-gu Hongik-ro 13-4
instagram.com/fullinamite

Tel : 0507-1371-2622

Réservation par tél : X	Ouv. : T.J. 11:30-21:00
À emporter : O	Dern. cmd. : 20:00
Réserv. Oblig. : X	Tps pause : —

Tel : 0507-1497-9237

Réservation par tél : O	Ouv. : T.J. 11:00-21:00
À emporter : O	Dern. cmd. : 20:30
Réserv. Oblig. : X	Tps pause : —

Ambiance : Le restaurant est installé dans une maison rénovée sur deux étages. Le premier étage comporte un bar et des tables en plein air. Le deuxième étage est plus spacieux.
Menu : Le menu est simple et propose deux types de burgers, aux crevettes et au bœuf, avec différentes variantes. Vérifiez les options saisonnières du menu. Une large sélection de bières est également disponible.
Caractéristiques : Les hamburgers sont de style américain, mais ils incorporent des ingrédients uniques comme le wasabi, la truffe et l'ail.
Recommandation : Recommandé pour sa galette de crevettes juteuse et de grande qualité qui ajoute une texture délicieuse.
Remarque : Les commandes sont passées au premier étage à l'aide d'un système de cloche vibrante lorsque le burger est prêt. Les cornichons sont servis en libre-service au bar à condiments. Ajustez la quantité de wasabi dans le Wasabi Shrimp Burger selon vos préférences.

Ambiance : Une atmosphère chaleureuse qui ressemble à une maison indépendante avec une terrasse pour un pique-nique en plein air. L'intérieur moderne et élégant ressemble à un café, avec des places assises pour 2 à 8 personnes.
Menu : Avec une grande variété de burgers faits maison, il y a beaucoup de choix pour mélanger et assortir vos combinaisons de burgers.
Caractéristiques : Savourez des hamburgers maison de qualité supérieure qui surpassent les fast-foods, préparés avec des pains briochés de haute qualité et des ingrédients de premier ordre comme des morceaux entiers de galettes de bœuf.
Recommandation : Il est conseillé d'accompagner votre repas de divers accompagnements, de limonades ou de milk-shakes. Le burger de poulet fraîchement frit, chaud et croustillant, est particulièrement impressionnant.
Remarque : Il est possible de réserver via Naver, mais il faut un minimum de 5 personnes.

Produits populaires du menu

제스티 갈릭 버거 Zesty Garlic Burger 10 300
와사비 쉬림프 버거 Wasabi Shrimp Burger 11 300

Produits populaires du menu

러쉬 치즈 버거 Rush Cheese Burger 8 900
핫더블치킨 버거 Hot Double Chicken Burger 9 900
(Le piquant peut être réglé sur 3 niveaux)
에그갈릭 버거 Egg Garlic Burger 9 500

Pizza - à l'américaine

❶ Apgujeong / Cheongdam / Garosu-gil
압구정 / 청담 / 가로수길

Une pizzeria de style américain, vivante et branchée
클랩피자 청담
Clap Pizza Cheongdam

서울 강남구 압구정로46길 71
Gangnam-gu Apgujeong-ro 46-gil 71
clappizza.co.kr   instagram.com/clappizza

Tel : 0507-1427-2528
Réservation par tél : X	Ouv. : T.J. 11:30-21:30
À emporter : O	Dern. cmd. : 20:30
Réserv. Oblig. : X	Tps pause : —

Ambiance : L'extérieur est branché, complété par un design intérieur et extérieur de couleur orange. Le vaste espace comprend des tables et des bars près des fenêtres.
Menu : Le menu propose des pizzas populaires cuites au four ainsi que des plats de pâtes.
Caractéristiques : Contrairement aux fours à bande (circulation d'air) typiques, les pizzas sont ici cuites à l'aide d'un four à rails de style américain qui cuit du bas vers le haut.
Recommandation : Si vous n'arrivez pas à vous décider pour une seule spécialité, essayez la pizza moitié-moitié. La pizza est généralement un meilleur choix que les pâtes.
Remarque : Les portions peuvent être un peu chères. Le système impliquant de débarrasser soi-même la table est complexe et vous oblige à trier vous-même la vaisselle, les couverts, les produits recyclables et les déchets en général.

Produits populaires du menu

Half & Half (8 pièces) R 17 800 / L 24 800

---

❸ Hannam-dong / Itaewon
한남동 / 이태원

Une pizzeria où l'on peut déguster des pizzas à la mode de Détroit
모터시티 이태원점
Motor City (succursale d'Itaewon)

서울 용산구 이태원로 140-1, 2층
Yongsan-gu Itaewon-ro 140-1, 2F
instagram.com/motorcitykorea

Tel : 0507-1343-8916
Réservation par tél : O	Ouv. : T.J. 11:30-22:30
À emporter : O	Dern. cmd. : 21:55
Réserv. Oblig. : X	Tps pause : —

Ambiance : L'intérieur se caractérise par un ton noir foncé, rempli de souvenirs liés à la ville de Détroit, aux États-Unis. Il propose des tables de style bar et des tables carrées pour accueillir de grands groupes.
Menu : Spécialisé dans les pizzas carrées de style Détroit avec une variété de garnitures, ainsi que des plats comme les ailes de poulet et les pâtes.
Caractéristiques : Connue pour sa texture moelleuse sur une base sicilienne, c'est une expérience unique de la pizza.
Recommandation : En Corée, la pizza et la bière (« pimaek ») sont une combinaison célèbre, il est donc recommandé de les associer. La pizza Jackson 5 est plus proche du goût américain que la pizza Motown. Il est également conseillé d'essayer l'option moitié-moitié pour goûter deux pizzas différentes.
Remarque : Les animaux domestiques sont autorisés. Les pizzas sont préférées aux pâtes.

Produits populaires du menu

Half & Half 23 900
JACKSON 5 26 900
MOTOWN SUPREME 26 900

Italienne

 Apgujeong / Cheongdam / Garosu-gil
압구정 / 청담 / 가로수길

Un restaurant et un café qui offrent une expérience paisible de la forêt

포레스트 청담
Forest Cheongdam

서울 강남구 선릉로 803 1, 2, 3층
Gangnam-gu Seolleung-ro 803, 1F, 2F, 3F
instagram.com/forestcheongdam_official

Tel : 0507-1350-8998

Réservation par tél : O	Ouv. : T.J. 11:30-23:00
À emporter : O	Dern. cmd. : 22:00
Réserv. Oblig. : X	Tps pause : —

Ambiance : Le lieu comprend trois niveaux distincts : le premier étage est une forêt naturelle, le deuxième étage est une galerie luxueuse et unique, et le troisième étage est une salle VIP privée. Des places en terrasse sont également disponibles.
Menu : Offre un large éventail d'options, des produits de base des cafés comme le jus de pastèque, le bingsu, le café et les gâteaux aux repas complets comme le risotto, les pâtes et le steak de magret de canard.
Fonctionnalités : Vous pouvez commander des repas, des articles de café et du vin à tout moment de la journée.
Recommandation : Le menu du midi, qui comprend une soupe, une salade, des pâtes, du pain de campagne et une boisson, est fortement recommandé pour son rapport qualité-prix.
Remarque : Des concerts de jazz sont organisés tous les vendredis soirs. Les animaux domestiques sont admis sur réservation (uniquement au premier étage). Si vous achetez une bouteille de vin sur place, le droit de bouchon est supprimé. L'absence de pause permet des visites flexibles.

Produits populaires du menu

포레스트 부르스케타 Forest Bruschetta 19 000
누들 로제 떡볶이 Noodle Rose Tteokbokki 29 000
콤비네이션 피자 Combination Pizza 29 000
망고 빙수 Mango Bingsu 48 000
런치 세트 메뉴 Lunch Set Menu (11:30-16:00) 52 000 - 65 000

Un restaurant italien qui harmonise les influences orientales et occidentales

페어링룸
Pairing Room

서울 강남구 도산대로81길 14
Gangnam-gu Dosan-daero 81-gil 14
instagram.com/tasting_melting_pairing

Tel : 010-3100-8861

Réservation par tél : O	Ouv. : JDS 11:00-22:30
À emporter : O	WE/Jour férié 11:00-23:00
Réserv. Oblig. : O	Dern. cmd. : 21:30
	Tps pause : —

Ambiance : Installé dans un magnifique bâtiment de style européen à deux étages, ce restaurant dispose d'une terrasse rafraîchissante et d'une décoration intérieure unique, ce qui crée une atmosphère animée. Il est particulièrement apprécié pour les rendez-vous galants.
Menu : Le menu est principalement italien, mais incorpore des saveurs coréennes pour créer des plats uniques.
Caractéristiques : Le restaurant propose des combinaisons de plats et de vins, ainsi que des desserts et du thé. Le personnel est aimable et donne des conseils. Le menu peut être consulté sur une tablette avec des photos des plats.
Recommandation : Les pâtes meju au poivre de cou de porc et le risotto de riz à l'ormeau sont des plats phares.
Remarque : L'espace entre les tables est étroit. En période d'affluence, il se peut que des limites de temps soient imposées.

Produits populaires du menu

발사믹 관자와 감자 퓨레 Coquille Saint-Jacques balsamique et purée 36 000
항정살 페퍼 메주 파스타 Hangjeongsal (cou de porc) poivre Meju (pâte de soja fermentée) Pâtes 29 000
전복 솥밥 리조또 Jeonbok Sotbap (riz à l'ormeau) Risotto 29.000

Apgujeong / Cheongdam / Garosu-gil
압구정 / 청담 / 가로수길

 Seocho / Seorae Village
서초 / 서래마을

Un restaurant italien réputé pour ses pâtes à l'oursin

볼피노
Volpino

Un restaurant italien avec vue sur la rivière Hangang

이솔라 레스토랑
Isola Restaurant

서울 강남구 도산대로45길 10-7
Gangnam-gu Dosan-daero 45-gil 10-7
instagram.com/cucciologroup

서울 서초구 올림픽대로 2085-14
Seocho-gu Olympic-daero 2085-14
somesevit.co.kr/kr/business/gavit/isola.do

Tel : 010-2249-1571
Réservation par tél : O
À emporter : O
Réserv. Oblig. : X
Ouv. : T.J. 12:00-22:30
Dern. cmd. : 20:50
Tps pause : 15:00-18:00

Tel : 02-533-0077
Réservation par tél : O
À emporter : O
Réserv. Oblig. : X
Ouv. : T.J. 11:30-21:30
Dern. cmd. : 14:00 / 20:30
Tps pause : 15:00-17:00

Ambiance : L'intérieur combine des éléments européens classiques et modernes, créant ainsi une atmosphère élégante. Il propose des cabines et des tables, mais celles-ci sont très rapprochées les unes des autres. L'éclairage est doux, ni trop lumineux ni trop faible.
Menu : Le restaurant propose une grande variété de plats, notamment des entrées, des pâtes et des desserts, ce qui permet de varier les plaisirs de la table.
Caractéristiques : Le restaurant met l'accent sur une cuisine italienne authentique, les pâtes étant l'attraction principale. L'utilisation de pâtes fraîches améliore la texture et la qualité générale.
Recommandation : Les pâtes à l'oursin (pâtes à l'uni) et les pâtes au ragoût sont particulièrement appréciées.
Remarque : Les plats ont tendance à être salés. Il est recommandé de préférer les pâtes au steak.

Ambiance : Situé sur Sebitseom, un endroit réputé pour ses vues nocturnes sur Séoul. Le restaurant dispose d'un intérieur spacieux et luxueux. Les clients peuvent apprécier leurs repas avec une vue sur la rivière Han à travers de grandes fenêtres, le tout dans une **ambiance** chaleureuse.
Menu : L'offre comprend des plats italiens traditionnels tels que des pâtes, des pizzas et des steaks, disponibles sous forme de menus fixes ou de plats à la carte.
Caractéristiques : Pendant la journée, les clients peuvent profiter d'un moment de détente avec vue sur le fleuve Han, tandis que le soir, ils peuvent admirer le coucher du soleil et le paysage nocturne.
Recommandation : Le plat du midi (pâtes ou steak) est fortement recommandé.
Remarque : Le restaurant est un peu éloigné du parking et de la station de métro, et il faut au moins 5 minutes pour s'y rendre à pied.

Produits populaires du menu

트러플 아란치니 Truffled Arancini (6) 19 000
탈리아탈레 라구 볼로네제 Tagliatelle al Ragu Bolognese 29 000
우니파스타 Uni Pasta 34 000

Produits populaires du menu

Pizza Margherita 25 000
Spaghetti Alle Vongole 27 000
Lasagne aux aubergines rôties 29 000

Déjeuner Cours de pâtes/steak 33 000/45 000
Dîner de pâtes (JDS uniquement) 46 000
Isola Spécial/Premium Cours 77 000/150 000

Hannam-dong / Itaewon
한남동 / 이태원

Un restaurant italien authentique reconnu par le gouvernement italien

일키아소
Il Chiasso

서울 용산구 녹사평대로40길 55-7
Yongsan-gu Noksapyeong-daero 40-gil 55-7
instagram.com/ilchiasso.seoul

Tel :	0507-1465-5648	Fermé :	Lu
Réservation par tél :	O	Ouv. :	Ma-Di 18:00-22:00
À emporter :	X	Dern. cmd. :	X
Réserv. Oblig. :	X	Tps pause :	—

Ambiance : Situé dans une ruelle à flanc de colline à Noksapyeong, il se caractérise par un intérieur aux tons jaunes qui rappelle un petit restaurant italien importé à Séoul. La présence d'un personnel italien ajoute à l'authenticité de l'atmosphère.
Menu : Offre une variété d'articles comprenant des entrées, des pâtes, des plats principaux, des desserts et des boissons.
Caractéristiques : Fier d'être certifié « Ospitalità Italiana » par le gouvernement italien. Connu pour ses pâtes fraîches et ses gnocchis à l'italienne.
Recommandation : Les portions de pâtes sont généreuses. Prenez plaisir à racler le risotto aux truffes de Parmigiano sur une grande meule de fromage. Le steak d'aloyau est préparé dans le style florentin traditionnel avec du charbon de bois et du bois de chêne.
Remarque : Pssibilité de vente à emporter (commandes par téléphone recommandées). L'entrée n'est pas autorisée pour les personnes de moins de 13 ans.

Produits populaires du menu

파르미자노 치즈 트러플 리조또 Risotto al Tartufo Sulla Forma di Parmiggiano 30 000
로마식 엔쵸비 스파게티 Spaghetti alla Carretiera 26 000
티본스테이크 Bistecca alla Fiorentina 96 000 (600g)

Un authentique restaurant italien à Namsan depuis 1990

라쿠치나
La Cucina

서울 용산구 회나무로44길 10
Yongsan-gu Hoenamu-ro 44-gil 10
la-cucina.co.kr

Tel :	02-794-6006	Fermé :	Di
Réservation par tél :	O	Ouv. :	Lu-Sa 12:00-21:30
À emporter :	X	Dern. cmd. :	19:30
Réserv. Oblig. :	O	Tps pause :	15:00-17:00

Ambiance : L'ensemble du bâtiment est utilisé, le premier étage servant de hall d'entrée et le deuxième étage offrant des pièces privées. L'intérieur spacieux permet de profiter de la vue sur l'extérieur. L'espace est élégant et bien organisé, propice aux conversations tranquilles.
Menu : L'expérience gastronomique consiste en des repas complets, avec différents menus proposés dans les chambres et dans le hall.
Caractéristiques : Le restaurant sert depuis de nombreuses années une cuisine italienne authentique utilisant les meilleurs ingrédients.
Recommandation : Les côtelettes d'agneau sont fortement recommandées. Visitez le restaurant au moment du coucher du soleil pour profiter de la vue magnifique.
Remarque : Il y a très peu d'options pour les menus enfants.

Produits populaires du menu

LEGACY COURS (Dinner) 180 000
LUNCH COURS (Hall/Room) 50 000/85 000

Jongno / Gwanghwamun / Insa-dong
종로 / 광화문 / 인사동

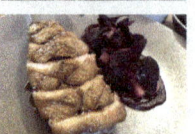

Un restaurant contemporain américano-italien

마이클바이해비치
Michael By Haevichi

서울 종로구 우정국로 26 센트로폴리스 B동 2층
Jongno-gu Ujeongguk-ro 26, Centropolis, Building B, 2F
michaelsbyhaevichi.com   instagram.com/haevichidining

Tel : 02-722-4300

Réservation par tél : O	**Ouv. :** JDS 11:00-22:00
À emporter : O	Sa 10:00-22:00
Réserv. Oblig. : X	Di/Jour férié 10:00-21:00
	Dern. cmd. : JDS/Sa 21:00
	Di/Jour férié 20:00
	Tps pause : 15:00-17:00

Ambiance : Le restaurant présente un intérieur américain moderne avec de hauts plafonds et un mélange harmonieux de bois luxueux, de marbre et de touches dorées. Il dispose également de salles privées spacieuses, ce qui le rend idéal pour les réunions d'affaires.
Menu : Le menu propose une variété de plats à la carte et de plats fixes. Il y a des options de petites assiettes et de grandes assiettes.
Caractéristiques : S'appuyant sur l'expertise culinaire développée dans le cadre de l'exploitation d'un hôtel de luxe, le restaurant présente une gamme variée de plats conceptuels.
Recommandation : Plutôt que d'opter pour un plat fixe, essayez plusieurs plats à la carte. Les petites assiettes se marient bien avec le vin. Le poulpe et les pommes de terre sont à goûter absolument.
Remarque : En semaine, le restaurant est très fréquenté par les hommes d'affaires.

Produits populaires du menu

마이클 시그니쳐 버거 Michael's Signature Burger 23 000
잠발라야 Jambalaya 24 000
루이지애나 슈림프 Lousiana Shrimp 28 000

Lunch Cours 75 000
Dinner Cours 105 000

Une expérience unique de dégustation de pâtes dans un magnifique restaurant hanok

스미스가좋아하는한옥
The Hanok Which Smith Likes

서울 종로구 삼청로 22-7
Jongno-gu Samcheong-ro 22-7
instagram.com/smith_hanok

Tel : 02-722-7003

Réservation par tél : O	**Ouv. :** Lu-Sa : 11:30-21:00
À emporter : O	Di/Jour férié 11:30-20:30
Réserv. Oblig. : X	**Dern. cmd. :** X
	Tps pause : Lu-Sa 15:00-17:00
	Jour férié 15:00-16:30

Ambiance : Ce restaurant, rénové à partir d'un hanok, dispose d'une charmante grande cour et propose un mélange unique d'influences coréennes et occidentales.
Menu : Le menu comprend une variété de plats tels que la pizza au four à briques, des pâtes, du risotto et des desserts.
Caractéristiques : Le restaurant propose des repas avec plusieurs plats, et le lieu se prête à l'organisation d'événements et de petits mariages.
Recommandation : Le restaurant offre une **ambiance** particulièrement belle et confortable au coucher du soleil et pendant la nuit. Il est idéalement situé à proximité du Musée national d'art moderne et contemporain.
Remarque : Les réservations peuvent être effectuées par l'intermédiaire de Catchtable. Il est conseillé de vérifier leurs dates d'ouverture sur Instagram avant de s'y rendre. Veuillez noter que la préparation des plats prend du temps et que les pâtes ont tendance à être salées. La pizza au four à briques est fortement recommandée.

Produits populaires du menu

Vongole pasta 26 000
Nero di seppia risotto 28 000
Salami pizza 27 000

 **Hongdae**
홍대

Un restaurant italien proposant des plats à prix raisonnables
오스테리아 리오
Osteria Leo

서울 마포구 어울마당로5길 50, 2층
Mapo-gu Eoulmadang-ro 5-gil 50, 2F
instagram.com/osterialeo_seoul

Tel : 0507-1336-2754
Réservation par tél : O **Ouv. :** T.J. 12:00-22:00
À emporter : X **Dern. cmd. :** 14:00 / 20:30
Réserv. Oblig. : O **Tps pause :** 15:00-17:30

Ambiance : Situé au deuxième étage d'un immeuble dans une ruelle tranquille, il offre une atmosphère chaleureuse pour déguster des plats. L'espace n'est pas très grand, mais le large espace entre les tables et les grandes fenêtres le rendent agréable. Il y a également une table au bar.
Menu : Pâtes fraîches, pizzas et autres plats italiens authentiques.
Caractéristiques : Met en valeur les saveurs naturelles des ingrédients et propose à la fois des plats à la carte et des plats à l'assiette.
Recommandation : Si vous commandez un menu à la carte, il est recommandé d'ajouter les arancini. Outre les pâtes, le plat de magret de canard est excellent.
Remarque : Le restaurant étant dirigé par un seul chef, le service peut prendre un certain temps.

Produits populaires du menu

Arancini 15 000
Vongole 23 000
Gnocchi 26 000

Degustation A 50 000
Degustation B 80 000

Pizza - à l'italienne

 Hannam-dong / Itaewon
한남동 / 이태원

La première génération de restaurants spécialisés dans la pizza napolitaine en Corée
부자피자
Buzza Pizza

서울 용산구 이태원로55가길 28
Yongsan-gu Itaewon-ro 55ga-gil 28

Tel : 02-794-9474 **Fermé :** Lu
Réservation par tél : X **Ouv. :** Ma-Di 11:30-21:20
À emporter : O **Dern. cmd. :** 20:50
Réserv. Oblig. : X **Tps pause :** —

Ambiance : L'intérieur n'est pas très grand, avec des tables de quatre personnes disposées en rangs serrés.
Menu : Pizza authentique de style napolitain et plats d'accompagnement.
Caractéristiques : Le grand four à bois confère à la pâte une saveur et un arôme merveilleux.
Recommandation : Essayez les accompagnements frits, qui offrent une texture délicieuse et un goût savoureux rappelant l'Italie.
Remarque : Le restaurant connaît souvent de longues attentes et un faible taux de rotation. Pour éviter les foules, allez-y en dehors des heures de pointe du déjeuner et du dîner. Les commandes à emporter ne nécessitent pas d'attente.

Produits populaires du menu

Marinara 10 700
Margherita 15 900
Buzza Classica Pizza 24 000

⑧ Hongdae 홍대

Une pizzeria réputée pour ses pizzas au four à bois

스파카나폴리
Spacca Napoli

서울 마포구 양화로6길 28, 2층
Mapo-gu Yanghwa-ro 6-gil 28, 2F
instagram.com/spaccanapoliseoul

Tel : 02-326-2323	
Réservation par tél : X	**Ouv. :** T.J. 11:30-21:30
À emporter : O	**Dern. cmd. :** 20:30
Réserv. Oblig. : X	**Tps pause :** 15:00-17:00

Ambiance : Situé au deuxième étage, ce petit espace est orné de souvenirs de films italiens et de football, créant ainsi une **ambiance** italienne authentique. La cuisine est équipée d'un four à bois, ce qui permet aux clients d'assister à la fabrication des pizzas. Bien que l'espace ne soit pas très grand, une fenêtre pleine longueur le long d'un mur donne une impression d'ouverture rafraîchissante.
Menu : En plus d'une variété de pizzas cuites au feu de bois, le menu comprend des pâtes, des salades, etc.
Caractéristiques : Cette pizzeria propose d'authentiques pizzas cuites au feu de bois, préparées par un maître pizzaïolo napolitain primé, ce qui attire de nombreux visiteurs internationaux.
Recommandation : Les pizzas sont servies en six tranches. Visitez l'établissement pendant la saison des cerisiers en fleurs pour profiter de la vue à travers la fenêtre. Des plats à emporter sont disponibles et vous pouvez commander immédiatement à votre arrivée, sans attendre.
Remarque : En raison de sa petite taille, le restaurant ne prend pas de réservations, mais vous pouvez vous inscrire sur une liste d'attente à votre arrivée. Malgré les longues attentes, de nombreux clients quittent l'établissement avant d'être assis, de sorte que les occasions peuvent se présenter plus tôt que prévu. Le temps de repas est limité à une heure et demie au maximum.

Produits populaires du menu

마르게리타 부팔라 Margherita Bufala: 26 500
아메리카나 Americana: 28 000
파리지앵 Parisienne: 29 500

⑩ Jamsil 잠실

Une pizzeria servant d'authentiques pizzas napolitaines et de la cuisine italienne

피제리아라고
Pizzeria Lago

서울 송파구 백제고분로41길 39 103호
Songpa-gu Baekjegobun-ro 41-gil 39, #103
instagram.com/pizzeria_lago

Tel : 0507-1434-8588	
Réservation par tél : X	**Ouv. :** T.J. 11:30-21:30
À emporter : O	**Dern. cmd. :** X
Réserv. Oblig. : X	**Tps pause :** 15:00-17:00

Ambiance : Situé près du lac Seokchon, le restaurant offre une atmosphère chaleureuse avec un éclairage légèrement tamisé. L'impressionnant plafond orné de plantes ajoute à son charme.
Menu : Spécialisé dans les pizzas, le menu propose une variété de pizzas, dont la Margherita, la Prosciutto e Rucola et bien d'autres encore.
Caractéristiques : Découvrez l'authenticité des pizzas napolitaines et des plats italiens primés.
Recommandation : Le menu se marie bien avec le vin, alors pensez à les déguster ensemble.
Remarque : Il y a souvent une liste d'attente. Les tables se libèrent en fonction du nombre de clients qui attendent, et non en fonction de l'ordre d'arrivée ; ne soyez donc pas surpris si un autre groupe est assis en premier. Il est recommandé d'opter pour une pizza autre que la Bismarck.

Produits populaires du menu

더블 엑스트라 마르게리따 Double Extra Margherita 21 000
콰트로 포르마지 Quattro Formaggi 23 800

MEXICAINE

La cuisine mexicaine a d'abord trouvé sa place parmi les expatriés et les voyageurs en Corée, mais elle a peu à peu captivé les Coréens avec ses saveurs audacieuses et ses ingrédients éclatants. Les tacos, burritos, quesadillas et nachos ont rapidement gagné en popularité, offrant une délicieuse fusion de viandes savoureuses, de salsas épicées, de guacamole crémeux et de fromage acidulé. Dans les zones urbaines, les restaurants mexicains et les « food trucks » ont proliféré, servant à la fois des plats mexicains authentiques et des plats fusion inventifs d'inspiration coréenne.

Aujourd'hui, la cuisine mexicaine est largement appréciée en Corée, et son attrait ne cesse de croître à mesure que les Coréens adoptent les saveurs diverses et dynamiques de la cuisine internationale. En outre, l'influence des Coréens qui ont vécu et étudié aux États-Unis et qui ont découvert des plats mexicains américanisés tels que les burrito bowls de Chipotle a joué un rôle important dans l'initiation des palais coréens à la richesse des traditions culinaires mexicaines.

FRANÇAISE

D'abord éclipsée par des options plus populaires comme la cuisine italienne, la cuisine française en Corée gagne peu à peu du terrain. Les chefs coréens, qui ont étudié les arts culinaires à l'étranger, ont fait découvrir la cuisine française aux Coréens, contribuant ainsi à sa popularité croissante. Bien qu'elle soit encore moins populaire que la cuisine italienne, la cuisine française est de plus en plus reconnue et appréciée en Corée. Les établissements coréens de haute gastronomie s'inspirent notamment de la haute cuisine française et intègrent des éléments des traditions culinaires françaises dans leurs menus.

However, it's French pastry that truly stands out in Korean culinary culture. While dishes like coq au vin and beef bourguignon are finding their way onto Korean tables, French pastries such as croissants, macarons, éclairs, and tarts have long been adored by Korean diners. The meticulous craftsmanship and exquisite flavors of French pastries have captivated the Korean palate, making them a fixture in bakeries, cafes, and dessert shops nationwide.

Mexicaine - authentique

 Hannam-dong / Itaewon
한남동 / 이태원

Authentique restaurant mexicain proposant des recettes traditionnelles

라 크루다
La Cruda

서울 용산구 이태원로42길 36, 2층
Yongsan-gu Itaewon-ro 42-gil 36, 2F
instagram.com/lacruda_corea   lacruda.modoo.at

Tel : 0507-1350-6445

Réservation par tél : X	Ouv. : JDS 11:30-21:00
À emporter : X	WE/Jour férié 13:00-20:30
Réserv. Oblig. : X	Dern. cmd. : JDS 20:30
	WE
	Jour férié 20:00
	Tps pause : 15:00-17:00

Ambiance : Caché entre les bâtiments, il peut être difficile à trouver. Il faut monter un escalier blanc pour atteindre le deuxième étage. L'intérieur est simple et modeste, mais décoré de couleurs vives. C'est un espace très décontracté avec une dizaine de tables.
Menu : Offre une variété de plats que l'on peut trouver au Mexique. Les commandes sont passées à l'aide d'une tablette à la table.
Caractéristiques : Le restaurant est tenu par un chef propriétaire diplômé d'une école culinaire mexicaine. Les tortillas sont faites à partir de maïs mexicain et toutes les sauces sont faites maison.
Recommandation : Il y a un bar en libre-service où vous pouvez vous procurer la sauce salsa maison.
Remarque : Le week-end, il n'y a pas de pause. Si vous êtes habitué au style Tex-Mex, les saveurs peuvent vous sembler un peu fades.

Un restaurant festif coréo-mexicain apprécié des locaux et des étrangers

바토스 이태원점
Vatos (succursale d'Itaewon)

서울 용산구 이태원로15길 1, 2층
Yongsan-gu Itaewon-ro 15-gil 1, 2F
vatoskorea.com   instagram.com/vatoskorea

Tel : 02-797-8226

Réservation par tél : O	Ouv. : T.J. 11:30-22:00
À emporter : O	Dern. cmd. : 14:30,21:30
Réserv. Oblig. : X	Tps pause : 15:00-17:00

Ambiance : L'intérieur dégage une **ambiance** de pub exotique avec des tons noirs et bruns. L'espace intérieur est sombre, mais la terrasse extérieure est lumineuse et décontractée.
Menu : Propose des plats tex-mex, des plats fusion ainsi que divers cocktails.
Caractéristiques : Introduit un nouveau concept de cuisine fusion coréenne-mexicaine qui incorpore des saveurs coréennes.
Recommandation : Nous vous recommandons vivement le plat signature, les frites de carnitas au kimchi et le taco au galbi. Le « Batos Rita », une margarita contenant une bouteille de bière, est également un plat emblématique du menu.
Remarque : Ouvert en continu sans pause les week-ends et les jours fériés. Situé en légère montée. Comme il s'agit avant tout d'un bar, les soirées peuvent être marquées par la présence de nombreux clients ivres, ce qui peut ne pas convenir aux personnes accompagnées d'enfants.

Produits populaires du menu

Chimichanga 18 000
Nacho 15 000
Quesadilla 13 000

Produits populaires du menu

Kimchi Carnitas Fries 15 900
Galbi Taco 16 900

⑤ **Jongno / Gwanghwamun / Insa-dong**
종로 / 광화문 / 인사동

Mexicaine - Tex-Mex

② **Seocho / Seorae Village**
서초 / 서래마을

Un lieu où l'on peut déguster une authentique cuisine mexicaine dans un cadre hanok

엘까르니따스 익선점
El Carnitas (succursale d'Ikseon)

서울 종로구 수표로28길 17-13
Jongno-gu Supyo-ro 28-gil 17-13
instagram.com/elcarnitas_ikseon

Tel : 0507-1434-8229

Réservation par tél : O	Ouv. : T.J. 11:30-22:00
À emporter : O	Dern. cmd. : 21:00
Réserv. Oblig. : X	Tps pause : —

Ambiance : Situé dans un bâtiment traditionnel hanok à Ikseon-dong, l'intérieur est imprégné d'une **ambiance** mexicaine.
Menu : Vous pouvez déguster une variété de plats mexicains tels que des tacos, des plateaux et des burritos.
Caractéristiques : Se concentre sur la nourriture mexicaine authentique, offrant une opportunité de découvrir les saveurs mexicaines en Corée.
Recommandation : Le restaurant propose des menus fixes bien conçus et d'un bon rapport qualité-prix, ce qui en fait un choix recommandé pour les grands groupes. La double quesadilla est connue pour sa garniture généreuse. Le Shrimp Taco contient des crevettes frites.
Remarque : Le restaurant fonctionne selon un système d'appel plutôt que de liste d'attente par téléphone, il est donc important de ne pas laisser son siège sans surveillance.

Un restaurant mexicain traditionnel qui vous donne l'impression de manger dans une maison mexicaine

슈가스컬 센트럴시티점
Sugar Skull
(succursale de Central City)

서울 서초구 사평대로 205 파미에스테이션 103호-1호
Seocho-gu Sapyeong-daero 205, Famille Station 103-1
instagram.com/sugarskull0_0

Tel : 0507-1382-8677

Réservation par tél : O	Ouv. : T.J. 11:00-22:00
À emporter : O	Dern. cmd. : 21:00
Réserv. Oblig. : X	Tps pause : —

Ambiance : L'espace est conçu pour ressembler aux rues et aux maisons mexicaines, avec un décor coloré et fantaisiste. Bien que les tables soient très rapprochées, l'environnement reste confortable.
Menu : Un large éventail de plats mexicains traditionnels tels que les tacos, les burritos et les fajitas.
Caractéristiques : Offre une variété de plats sud-américains, ce qui vous permet de découvrir un large éventail de saveurs.
Recommandation : Le plateau de tacos est recommandé, car il vous permet de goûter à quatre types de tacos, avec deux morceaux chacun. Les tortillas peuvent être remplies gratuitement sur demande.
Remarque : Les commandes à emporter bénéficient d'une réduction de 10 %.

Produits populaires du menu

까르니따스 따꼬 Carnitas Taco 9 900
까르니따스 부리또 Carnitas Burrito 11 900
더블 퀘사디야 Double Quesadilla 18 900

Produits populaires du menu

타코 플래터 Taco Platter 43 000
바바코아 퀘사디야 Barbacoa Quesadilla 21 500

Hannam-dong / Itaewon
한남동 / 이태원

 Hongdae
홍대

Le premier restaurant mexicain de Corée

코레아노스키친
Coreanos Kitchen

서울 용산구 녹사평대로40길 46
Yongsan-gu Noksapyeong-daero 40-gil 46
instagram.com/coreaskitchen

Un restaurant mexicain moderne de style new-yorkais niché au cœur de la ville

익스첼
Ixchel

서울 마포구 토정로 33-1
Mapo-gu Tojeong-ro 33-1
instagram.com/ixchel.seoul

Tel : 02-795-4427
Réservation par tél : O
À emporter : O
Réserv. Oblig. : X
Ouv. : T.J. 12:00-22:00
Dern. cmd. : 21:20
Tps pause : —

Tel : 0507-1352-1358
Réservation par tél : O
À emporter : X
Réserv. Oblig. : X
Fermé : Lu
Ouv. : Ma-Di 11:00-21:00
Dern. cmd. : 14:00 / 20:00
Tps pause : 15:00-17:00

Ambiance : L'établissement est décoré dans un esprit mexicain et dispose d'une charmante terrasse ornée de parasols ouverts.
Menu : À part les tacos, le menu offre une variété de plats, avec un code QR fourni pour faciliter la référence aux photos du menu lors de la sélection.
Caractéristiques : Ce restaurant introduit le style Tex-Mex en Corée, en mélangeant les ingrédients coréens avec la cuisine mexicaine pour offrir des plats fusion.
Recommandation : Vous pouvez personnaliser les plats en ajoutant ou en supprimant des ingrédients, alors n'hésitez pas à parler de vos préférences lorsque vous commandez. La terrasse est particulièrement romantique au coucher du soleil.
Remarque : Les places en terrasse sont limitées à deux heures maximum les vendredis, samedis et dimanches. Le restaurant est idéalement situé à proximité de la station Noksapyeong, ce qui le rend facilement accessible en métro.

Ambiance : Inspiré par les grottes de calcaire situées au cœur de la jungle mexicaine, l'intérieur donne l'impression d'une destination de voyage. Les tables spacieuses permettent de manger confortablement.
Menu : Laissez-vous tenter par des plats comme les Tacos Birria, préparés à partir de jarret de bœuf cuit lentement pendant plus de 6 heures, ou les Carnitas, préparés à partir de poitrine de porc cuite sous vide pendant plus de 8 heures.
Caractéristiques : Réinterprétation moderne de la cuisine mexicaine par un chef deux étoiles Michelin. Tout est fait à la main, des sauces aux tortillas, pour une expérience culinaire saine et savoureuse, sans trop d'épices.
Recommandation : Ne ratez pas leur guacamole de patates douces, un plat unique que vous ne trouverez nulle part ailleurs.
Remarque : Ces chips sont disponibles sur demande moyennant un supplément, tandis que les sauces sont fournies sans frais supplémentaires. Les toilettes sont propres et bien entretenues.

Produits populaires du menu

타코 플래터 Taco Platter (7 pièces) 39 000
치킨 퀘사디아 Chicken Quesadilla 14 000
OG 부리또 OG Buritto 14 000

Produits populaires du menu

고구마 과카몰리 Goguma (patate douce) Guacamole 18 000
비리아 타코 Birria Taco 14 000
까르니타스 Carnitas 16 000

Française

 Apgujeong / Cheongdam / Garosu-gil
압구정 / 청담 / 가로수길

Un restaurant français décontracté qui rappelle les bars à vins parisiens.

부베트
Buvette

서울 강남구 논현로 854 안다즈 서울 강남 상업시설 건물 1층
Gangnam-gu Nonhyeon-ro 854
www.buvette.co.kr   instagram.com/buvetteseoul

Tel : 02-3442-7859
Réservation par tél : O   **Ouv. :** T.J. 10:00-23:00
À emporter : X   **Dern. cmd. :** 22:00
Réserv. Oblig. : O   **Tps pause :** —

Ambiance : Situé à l'extérieur de l'hôtel Andaz, l'extérieur, rehaussé de rouge, et l'intérieur unique d'inspiration française créent une atmosphère distincte. Il y a des places au bar et des tables, avec une terrasse qui s'ouvre par beau temps.
Menu : La carte propose plus de 40 types de vins et 10 types de cocktails, accompagnés de petits plats. Les menus du déjeuner, du brunch et du dîner différent.
Caractéristiques : Ce bistro français peut être apprécié toute la journée, du matin au soir.
Recommandation : Le brunch est servi de 10h00 à 16h00, et le menu du soir est disponible de 16h00 à 23h00. Le menu du brunch est fortement recommandé.
Remarque : Les portions sont petites, conçues pour être accompagnées de vin, de sorte que plusieurs plats peuvent être nécessaires pour se sentir rassasié.

Produits populaires du menu

Carottes Rapees 12 000
Salmon Rillets 22 000
Oyster Frites 32 000

Une cuisine française abordable

파씨오네
Passionne

서울 강남구 언주로164길 39
Gangnam-gu Eonju-ro 164-gil 39

Tel : 02-546-7719   **Fermé :** Di
Réservation par tél : O   **Ouv. :** Lu-Ve 12:00-22:00
À emporter : X   Sa 12:00-21:30
Réserv. Oblig. : O   **Dern. cmd. :** X
                                       Tps pause : 15:00-18:00

Ambiance : Situé au deuxième étage du bâtiment. L'intérieur antique est charmant et confortable.
Menu : Le restaurant propose des déjeuners et des dîners qui offrent des interprétations décontractées de la cuisine française traditionnelle.
Caractéristiques : Le chef propriétaire prépare les plats en utilisant les meilleurs ingrédients frais sélectionnés à la main tous les jours.
Recommandation : Pour les occasions spéciales, le restaurant peut ajouter des lettres ou des bougies aux desserts, il est donc préférable de le demander à l'avance.
Remarque : L'espace peut sembler un peu froid quand il fait frais, et l'espace entre les tables est un peu étroit.

Produits populaires du menu

Lunch Cours 65 000
Dinner Cours 110 000

② Seocho / Seorae Village
서초 / 서래마을

Une expérience gastronomique française contemporaine utilisant des ingrédients de saison

윤
Yoon

서울 서초구 반포동 68-1
Seocho-gu Banpo-dong 68-1
instagram.com/yoon_seorae

Tel : 02-3481-5007	
Réservation par tél : O	**Ouv. :** T.J. 11:30-22:00
À emporter : X	**Dern. cmd. :** 20:30
Réserv. Oblig. : X	**Tps pause :** 15:00-17:30

Ambiance : L'intérieur se caractérise par des tons noirs et blancs épurés et ne compte que cinq tables, ce qui confère à l'endroit une atmosphère privée et intime. De grandes fenêtres permettent de ne pas se sentir à l'étroit. C'est un endroit idéal pour les rendez-vous et les occasions spéciales.
Menu : Le restaurant propose des plats pour le déjeuner et le dîner, ce qui vous permet de profiter d'une gamme complète de plats, des plats principaux aux desserts.
Caractéristiques : Vous pouvez déguster des plats raffinés et élégants à un prix raisonnable, avec un goût comparable à celui de restaurants gastronomiques plus coûteux.
Recommandation : Le menu change selon les saisons, n'oubliez donc pas de le consulter avant votre visite.
Remarque : Les portions peuvent être légèrement trop petites pour un homme de taille moyenne. Pensez à choisir un plat supplémentaire parmi les plats proposés. Les toilettes sont unisexes.

Produits populaires du menu

Lunch Cours 49 000
Dinner Cours 99 000

③ Hannam-dong / Itaewon
한남동 / 이태원

Un restaurant français décontracté dans un cadre chaleureux

꼼모아
CommeMoa

서울 용산구 신흥로 56
Yongsan-gu Sinheng-ro 56
instagram.com/commemoa

Tel : 02-6217-5252	**Fermé :** Ma / Me
Réservation par tél : X	**Ouv. :** JDS 17:30-23:00
À emporter : X	WE/Jour férié 12:00-23:00
Réserv. Oblig. : X	**Dern. cmd. :** 21:30
	Tps pause : 15:00-17:00

Ambiance : Situé au sommet d'une colline escarpée, le restaurant se distingue par son extérieur bordeaux lumineux et son espace intérieur intime. Une table est également disponible sur la terrasse.
Menu : Offre des plats français traditionnels comme les escargots ou la cuisse de canard confite, ainsi que des plats uniques comme la crème brûlée à l'oursin.
Caractéristiques : Réputé pour son goût et son atmosphère authentiquement français, c'est un endroit charmant pour un rendez-vous pittoresque.
Recommandation : Le fameux bœuf Wellington doit être réservé un jour à l'avance (utilisez l'application CatchTable et notez-le dans le mémo de réservation, commande minimum pour deux personnes). Le soufflé spécial du chef est également très recommandé. Les plats les plus populaires sont la crème brûlée au foie gras et le pâté en croûte.
Remarque : L'espace est assez petit. En raison de son emplacement en hauteur, il peut ne pas convenir aux personnes ayant des difficultés à marcher.
Une commande minimale d'une boisson par personne est requise. Le restaurant est une zone interdite aux enfants.

Produits populaires du menu

비프 웰링턴 Bœuf Wellington 80 000
에스까르고 Escargot 21 000
성게알 크렘브륄레 Crème brûlée à l'oursin 21 000

Hannam-dong / Itaewon
한남동 / 이태원

 Myeongdong
명동

Un restaurant français décontracté qui privilégie les ingrédients frais

Un charmant restaurant gastronomique français contemporain

쎄오
Seo

라망시크레
L'Amant Secret

서울 용산구 이태원로54길 74
Yongsan-gu Itaewon-ro 54-gil 74
instagram.com/seo_hannam

서울 중구 퇴계로 67 레스케이프 호텔 26층
Jung-gu Toegye-ro 67, L'Escape Hotel, 26F
instagram.com/lamant_secret

Tel : 0507-1360-4795
Réservation par tél : X
À emporter : X
Réserv. Oblig. : X

Fermé : Lu
Ouv. : Ma 17:00-22:00
Me-Di 12:00-22:00
Dern. cmd. : 20:50
Tps pause : 15:00-17:00

Tel : 02-317-4003
Réservation par tél : O
À emporter : X
Réserv. Oblig. : X

Ouv. : T.J. 12:00-22:00
Dern. cmd. : X
Tps pause : 15:00-18:00

Ambiance : Le restaurant offre une atmosphère moderne et décontractée, idéale pour les groupes de trois ou quatre personnes qui souhaitent se réunir et discuter. Il offre une **ambiance** tranquille avec une belle décoration intérieure et une cuisine ouverte où vous pouvez observer le processus de cuisson.
Menu : Le restaurant sert principalement de la cuisine française, notamment des plats comme la tarte flambée et le steak de magret de canard, ainsi que des plats exotiques comme le shimesaba.
Caractéristiques : Les plats sont préparés avec des ingrédients frais provenant quotidiennement de fermes et de marchés aux poissons.
Recommandation : Si vous voulez une place à la fenêtre, il est recommandé de réserver.
Remarque : Bien que l'enseigne soit visible depuis le bâtiment, il faut pénétrer le bâtiment pour trouver l'entrée. Situé au deuxième étage d'un bâtiment en briques. Le restaurant dispose d'un grand nombre de places assises, il vaut donc la peine d'essayer de s'y rendre sans rendez-vous.

Ambiance : Situé au 26e étage de l'Escape Hotel, ce restaurant offre une atmosphère secrète avec un intérieur de style Belle Époque aux couleurs pourpres prédominantes. Il est réputé pour être un endroit populaire pour les rendez-vous romantiques.
Menu : Il interprète de manière moderne la « cuisine occidentale avec une touche coréenne ». Seuls des menus fixes sont proposés, avec peu d'options de personnalisation.
Caractéristiques : Le menu varie subtilement en fonction des saisons et de la disponibilité des ingrédients, en mettant l'accent sur une présentation méticuleuse et décorative avec une touche d'esprit.
Recommandation : Chaque plat est accompagné d'une histoire unique, ce qui enrichit l'expérience gastronomique. L'attention portée à ces récits tout en savourant le repas ajoute au plaisir.
Remarque : Il est recommandé de se mettre sur son trente-et-un. S'il s'agit d'une occasion spéciale, n'oubliez pas de le mentionner à l'avance pour une expérience plus personnalisée.

Produits populaires du menu

타르트 플랑베 Tarte Flambée 21 000
오리 가슴살 스테이크 Magret de canard au jus de canard 42 000

Produits populaires du menu

Lunch Cours 160 000
Dinner Cours 250 000

127

INDIENNE

Le curry à la japonaise est depuis longtemps populaire en Corée. Toutefois, avec l'augmentation des voyages internationaux, des restaurants indiens ont commencé à apparaître dans des villes comme Séoul, proposant des plats traditionnels tels que le curry, le biryani, le tandoori et le naan. Cette émergence est en réponse à la demande croissante des Coréens pour des saveurs indiennes authentiques. Les saveurs audacieuses et l'éventail des options végétariennes de la cuisine indienne ont séduit les palais locaux, ce qui a contribué à son acceptation générale. En outre, les restaurants indiens sont devenus très recherchés pour leur offre végétarienne, répondant ainsi aux préférences alimentaires de nombreux Coréens et étrangers en visite en Corée.

ESPAGNOLE

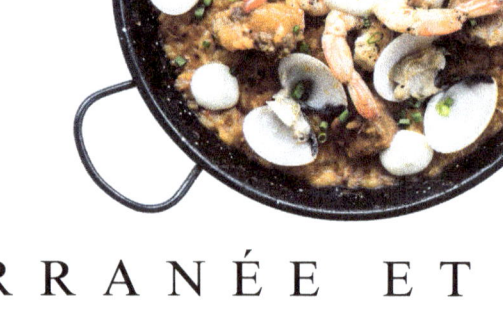

La cuisine espagnole est de plus en plus reconnue en Corée, attirant de plus en plus de clients vers ses saveurs et son offre. Les tapas, en particulier, ont gagné en popularité, présentant une gamme variée de petites assiettes idéales à partager entre convives. Avec une fascination croissante pour la culture du vin, les bars à tapas et les restaurants prospèrent dans les zones urbaines, faisant découvrir aux clients coréens un large éventail de délices espagnols. De la charcuterie aux patatas bravas, en passant par la tortilla española, les gambas al ajillo, les croquetas et les steaks ibériques, les Coréens découvrent les saveurs riches et variées de la cuisine espagnole.

MÉDITERRANÉE ET MOYEN-ORIENT

Au début des années 2000, les restaurants méditerranéens et du Moyen-Orient ont fait leur apparition dans les grandes villes comme Séoul, ciblant initialement la clientèle musulmane, mais gagnant rapidement du terrain parmi les Coréens. Ces restaurants ont introduit sur la scène gastronomique locale des mets authentiques tels que les kebabs et des sucreries délectables comme le baklava. Les saveurs uniques et les épices aromatiques ont rapidement séduit un public plus large, entraînant un regain de popularité dans tout le pays.

Indienne

 Apgujeong / Cheongdam / Garosu-gil
압구정 / 청담 / 가로수길

Un restaurant indien dirigé par un chef indien ayant plus de 20 ans d'expérience

칸티푸르 Kantipur

서울 강남구 선릉로152길 5, 지하 1층
Gangnam-gu Seolleung-ro 152-gil 5, B1

Tel : 0507-1354-4667
Réservation par tél : O
À emporter : O
Réserv. Oblig. : X
Ouv. : T.J. 10:00-22:00
Dern. cmd. : 21:30
Tps pause : —

Ambiance : Situé au sous-sol, à droite en entrant dans le bâtiment. Le décor et l'intérieur, provenant directement d'Inde, créent une atmosphère indienne authentique. L'espace vaste comprend de nombreuses tables et des salles privées.
Menu : Offre une variété de plats indiens traditionnels, notamment des currys, du biryani, du poulet Tandoori et du lassi.
Caractéristiques : Le restaurant propose une cuisine indienne authentique en Corée depuis 13 ans. Il utilise un four tandoor traditionnel pour offrir les meilleures saveurs de barbecue et de curry.
Recommandation : Les plats du déjeuner offrent un bon rapport qualité-prix (non disponible le week-end). Si vous réservez via Naver, vous pouvez recevoir gratuitement un lassi ou une salade verte (cette offre peut prendre fin sans préavis).
Remarque : La cuisine est très authentique et peut donc être peu familière à certains.

Produits populaires du menu

Samosa (2 pcs) 5 500
Chicken Tika Masala Curry 16 000
Tanduri Chicken 20 000
Lassi 5 500

Lunch Cours - 15 000
Couple Set Menu: 56 000

 Hannam-dong / Itaewon
한남동 / 이태원

Un restaurant indien authentique connu pour son buffet du week-end

타지팰리스
Taji Palace

서울 용산구 우사단로 39
Yongsan-gu Usadan-ro 39

Tel : 02-790-5786
Réservation par tél : O
À emporter : O
Réserv. Oblig. : X
Ouv. : T.J. 11:00-21:30
Dern. cmd. : X
Tps pause : —

Ambiance : Situé au deuxième étage d'un bâtiment décoré de motifs indiens traditionnels en jaune. L'intérieur est spacieux, avec des tables pour les petits et les grands groupes, et une décoration impressionnante sur le thème de l'Inde.
Menu : Offre une variété de plats, y compris des plats de base comme le curry et le naan, des thali, des menus de plats et des options végétariennes.
Caractéristiques : Géré par un propriétaire et un personnel indiens, ce restaurant sert une large gamme de plats indiens authentiques. Les commandes peuvent être passées à l'aide de tablettes installées sur les tables.
Recommandation : Le buffet du week-end et des jours fériés, qui comprend du poulet Tandoori, divers currys et barbecues, du riz safrané, du dal et des desserts, offre un excellent rapport qualité-prix.
Remarque : L'alcool n'est pas servi. Les épices sont assez fortes. Le week-end et les jours fériés, des commandes à la carte sont également disponibles.

Produits populaires du menu

Tanduri Chicken 19 800
Butter Chicken Curry 14 000

Cours 23 000
Buffet 22 900

⑧ Hongdae 홍대

Un petit restaurant indien connu pour ses plats de qualité à des prix abordables

더키친아시아 홍대점
The Kitchen Asia
(succursale de Hongdae)

서울 마포구 와우산로23길 35-6
Mapo-gu Wausan-ro 23-gil 35-6

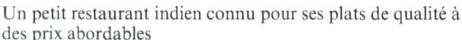

Tel : 0507-1359-3232

Réservation par tél : O	Ouv. : T.J. 11:00-22:00
À emporter : O	Dern. cmd. : 21:30
Réserv. Oblig. : X	Tps pause : —

Ambiance : Bien que l'adresse indique le premier étage, il faut monter un petit escalier. L'espace est confortable, comme un petit café, sans être tape-à-l'œil.
Menu : Vous avez le choix entre un menu à la carte et un menu fixe, avec des menus fixes disponibles pour les convives individuels. Le menu du déjeuner offre une bonne variété.
Caractéristiques : Le restaurant sert de la nourriture 100 % halal.
Recommandation : Le curry, préparé par le propriétaire népalais avec des épices importées du Népal, est hautement recommandé pour ses saveurs profondes et exotiques. Ne manquez pas de l'accompagner d'un lassi.
Remarque : Les prix sont abordables, mais la qualité est excellente.

Produits populaires du menu

Butter Chicken Curry 10 900
Tanduri Chicken demi/entière 9 000/16 000
Mango Lassi 4 000

Menu pour 1 personne 9 900-14 900
Menu pour 2 personnes JDS Couple A 29 900
Menu pour 3 personnes 51 000
Menu pour 4 personnes 71 000

⑩ Jamsil 잠실

Un authentique restaurant indien connu pour son délicieux curry

강가 롯데월드몰점
Gangga
(succursale de Lotte World Mall)

서울 송파구 올림픽로 300 롯데월드몰 6층
Songpa-gu Olympic-ro 300, Lotte World Mall, 6F
gangakr.modoo.at   instagram.com/ganga.official

Tel : 02-3213-4635

Réservation par tél : O	Ouv. : T.J. 10:30-22:00
À emporter : O	Dern. cmd. : 21:00
Réserv. Oblig. : X	Tps pause : —

Ambiance : Situé dans le centre commercial Jamsil Lotte World Mall, ce restaurant présente une impressionnante interprétation moderne des éléments indiens, tant à l'intérieur qu'à l'extérieur, interprétés de manière propre et élégante.
Menu : Il s'efforce de rester fidèle aux saveurs locales tout en s'adaptant aux goûts coréens.
Caractéristiques : Dirigé par des chefs indiens, le restaurant propose une cuisine indienne de premier ordre. La commande par tablette ajoute à la commodité.
Recommandation : Optez pour un siège côté fenêtre pour avoir une vue sur le lac Seokchon.
Remarque : Un service de vente à emporter est disponible. Bien que les prix ne soient pas bon marché, ils sont raisonnables compte tenu de **l'ambiance** agréable et de la qualité de la nourriture.

Produits populaires du menu

Tanduri Chicken 26 500
Beef Vindaloo 24 500
Crispy Samosa 9 500

Espagnole

  Apgujeong / Cheongdam / Garosu-gil
압구정 / 청담 / 가로수길

Un restaurant espagnol qui met l'accent sur les saveurs naturelles des ingrédients

트라가
Traga

서울 강남구 압구정로2길 18
Gangnam-gu Apgujeong-ro 2-gil 18
instagram.com/traga_garosugil

Tel : 0507-1352-3523
Réservation par tél : O   **Ouv.** : T.J. 11:00-22:00
À emporter : O   **Dern. cmd.** : 21:00
Réserv. Oblig. : X   **Tps pause** : 15:00-17:00

Ambiance : L'extérieur est caractérisé par un toit rouge et une enseigne jaune qui symbolisent l'Espagne. L'intérieur est spacieux et comporte de nombreuses tables, ce qui crée une atmosphère décontractée. Il y a également quelques tables sur la terrasse.
Menu : Propose non seulement des menus fixes, mais aussi une variété de plats espagnols.
Caractéristiques : L'accent est mis sur une cuisine qui maximise la valeur naturelle des ingrédients, reflétant étroitement les saveurs locales.
Recommandation : Essayez la paella et les gambas ; le menu est bien structuré.
Remarque : Les réservations peuvent être confirmées instantanément via Naver. La sangria est moins alcoolisée. Il n'y a pas de toilettes à l'intérieur du restaurant.

Produits populaires du menu

Traga Paella 30 000
Gambas Picante 17 000
Pulpo 32 000
Ensemble Traga (2 personnes) 69 000

Seocho / Seorae Village
서초 / 서래마을

Des tapas espagnoles revisitées avec des fruits de mer frais coréens

꼬시나 에스파냐
Cocina España

서울 서초구 서래로5길 19, 2층
Seocho-gu Seorae-ro 5-gil 19, 2F
blog.naver.com/nana5725

Tel : 0507-1424-5561
Réservation par tél : O   **Ouv.** : T.J. 12:00-22:00
À emporter : X   **Dern. cmd.** : X
Réserv. Oblig. : X   **Tps pause** : 14:30-17:00

Ambiance : Le restaurant se trouve au deuxième étage, accessible par des escaliers. L'intérieur n'est pas très spacieux mais confortable, avec des fenêtres près des tables offrant une vue sur l'extérieur. De nombreux éléments de décoration sur le thème de l'Espagne lui confèrent une touche d'exotisme.
Menu : En semaine, à l'heure du déjeuner, on ne sert pas de tapas. Vous ne pouvez choisir qu'entre les plats du déjeuner.
Caractéristiques : Le restaurant allie harmonieusement le goût et l'atmosphère de l'Espagne avec son extérieur, son intérieur et ses plats. La carte des vins est également variée, ce qui la rend idéale pour accompagner les tapas pendant les déjeuners du week-end ou les dîners en semaine.
Recommandation : Les cornichons et les jalapeños ne sont pas servis d'office, il est donc recommandé de les demander. Ne manquez pas de goûter le plat de poulpe à la galicienne.
Remarque : Les plats sont généralement de petite taille, il est donc possible que vous deviez commander des plats supplémentaires à la carte, comme le ceviche.

Produits populaires du menu

갈리시아 문어 Pulpo a la Galleg 27 000
해산물 빠에야 Paella de Marisco 29 000

Déjeuner A 39 000 Déjeuner B 50 000
Set Menu (España) 99 000 / Personne

Hannam-dong / Itaewon
한남동 / 이태원

Un bar à tapas proposant une authentique cuisine espagnole et une délicieuse sangria

타파스바
Tapas Bar

서울 용산구 이태원로27가길 49
Yongsan-gu Itaewon-ro 27ga-gil 49
instagram.com/tapasbar15

Tel : 0507-1473-0799

Réservation par tél : O	**Ouv. :** Lu-Je 13:00-02:00
À emporter : O	WE 12:00-03:00
Réserv. Oblig. : X	**Dern. cmd. :** —
	Tps pause : X

Ambiance : Situé sur une route principale près de la sortie 1 de la gare d'Itaewon. L'intérieur est conçu pour vous donner l'impression d'être en Espagne, avec une disposition spacieuse qui permet d'accueillir de nombreux clients.
Menu : Il propose des plats espagnols classiques tels que les gambas al ajillo, la paella, la morue au miel, le jambon et les lasagnes. Cinq types de sangria sont disponibles.
Caractéristiques : Le restaurant ajuste l'éclairage tout au long de la journée pour créer une **ambiance** qui satisfait le goût, la vue et l'ouïe.
Recommandation : Le rapport qualité-prix est bon, il est donc conseillé de goûter à une variété de tapas. En plus de la sangria, de la bière espagnole est également disponible.
Remarque : Les plats peuvent mettre un certain temps à arriver et les chaises peuvent être inconfortables pour une assise prolongée.

Produits populaires du menu

Gambas al Ajillo 11 900
Bacalao con Miel 15 900
Paella de Tomate 17 900
Sangria 7 900 - 35 000

 Hongdae
홍대

Un restaurant espagnol connu pour ses délicieuses Gambas al Ajillo

엘비스텍
El Bistec

서울 마포구 연남로1길 26
Mapo-gu Yeonnam-ro 1-gil 26
instagram.com/_el_bistec

Tel : 0507-1373-1713

Réservation par tél : O	**Fermé :** Ma
À emporter : O	**Ouv. :** Lu-Di 11:30-22:00
Réserv. Oblig. : X	**Dern. cmd. :** 21:30
	Tps pause : 15:00-16:30

Ambiance : Le restaurant a un décoration espagnole confortable avec une variété de lumières et d'objets décoratifs, créant une atmosphère charmante. Il est très prisé pour les rendez-vous galants et les réunions, en raison de son éclairage tamisé et de sa décoration intérieure sur le thème de la verdure. Des places en terrasse sont également disponibles à l'extérieur.
Menu : Le menu propose une variété de plats espagnols, notamment des gambas, de la paella, des pâtes et du vin.
Caractéristiques : Le chef, connu sous le nom de « Gambas Master », a été présenté à plusieurs reprises dans les médias coréens. Le restaurant propose des plats un peu plus accessibles au grand public que la cuisine espagnole traditionnelle.
Recommandation : Après avoir commandé des gambas, dégustez-les sur des tranches de baguette. Comme il reste beaucoup d'ail, il est recommandé de l'accompagner d'une paella.
Remarque : Personnel attentif. Accepte les animaux de compagnie. Les gambas proposées dans le menu ne contiennent pas d'ail.

Produits populaires du menu

감바스 알 아히오 Gambas al Ajillo 15 500
해산물 빠에야 Paella aux fruits de mer 28 000

Méditerranée et Moyen-Orient

 Hannam-dong / Itaewon
한남동 / 이태원

Reconnu comme le meilleur restaurant arabe de Corée par les ambassades du Moyen-Orient

페트라
Petra

서울 용산구 녹사평대로40길 33, 2층
Yongsan-gu Noksapyeong-daero 40-gil 33, 2F

Tel : 02-790-4433	
Réservation par tél : X	Ouv. : T.J. 11:30-22:00
À emporter : O	Dern. cmd. : 21:30
Réserv. Oblig. : X	Tps pause : —

Ambiance : Intérieur élégant et antique sur le thème du Moyen-Orient, avec une impression de grandeur et jolie décoration. La musique renforce l'atmosphère moyen-orientale et les rideaux impressionnants des fenêtres ajoutent au charme. Situé au deuxième étage avec accès par escalier.
Menu : Outre les plats les plus connus comme le houmous et les falafels, vous pouvez également goûter à divers plats jordaniens qui ne sont peut-être pas familiers en Corée.
Caractéristiques : Seules les viandes certifiées halal et les ingrédients frais sont utilisés.
Recommandation : Envisagez de déguster des hors-d'œuvre généreux avant les salades et les plats principaux pour vivre l'expérience traditionnelle. Pour deux personnes, une combinaison de houmous, de falafel, de salade taboly et de brochettes est excellente.
Remarque : Des menus sont proposés aux végétariens. Les épices ne sont pas trop fortes, ce qui rend le repas agréable même pour les débutants. Les portions n'étant pas très grandes, il est recommandé de commander plusieurs plats. Le brunch est servi uniquement le week-end, de 11h30 à 15h30.

Produits populaires du menu

Hummus 9 000
Taboly Salad 9 000
Chicken Kebab 19 000

Un restaurant arabe unique et savoureux

아라베스크
Arabesque

서울 용산구 이태원로 227
Yongsan-gu Itaewon-ro 227
instagram.com/arabesque_itaewon

Tel : 02-790-6910	
Réservation par tél : X	Ouv. : T.J. 11:30-22:00
À emporter : O	Dern. cmd. : 21:30
Réserv. Oblig. : X	Tps pause : —

Ambiance : L'intérieur présente une atmosphère exotique et caractéristique du style arabe. Il offre un espace vaste avec des salles privées. Situé au deuxième étage, il faut bien trouver l'entrée.
Menu : Il s'agit d'un restaurant arabe proposant une variété de plats du Moyen-Orient, mais aussi des plats de style indien comme le curry et le naan. Des options végétaliennes sont disponibles.
Caractéristiques : Le restaurant est géré et animé par des personnes originaires de pays arabes, ce qui attire de nombreux clients étrangers, y compris des Arabes. Il propose des saveurs authentiques du Moyen-Orient, qui n'ont pas été adaptées aux goûts coréens. Il s'agit d'un restaurant certifié halal.
Recommandation : Le plat de pommes de terre et d'agneau est un repas copieux pour deux personnes. Le curry de poisson est unique.
Remarque : Pendant le ramadan, les heures d'ouverture changent et le restaurant sert un buffet. N'oubliez pas de vérifier les horaires.

Produits populaires du menu

Fatosh 8 000
Shawarma Chicken 16 000
Lamb & Potato 24,00

Hannam-dong / Itaewon
한남동 / 이태원

Un restaurant arabe tenu par des natifs du Moyen-Orient, spécialisé dans la cuisine authentique.

두바이레스토랑
Dubai Restaurant

서울 용산구 이태원로 192
Yongsan-gu Itaewon-ro 192

Tel : 02-798-9277		**Fermé :**	Lu
Réservation par tél : O		**Ouv. :** Ma-Di 12:00-23:00	
À emporter : O		**Dern. cmd. :** 22:30	
Réserv. Oblig. : X		**Tps pause :** —	

Ambiance : L'espace est spacieux et divisé par des portes en verre ; il y a un espace pour la shisha (pipe à eau). Les sièges vitrés sont dotés de grandes fenêtres qui s'ouvrent pour permettre une expérience en plein air par beau temps. L'intérieur moderne mélange les senteurs du Moyen-Orient avec une esthétique propre et moderne, laissant une forte impression.
Menu : Différents plats sont proposés, notamment des currys, des grillades et des amuse-gueules de style arabe.
Caractéristiques : Les plats les plus populaires sont les sambosas, les kebabs et les shawarmas.
Recommandation : La shisha arabe est également disponible pour les personnes intéressées.
Remarque : La nourriture ressemble beaucoup aux saveurs du Moyen-Orient, ce qui peut donner une impression d'exotisme.

Produits populaires du menu

Sambosa 6 000
Hummus & Lamb 12 000
Chiciken Shish Kebab 15 500

Cuisine turque traditionnelle élaborée par un chef turc de souche

케르반 레스토랑
Kervan Restaurant

서울 용산구 이태원로 192
Yongsan-gu Itaewon-ro 192
instagram.com/kervankorea

Tel : 0507-1412-4767			
Réservation par tél : O		**Ouv. :** T.J. 11:00-06:00	
À emporter : O		**Dern. cmd. :** 23:15	
Réserv. Oblig. : X		**Tps pause :** —	

Ambiance : Situé à proximité de la sortie 3 de la gare d'Itaewon, le restaurant présente un extérieur transparent et deux tables sur la terrasse. L'intérieur, avec des carreaux de sol aux murs, reflète magnifiquement le style turc local, avec des articles importés directement de Turquie, créant une atmosphère authentique. L'espace est assez spacieux.
Menu : Spécialisé dans l'agneau et les côtelettes d'agneau, le restaurant propose également des grillades à la turque.
Caractéristiques : Restaurant méditerranéen proposant une variété de plats turcs, notamment des brochettes traditionnelles, des pides et des desserts. Le pain est fraîchement cuit sur place.
Recommandation : Les critiques recommandent d'essayer le kaymak. Les modèles de plats exposés à l'extérieur du restaurant peuvent vous aider à faire votre choix. Les kebabs sont accompagnés d'amuse-gueule gratuits, tels que du pain et de la soupe.
Remarque : Le personnel comprend de nombreux serveurs étrangers. Les prix sont un peu élevés. Les kebabs style wrap sont disponibles à partir de 21 heures.

Produits populaires du menu

Chicken Stea (Lunch Set Menu) 15 900
Chicken Shish Kebab (Set Menu) 22 500
Mix Pidé (Set Menu) 23 500

Kervan Special (2 - 4 personnes) 98 000-167 000

Cuisine occidentale

 Apgujeong / Cheongdam / Garosu-gil
압구정 / 청담 / 가로수길

Un restaurant américano-européen moderne et sophistiqué

센트레 청담
Centre Cheongdam

서울 강남구 도산대로49길 9
Gangnam-gu Dosan-daero 49-gil 9
instagram.com/centre.cheongdam

Tel : 0507-1372-0559
Réservation par tél : O
À emporter : O
Réserv. Oblig. : X

Fermé : Lu
Ouv. : Ma-Di 11:00-22:00
Dern. cmd. : 21:15
Tps pause : 16:00-17:00

Ambiance : Rappelant le hall d'un hôtel, le style épuré et moderne est idéal pour les amis et les couples. Les grandes baies vitrées offrent de belles vues panoramiques.
Menu : Offre une variété de plats occidentaux et d'articles de café, avec des réinterprétations impressionnantes de plats traditionnels dans un style fusion.
Caractéristiques : Offre une atmosphère confortable et agréable inspirée des repas de jardin.
Recommandation : Opter pour des plats de style fusion peut être une expérience délicieuse. C'est également un endroit idéal pour une visite au café, et le bingsu (glace) pomme-mangue est particulièrement recommandé en été.
Remarque : Il n'y a pas de pause le week-end, ce qui rend la visite pratique. Sachez qu'il peut arriver que l'établissement soit fermé pour des événements privés, alors renseignez-vous à l'avance. Le menu change fréquemment, il est donc essentiel de vérifier l'offre actuelle. Les concerts de piano du vendredi et du samedi soir peuvent gêner les conversations.

Produits populaires du menu

Scrambled N Croissant 27 000
Waffle N More 28 000
Seafood Puttanesca Spaghettini 38 000
Apple Mango Ice Flake 72 000

Un restaurant flottant offrant une vue panoramique sur la ligne d'horizon nocturne de Séoul et sur le fleuve Hangang

오엔 ON

서울 강남구 압구정로11길 37-30
Gangnam-gu Apgujeong-ro 11-gil 37-30
onriver.co.kr

Tel : 0507-1400-1582
Réservation par tél : O
À emporter : O
Réserv. Oblig. : X

Ouv. : T.J. 11:00 - 05:00
Dern. cmd. : 3:00
Tps pause : —

Ambiance : Situé dans un bâtiment construit artificiellement sur la rivière Han, le restaurant s'étend sur trois étages. L'intérieur spacieux offre des vues romantiques sur le fleuve Han, ce qui en fait un lieu très prisé pour les rendez-vous galants.
Menu : Le premier étage est un bar et une salle à manger et le deuxième étage est un café et un restaurant qui sert des repas à la mode sous forme de plats. Les menus proposés sont principalement italiens.
Caractéristiques : Profitez des vues modernes sur la rivière et de la cuisine de Séoul. Le restaurant existe depuis plus de 20 ans.
Recommandation : Le troisième étage est une salle de fête pour les événements privés. Visiter l'établissement au moment du coucher du soleil permet de profiter des vues diurnes et nocturnes. Notez que les fenêtres peuvent chauffer en été si vous vous y rendez pendant la journée.
Remarque : Situé dans le quartier de Jamwon, le long de la rivière Han. Il faut marcher un peu depuis le parking, ce qui peut être gênant par mauvais temps. En général, il faut suivre un menu spécifique pour s'asseoir près de la fenêtre, mais une certaine flexibilité peut être proposée lorsque le restaurant n'est pas très fréquenté.

Produits populaires du menu

Vongole Pasta 32 000
Seaafood Tomato Risotto 33 000

Couple Set (2 personnes) 149 000
T-Bone Set (2 personnes) 219 000

Apgujeong / Cheongdam / Garosu-gil
압구정 / 청담 / 가로수길

Un grand bar lounge idéal pour les fêtes, rempli de l'énergie de la jeunesse

피플더테라스
People The Terrace

서울 강남구 도산대로81길 13
Gangnam-gu Dosan-daero 81-gil 13
instagram.com/people.theterrace

Tel : 0507-1308-8113		Fermé :	Lu
Réservation par tél : O		Ouv. : Ma-Di 18:00-02:00	
À emporter : X		Dern. cmd. : 0:40	
Réserv. Oblig. : O		Tps pause : —	

Ambiance : L'intérieur s'inspire d'un manoir européen. Le premier étage comprend une grande terrasse et une salle à manger. Au deuxième étage, il y a des places pour les groupes et des salles privées, tandis que le troisième étage est un espace sur le toit. Il s'agit d'un bar-salon spacieux. L'atmosphère romantique attire une clientèle essentiellement jeune.
Menu : Offre une variété de plats, notamment des pizzas, des pâtes, du poulet frit et des steaks, ainsi qu'une large sélection de cocktails et de boissons alcoolisées.
Caractéristiques : Un espace culturel urbain idéal pour des événements spéciaux ou des célébrations.
Recommandation : Moyennant un supplément, des décorations d'anniversaire telles que des ballons, des diadèmes et des écharpes sont disponibles. Le seau de poulet frit est fortement recommandé.
Remarque : Il n'y a pas de pause, mais le restaurant est ouvert de 18 heures à 2 heures du matin. C'est un endroit où les gens se déguisent généralement, il est donc conseillé de faire attention à sa tenue.

Produits populaires du menu

Nasi Goreng 28 000
Fried Chicken Bucket 35 000
Uni Pasta 39 000
Chili con Carne & Truffle Fries 27 000

Un lieu de brunch avec une belle terrasse

퀸즈파크 청담점
Queen's Park
(succursale de Cheongdam)

서울 강남구 압구정로60길 22
Gangnam-gu Apgujeong-ro 60-gil 22

Tel : 02-542-4073		Ouv. : JDS 11:00-21:00	
Réservation par tél : O		WE 10:00-21:00	
À emporter : O		Dern. cmd. : X	
Réserv. Oblig. : X		Tps pause : —	

Ambiance : L'établissement dispose d'une terrasse extérieure magnifiquement aménagée et d'un intérieur de style européen. Le vaste espace est baigné de lumière grâce aux grandes fenêtres, ce qui en fait un lieu très prisé pour les rendez-vous galants.
Menu : Offre une variété de plats occidentaux tels que des pâtes, des croquettes, des Caprese et des salades. La carte des vins est également très complète.
Caractéristiques : Le restaurant propose non seulement des brunchs, mais aussi des plats variés comme des pâtes et des steaks, ainsi qu'une sélection de vins. Le restaurant est exploité par une grande entreprise et se trouve au même endroit depuis longtemps.
Recommandation : Les menus sont bien composés et les prix raisonnables. Les promotions sur les vins permettent parfois de faire de bonnes affaires.
Remarque : Les portions sont généralement petites par rapport au prix.

Produits populaires du menu

Queen's Waffle Brunch 25 000
Blueberry Pancake 27 000
Eggs Benedict 29 000

Lunch Set pour 2 personnes 106 000
Steak Set pour 2 personnes 130 000

Apgujeong / Cheongdam / Garosu-gil
압구정 / 청담 / 가로수길

 Hannam-dong / Itaewon
한남동 / 이태원

Des salades saines, des pâtes et une variété de plats végétaliens

썬더버드
Sun The Bud

서울 강남구 압구정로60길 18
Gangnam-gu Apgujeong-ro 60-gil 18
sgdinehill.co.kr   instagram.com/sunthebud_official

Tel : 0507-1436-1377

Réservation par tél : O	Ouv. : T.J. 11:00-21:00
À emporter : O	Dern. cmd. : 20:30
Réserv. Oblig. : X	Tps pause : —

Ambiance : L'intérieur spacieux et ordonné présente une cuisine ouverte où l'on peut observer le processus de cuisson.
Menu : Salades et nouilles préparées avec des ingrédients visant à réduire l'indice glycémique et les calories.
Caractéristiques : Chaque plat du menu indique sa teneur en calories, ce qui le rend recommandé pour les personnes au régime, et il existe des options végétaliennes qui conviennent aux végétariens.
Recommandation : Les commandes à emporter sont proposées à un prix réduit.
Remarque : Vous devez vous procurer de l'eau au bar en libre-service. Vous pouvez commander depuis votre table en utilisant le code QR, mais il faut une carte de crédit coréenne.

Produits populaires du menu

연어소바마끼 Yeoneo Soba Maki (Salmon Soba Maki) 20 000
클린 떡볶이 Clean Tteobokki (2 personnes) 25 000
참치 크림 씨푸드 파스타 Seasame Cream Seafood Pasta 19,550

Un lieu réputé pour son ambiance élégante et ses délicieux brunchs

오아시스 한남
Oasis Hannam

서울 용산구 이태원로45길 30
Yongsan-gu Itaewon-ro 45-gil 30
www.instagram.com/oasisbrunch

Tel : 02-790-8906

Réservation par tél : X	Ouv. : Di-Je 09:00-18:00
À emporter : O	Ve-Sa 09:00-19:00
Réserv. Oblig. : X	Dern. cmd. : JDS 17:00
	WE/Jour férié 18:00
	Tps pause : —

Ambiance : Situé dans une ruelle tranquille, ce restaurant a été aménagé dans une maison résidentielle typique, avec une salle d'attente à l'intérieur. L'intérieur confortable, aux tons chauds, offre une atmosphère agréable pour des conversations détendues. Un espace au deuxième étage est également disponible.
Menu : Le restaurant propose une sélection de plats et d'articles de café, le brunch étant la principale attraction.
Caractéristiques : Le restaurant fonctionne selon un système où l'on paie à l'avance et où les plats sont servis rapidement après la commande.
Recommandation : Étant donné que le restaurant propose des menus fixes, il est recommandé de commander en fonction de la taille du groupe. De plus, comme le restaurant se trouve à côté de Leeum, la visite et la dégustation du menu de leur café peuvent compléter votre visite. Essayez leurs crêpes.
Remarque : Le restaurant ferme à 18 heures et la dernière commande est prise à 17 heures.

Produits populaires du menu

Chicken Avocado Sandwich 19 500
Egg Benedict 21 000
Banana Walnut Pancake 21 000

Hannam-dong / Itaewon
한남동 / 이태원

Un restaurant branché connu pour sa cuisine fusion asiatique

DOTZ

서울 용산구 이태원로55나길 6
Yongsan-gu Itaewon-ro 55na-gil 6
instagram.com/dotz_hannam

Tel : 0507-1309-7445

Réservation par tél :	O	Ouv. :	Lu-Sa 11:00-22:00
À emporter :	O		Di 11:00-19:00
Réserv. Oblig. :	X	Dern. cmd. :	Lu-Sa 14:30/21:00
			Di 18:00
		Tps pause :	15:00-17:30

Ambiance : Le restaurant présente une atmosphère simple mais moderne avec un éclairage artistique, ce qui en fait un endroit populaire pour les photos Instagram. L'intérieur spacieux et confortable est rempli de lumière du soleil pendant la journée grâce à de grandes fenêtres, et s'enrichit d'une ambiance confortable et plus sombre le soir. C'est un lieu très prisé pour les rendez-vous galants.
Menu : Le menu propose une variété de plats qui fusionnent les épices et les ingrédients asiatiques avec des spécialités de brunch, des salades et des pâtes.
Caractéristiques : Le restaurant est connu pour ses plats créatifs que l'on ne trouve nulle part ailleurs. Il organise souvent des événements « pop-up » pour présenter de nouveaux plats.
Recommandation : Il est fortement recommandé de goûter les plats de style fusion plutôt que les plats standard.
Remarque : Les plats à base de mala sont très épicés. Les portions sont relativement petites par rapport au prix.

Produits populaires du menu

다츠 김치 볶음밥 Kimchi Bokkeumbap (riz frit) 17 000
다츠 시그니처 카츠산도 Katsu Sando 18 000
마파 라구 소스 에그누들 Mapo Ragu Egg Noodle 21 000

 Jongno / Gwanghwamun / Insa-dong
종로 / 광화문 / 인사동

Un bar à vins et brunch sur la terrasse du jardin, avec d'impressionnantes œuvres d'art contemporaines.

오드하우스
Odd House

서울 중구 정동길 33
Jung-gu Jeongdong-gil 33
instagram.com/odd_haus

Tel : 0507-1310-9845

Réservation par tél :	O	Ouv. :	T.J. 11:00-22:00
À emporter :	X	Dern. cmd. :	X
Réserv. Oblig. :	X	Tps pause :	15:00-17:00

Ambiance : Contrairement à son extérieur en briques anciennes, l'intérieur est un espace élégant rempli d'art et d'objets modernes. Il dispose d'une belle terrasse-jardin et de salles privées pour les réunions, ce qui en fait un lieu idéal pour les rendez-vous galants.
Menu : Salades, sandwiches, brunchs et pâtes, mais la variété est un peu limitée.
Caractéristiques : Les plats délicieux sont méticuleusement préparés chaque jour avec des ingrédients frais, et il y a une large sélection de vins savoureux.
Recommandation : Les grands parasols des tables extérieures offrent beaucoup d'ombre, vous n'avez donc pas à vous soucier des coups de soleil. C'est aussi un endroit idéal pour déguster des plats de style café.
Remarque : Après la dernière commande du dîner à 20h30, vous pouvez commander le menu de nuit, qui comprend des accompagnements de vin.

Produits populaires du menu

House Salad 18 000
Pastrami Sandwich 17 000
Brunch Special Set 28 000

**Seongsu-dong
성수동**

Un lieu de brunch à Seoul Forest
메종 파이프그라운드
Maison Pipeground

서울 성동구 왕십리로 83-21, 지하1층 B124호, B125호
Seongdong-gu Wangsimni-ro 83-21, B1 #B124, B125
instagram.com/maison_pipeground

Tel : 0507-1398-7624

Réservation par tél : O	Ouv. : T.J. 10:00-21:00
À emporter : O	Dern. cmd. : 20:00
Réserv. Oblig. : X	Tps pause : —

Ambiance : L'intérieur est un mélange épuré de métal froid et d'éléments en bois chaud, avec un agencement spacieux. L'extérieur présente de grandes baies vitrées et chaque table est bien éclairée. Situé à l'intérieur de la tour D de Séoul Forest, il peut être difficile à trouver, demandez donc votre chemin si nécessaire. La clientèle principale est composée de jeunes.
Menu : Offre une variété de plats, y compris des brunchs, des pizzas et des plats uniques.
Caractéristiques : Convient aussi bien pour le brunch que pour le dîner, avec une atmosphère idéale pour déguster un verre de vin le soir.
Recommandation : La pizza au maïs et le houmous avec des sushis de tofu frits sont des plats emblématiques.
Remarque : Les enfants sont bienvenus, mais les chaises et tables fixes peuvent gêner les groupes de plus de six personnes et les obliger à s'asseoir séparément. Il est souvent possible de se présenter sans rendez-vous, à condition de bien se programmer.

Produits populaires du menu

Spicy & Sweet Corn Pizza 25 000
Croissant Egg Benedict 19 000
Hummus and Fried-Tofu K-Sushi 17 000

 **Hongdae
홍대**

Un bar à vin et à tapas confortable, niché le long du sentier forestier de la ligne Gyeongui
스위그뱅
Swig Vin

서울 마포구 백범로16안길 21
Mapo-gu Baekbeom-ro 16an-gil 21
instagram.com/swig.vin

Tel : 0507-1366-4354

Réservation par tél : O	Ouv. : Lu-Ve 15:00-24:00
À emporter : O	Sa-Di 12:00-24:00
Réserv. Oblig. : X	Dern. cmd. : X
	Tps pause : —

Ambiance : Un espace tranquille le long du sentier forestier de la ligne Gyeongui, avec une décoration intérieure impressionnante, élégante et moderne. Les sièges de la fenêtre, baignés par la lumière du soleil, sont confortables et ceux de la terrasse sont spacieux. La liste de musique est à la mode.
Menu : Offre une variété de plats préparés dans le style des tapas espagnoles, y compris des fruits de mer, des pâtes et des viandes.
Caractéristiques : Au printemps, vous pouvez prendre un verre sur la terrasse tout en admirant les cerisiers en fleurs le long du sentier forestier de Gyeongui Line.
Recommandation : Le soir, l'établissement fonctionne comme un bistrot-bar et chaque personne doit commander une boisson ou une bouteille de vin. Le vin de la maison est très bon.
Remarque : Les animaux de compagnie sont les bienvenus. La bière pression est un peu chère.

Produits populaires du menu

Potato Pavé 11 000
Shakshuka 19 000
Pulpo 24 000

THÉ CORÉEN / DESSERTS

Le thé traditionnel coréen est considéré comme un moyen sain de réchauffer le corps et l'esprit. Voici quelques-uns des thés traditionnels coréens les plus populaires et leurs caractéristiques uniques.

Ssanghwa-cha 쌍화차
Ce thé est obtenu en faisant bouillir des herbes comme la cannelle, la réglisse et le gingembre, et en les agrémentant de jujube, de pignons et de miel. On attribue à ce thé un effet nourrissant, qui aide à récupérer de la fatigue et à reconstituer l'énergie.

Omija-cha 오미자차
Ce breuvage à base de baies d'omija, unique en son genre et aux cinq arômes, est censé aider à soulager la fatigue et à étancher la soif. En été, il est souvent dégusté froid pour un effet rafraîchissant, offrant une expérience délicieuse grâce à son profil gustatif complexe.

Yuja-cha 유자차
Le yuja, un agrume, est mélangé à du miel et infusé dans de l'eau chaude. Il a une saveur douce et aromatique. Connu pour sa forte teneur en vitamine C, il aiderait à prévenir les rhumes et à soulager la fatigue, ce qui en fait un choix populaire en hiver.

Daechu (Jujube)-cha 대추차
Infusé à partir de jujubes séchés, ce thé a une saveur naturellement sucrée et est censé aider à réchauffer le corps. En Corée, le jujube est souvent considéré comme un « remède naturel » et le thé est très apprécié en hiver.

Mogwa-cha 모과차
Ce thé est fabriqué à partir du fruit sucré du coing et est censé favoriser la digestion et soulager la fatigue. On dit également qu'il est bénéfique pour la santé de la gorge, ce qui en fait un choix réconfortant quand on ne se sent pas bien.

Yulmu-cha 율무차
Préparé en mélangeant de la poudre de yulmu (larmes de Job) torréfiée avec de l'eau ou du lait, il a un goût de noisette et de douceur. On lui prête des vertus pour la santé de la peau et c'est une boisson délicieuse et douce, souvent appréciée comme boisson à base de céréales.

Sujeonggwa 수정과
Fabriqué en faisant bouillir du gingembre et de la cannelle, le Sujeonggwa est connu pour sa saveur fraîche et unique. Il est traditionnellement consommé pendant les fêtes et est censé faciliter la digestion et stimuler l'appétit, ce qui en fait un choix populaire après les repas.

Sikhye 식혜
Il s'agit d'une boisson sucrée à base de riz fermenté, appréciée comme dessert après le repas et censée faciliter la digestion. Souvent servie froide, elle est rafraîchissante et populaire pendant les fêtes et les saisons chaudes.

Les desserts coréens offrent un mélange de saveurs et de textures, à base d'ingrédients naturels comme le miel, le riz et les noix. Voici un aperçu de quelques desserts coréens populaires, parfaits pour les personnes qui visitent le pays pour la première fois.

❶ Yakgwa 약과
Dessert moelleux sucré au miel, fabriqué à partir d'une pâte de farine de blé frite et trempée dans un sirop de miel. Sa texture moelleuse et son goût de noisette en font une friandise très appréciée.

❷ Dasik 다식
Les Dasik sont des bonbons joliment moulés à base de poudre de haricots, de riz ou de châtaignes mélangée à du miel. Ils ont un aspect raffiné, sont légèrement sucrés et accompagnent parfaitement le thé.

❸ Songpyeon 송편
Ce gâteau de riz en forme de demi-lune est fourré de haricots, de graines de sésame ou de haricots rouges et se déguste pendant le Chuseok (festival coréen des récoltes). Il est doux et légèrement moelleux, symbolisant la prospérité et la bonne fortune.

❹ Yugwa 유과
Une friandise légère et croustillante à base de pâte de riz gluant frite, puis enrobée de miel et de farine de riz. Courante lors des mariages et les fêtes, sa texture croustillante et son léger goût sucré en font l'un des plats préférés du public.

❺ Gangjeong 강정
Ces grappes de riz ou de noix sont liées au miel et ont une texture croustillante et sucrée. Elles sont généralement consommées comme en-cas lors d'occasions spéciales.

❻ Injeolmi 인절미
Il s'agit d'un gâteau de riz moelleux enrobé de poudre de soja, qui a une saveur unique de noix et qui est apprécié pour sa texture rassasiante.

❼ Bingsu 빙수
Dessert d'été traditionnel à base de glace finement pilée et garnie de divers ingrédients. Du bingsu classique aux haricots rouges aux combinaisons créatives et modernes, cette friandise rafraîchissante est un incontournable de la chaleur estivale coréenne.

Animal Lounge & Café

 Seongsu-dong
성수동

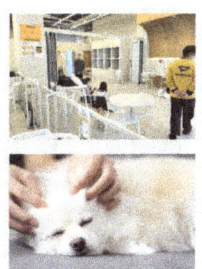

Un café où l'on peut voir des ratons laveurs, des suricates, des chats et des chiens en même temps

Un café où l'on peut profiter de divers services pour chiens et jouer ensemble

미어캣족장
Meerkat Jokjang

서울 광진구 동일로20길 72, 3층
Gwangjin-gu Dongil-ro 20-gil 72, 3F
instagram.com/meerkatchief

Tel : 0507-1430-0132

Réservation par tél : X	Ouv. : JDS 13:00-21:30
À emporter : X	WE 12:00-21:30
Réserv. Oblig. : X	Dern. cmd. : X
	Tps pause : —

Ambiance : Un vaste espace intérieur où les animaux vivent ensemble. Il y a plusieurs tables où l'on peut s'asseoir et prendre un verre.
Menu : L'entrée est payante et varie entre le week-end et la semaine. En plus du droit d'entrée, chaque personne doit acheter une boisson.
Caractéristiques : Différents animaux, dont des ratons laveurs, des suricates, des chats et des chiens, vivent ensemble.
Recommandation : Il n'est pas nécessaire d'acheter séparément des friandises pour les animaux ; le personnel en distribue de petites quantités aux visiteurs. Des casiers pour ranger ses affaires et des pantoufles sont mis à disposition. Il n'est pas nécessaire d'acheter des boissons coûteuses.
Remarque : Les week-ends et les jours fériés, le centre est une zone interdite aux enfants. Seuls les enfants en âge d'aller à l'école primaire sont admis (les 10-13 ans peuvent entrer en semaine avec un adulte, dans la limite de 2 enfants par adulte). Ils doivent présenter une pièce d'identité (passeport, etc.) pour vérifier leur âge. À l'entrée, restez aussi silencieux que possible pour ne pas effrayer les animaux. En raison de la réglementation sur les animaux, vous ne pouvez pas nourrir directement les ratons laveurs.

Produits populaires du menu

Frais d'entrée
JDS 10 000 + boisson
Week-end 11 000 + boisson

펌킨 펫하우스
Pumpkin Pet House

서울 성동구 상원1길 22
Seongdong-gu Sangwon 1-gil 22
pumpkincorp.com   instagram.com/pumpkin.pethouse

Tel : 02-994-4000

Réservation par tél : O	Ouv. : JDS 08:00-20:00
À emporter : X	WE/Jour férié 10:00-20:00
Réserv. Oblig. : X	Dern. cmd. : X
	Tps pause : —

Ambiance : Le café présente un extérieur épuré avec de grandes fenêtres qui laissent entrer beaucoup de lumière naturelle. L'intérieur spacieux permet aux chiens de courir et de jouer librement.
Menu : Plusieurs boissons et desserts sont inclus dans le prix d'entrée.
Caractéristiques : Ce café accueillant pour les chiens vous permet d'amener votre propre chien et a également des chiens résidents avec lesquels vous pouvez interagir.
Recommandation : Le café offre une variété de services tels que la garderie, l'hôtel, le toilettage et la pension journalière, ce qui en fait un endroit idéal à visiter lorsque vous avez besoin de ces services.
Remarque : Pour la sécurité des enfants et des chiens, seules les personnes âgées de 13 ans et plus sont admises. Seuls les petits chiens de moins de 10 kg sont autorisés.

Produits populaires du menu

(Droit d'entrée inclus)
Americano 8 000
Café Latte 8 300
Café Mocha 8 500

Hongdae
홍대

Un café où vous pouvez vous détendre avec des animaux adorables

페럿월드
Ferret World

서울 마포구 홍익로 15 3층
Mapo-gu Hongik-ro 15, 3F
instagram.com/ferret_world01

Tel : 0507-1405-4672
Réservation par tél : X	Ouv. : JDS 13:00-21:00
À emporter : X	WE 13:00-22:00
Réserv. Oblig. : X	Dern. cmd. : X
	Tps pause : —

Ambiance : Ce café unique offre un environnement spacieux où vous pouvez non seulement voir une variété d'animaux, mais aussi interagir avec eux de près.
Menu : Le menu comprend des options de café comme l'Americano, le café latte et le café latte à la vanille, ainsi que des boissons sans café.
Caractéristiques : Vous pouvez passer du temps avec toute une série d'animaux, notamment des ratons laveurs, des suricates, des kinkajous, des furets, des serpents, des lézards, des chiens, des chats et des alpagas.
Recommandation : Le prix d'entrée est de 15 000 KRW par personne, et le prix des boissons n'est pas compris.
Remarque : Les animaux domestiques ne sont pas autorisés. Prudence si vous souffrez d'allergies ou si vous êtes sensible aux odeurs.

Produits populaires du menu

Americano 3 000
Vanilla Latte 4 000
Grapefruit Ade 5 000

Un charmant village de chats rempli d'une cinquantaine d'adorables chats

루프캣미
Roof Cat Me

서울 마포구 양화로 140, 지하 2층
Mapo-gu Yanghwa-ro 140, B2F
roofcatme.com   instagram.com/roof_cat_me

Tel : 0507-1405-1678
Réservation par tél : X	Fermé : 1er et 3ème lundi de chaque mois
À emporter : X	Ouv. : Lu-Di 12:00-22:00
Réserv. Oblig. : X	Dern. cmd. : X
	Tps pause : —

Ambiance : L'espace est situé au sous-sol d'un bâtiment ressemblant à un hôtel, conçu pour ressembler à un petit village européen. Il s'agit d'un grand espace où des chats se prélassent. Les visiteurs s'enregistrent et paient à un kiosque à l'entrée. Les objets personnels peuvent être entreposés dans le vestiaire. Il y a une zone de bricolage où vous pouvez créer vos propres souvenirs avec des poupées de personnages et des spots photo.
Menu : Le bar à boissons offre une variété de boissons gratuites et illimitées, y compris du café et des boissons aux fruits.
Caractéristiques : C'est un espace où les chats et les gens interagissent et coexistent, offrant une évasion apaisante de la ville.
Recommandation : Les chats sont nourris à des heures précises : 13 h 30 et 18 h 30. Si vous souhaitez assister à leur alimentation, allez-y à ces heures-là.
Remarque : Il existe deux types de bracelets : l'un pour ranger les objets personnels et l'autre pour acheter des collations. Les bracelets jaunes sont destinés à l'achat d'en-cas pour les chats. Vous ne pouvez acheter qu'une seule collation par personne afin de garantir la santé des chats. Les collations ne doivent être données qu'aux chats portant un foulard autour du cou. Ne pas nourrir les autres chats. Temps de visite : 3 heures en semaine, 2 heures le week-end.

Produits populaires du menu

Droits d'entrée
JDS 18 000
Week-end 20 000

Café & Dessert

 Apgujeong / Cheongdam / Garosu-gil
압구정 / 청담 / 가로수길

Un café brunch installé dans une maison rénovée à l'atmosphère vintage

카페413 프로젝트 Cafe413 Project

서울 강남구 논현로97길 19-11
Gangnam-gu Nonhyeon-ro 97-gil 19-11
instagram.com/cafe413project

Tel : 070-7798-0544	**Fermé :** Lu
Réservation par tél : X	**Ouv. :** Ma-Sa 10:30-22:00
À emporter : O	Di 10:30-21:00
Réserv. Oblig. : X	**Dern. cmd. :** X
	Tps pause : —

Ambiance : Le café est installé dans un immeuble résidentiel rénové, avec un premier et un deuxième étage avec des tables à chaque niveau. Le deuxième étage comprend des espaces privés et l'intérieur vintage présente des murs en briques apparentes. Il y a également une terrasse extérieure où vous pouvez prendre un café.
Menu : Offre une variété d'options de café, ainsi qu'une sélection de plats de brunch et de desserts.
Caractéristiques : Un café brunch indépendant qui offre une atmosphère détendue rappelant une maison de style européen.
Recommandation : **L'ambiance** change entre le jour et le soir, donc une visite juste avant le coucher du soleil vous permettra d'expérimenter les deux.
Remarque : Le café est situé dans une ruelle vallonnée, ce qui peut rendre la marche un peu difficile. Les commandes ne peuvent être passées qu'au premier étage. Les escaliers menant au deuxième étage sont un peu raides, il faut donc les emprunter avec précaution. Vous devrez prendre des ustensiles, des assiettes et de l'eau au bar en libre-service. Les boissons doivent être prises au premier étage, mais la nourriture sera apportée à votre table.

Produits populaires du menu

Caffe Latte 5 800
Carrot Cake 8 000
Sausage Bacon Omlete 17 500
Avocado Orange Bowl 18 800

Un brunch/café élégant dans un espace en briques

꽁티드툴레아 Conte de Tulear

서울 강남구 도산대로49길 39
Gangnam-gu Dosan-daero 49-gil 39
contedetulear.com   instagram.com/contedetulear

Tel : 0507-1325-8490	
Réservation par tél : X	**Ouv. :** Lu-Sa 11:00-24:00
À emporter : O	Di 11:00-23:00
Réserv. Oblig. : X	**Dern. cmd. :** X
	Tps pause : 17:00-18:00
	Dessert & Boissons Uniq.

Ambiance : L'entrée, construite en briques rouges, apporte une touche d'exotisme. L'intérieur spacieux comprend des places assises à l'intérieur et à l'extérieur, créant une atmosphère antique et confortable avec un intérieur branché. C'est un endroit populaire pour les jeunes couples qui sortent ensemble.
Menu : En plus du café, il y a une gamme variée de plats et de desserts, y compris des salades, des pâtes et des gaufres.
Caractéristiques : Ce lieu est un espace culturel qui sert des brunchs et du vin, basé sur une marque spécialisée dans les produits de parfumerie. Il existe depuis longtemps.
Recommandation : Le menu se marie bien avec le vin, il est donc recommandé de les déguster ensemble. Le brunch est proposé de 11 heures à 16 heures. Le choix d'une place à l'intérieur peut permettre une entrée plus rapide. Le restaurant fonctionne comme un bar à vin naturel de 17 heures à minuit. La pause a lieu entre 17 et 18 heures, mais il est possible de commander des desserts et des boissons.
Remarque : Il y a souvent de l'attente le week-end, il est donc recommandé d'y aller en semaine. Un minimum d'un plat par personne est requis pour les commandes de brunch. En période d'affluence, il se peut que votre visite soit limitée dans le temps.

Produits populaires du menu

Avocado Toast 14 000
Lemon Anchovy Oil Pasta 18 000
Kimchi Fried Rice 19 500

Apgujeong / Cheongdam / Garosu-gil
압구정 / 청담 / 가로수길

Un brunch populaire dans un jardin d'inspiration européenne

달마시안
Dalmatian

서울 강남구 압구정로42길 42
Gangnam-gu Apgujeong-ro 42-gil 42
instagram.com/dalmatian_dosan

Tel : 0507-1491-0926
Réservation par tél : O   **Ouv. :** T.J. 09:00-23:00
À emporter : X   **Dern. cmd. :** 22:00
Réserv. Oblig. : X   **Tps pause :** —

Ambiance : Auparavant maison, le café dispose d'un intérieur spacieux et de places assises à l'extérieur. Les espaces ouverts créent une atmosphère naturelle et des œuvres d'art sur le thème des dalmatiens sont exposées un peu partout. Le cadre est jeune et branché, sur deux étages.
Menu : En tant que café brunch, il propose une variété de plats occidentaux tels que des toasts, des œufs Bénédicte et des pâtes. Les commandes peuvent être passées via une tablette.
Caractéristiques : Connu pour son jardin d'inspiration européenne et ses offres de brunch. Les animaux de compagnie y sont les bienvenus, ce qui explique que de nombreux clients les amènent avec eux.
Recommandation : La « fontaine de fleurs », avec ses pétales flottant sur l'eau, est un lieu de prédilection pour les photos. Pendant la journée, c'est un café populaire, et le soir, c'est un bar très prisé proposant à dîner.
Remarque : Il y a souvent de l'attente, même en semaine. La terrasse et le premier étage sont souvent pleins. Les animaux domestiques sont autorisés à l'intérieur s'ils sont transportés dans un sac ou une caisse de transport.

Produits populaires du menu

Crunch French Toast 21 000
Eggs Benedict 22 500
Dalmatian Monte Cristo 25 500

Seocho / Seorae Village
서초 / 서래마을

Un café célèbre pour ses desserts et gâteaux français cuits au four

카페드리옹 서래본점
Cafe de Lyon
(succursale principale de Seorae)

서울 서초구 서래로7길 18
Seocho-gu Seorae-ro 7-gil 18

Tel : 0507-1353-0835
Réservation par tél : O   **Ouv. :** T.J. 09:00-23:00
À emporter : O   **Dern. cmd. :** 22:50
Réserv. Oblig. : X   **Tps pause :** —

Ambiance : L'extérieur du café est propre et moderne. Bien que l'intérieur ne soit pas très spacieux, il dispose d'un passage étroit bordé d'une longue cuisine et de quelques tables. Il y a également une terrasse à l'intérieur. La lumière vive crée une atmosphère animée.
Menu : Le café propose une grande variété de desserts et de gâteaux français, ainsi que du café, du thé et des jus de fruits.
Caractéristiques : C'est un endroit populaire pour les desserts français dans le quartier de Seorae Village et il a même ouvert d'autres endroits en raison de sa popularité.
Recommandation : Essayez le gâteau au fromage d'Alsace fait avec du fromage français.
Remarque : Le mille-feuille à la vanille a tendance à se vendre rapidement, il est donc recommandé de s'y rendre tôt.

Produits populaires du menu

Mille-feuille Vanille 7 200
Alsace Cheesecake 7 200
Chocolat Chantilly 7 200
Espresso 4 800
Vanilla Latte 5 800

② Seocho / Seorae Village
서초 / 서래마을

Un café à l'intérieur mystérieux et aux expositions uniques, proposant des boissons et des desserts à base de céréales

카페 이로
Cafe Eero

서울 서초구 반포대로30길 32, 지하1층, 1층
Seocho-gu Banpo-daero 30-gil 32, B1F, 1F
instagram.com/eero.seoul

Tel : 02-6447-1080
Réservation par tél : X
À emporter : O
Réserv. Obligé. : X
Ouv. : JDS 08:30-21:00
WE/Jour férié 11:00-21:30
Dern. cmd. : X
Tps pause : —

Ambiance : Le jardin extérieur est orné d'œuvres d'art impressionnantes, tandis que l'espace intérieur est doté de hauts plafonds et de grandes fenêtres, ce qui est parfait pour profiter du beau temps. Le mobilier moderne de ce vaste espace est remarquable. Le sous-sol présente des installations artistiques de rêve, ce qui en fait un endroit serein pour prendre un verre et rêvasser.
Menu : Offre des desserts et des boissons à base de céréales qui mettent en valeur les saveurs et les textures traditionnelles coréennes.
Caractéristiques : Le café a pour thème un temple dédié à Haechi, une créature coréenne mythique, mêlant le design coréen traditionnel à une touche de modernité pour créer une atmosphère mystérieuse et tranquille.
Recommandation : Avec une grande variété de desserts disponibles, cela vaut la peine d'en essayer plusieurs. Les commandes sont passées au premier étage, mais l'endroit le plus prisé est le sous-sol (accessible par ascenseur).
Remarque : Le sous-sol peut être quelque peu humide en raison de l'installation d'eau qui coule du plafond. Des toilettes se trouvent également à ce niveau.

Produits populaires du menu

해치 크림 라떼 Haechi Creame Latte 6 800
서리태 그레인 밀크 Seoritate Grain Milk 5 600
누룽지 커피 Nurungji (riz brûlé) Coffee 5 500
해치의 신수림 Haechi Mousse Cake 9 800

Artisan Boulangerie & Specialty Cafe, un des lieux préférés des expatriés français vivant en Corée

르빵아쎄르
Le Pain Asser

서울 서초구 서래로 17
Seocho-gu Seorae-ro 17

Tel : 0507-1365-3423
Réservation par tél : X
À emporter : O
Réserv. Obligé. : X
Ouv. : T.J. 08:00-22:00
Dern. cmd. : 21:30
Tps pause : —

Ambiance : Le café offre un environnement spacieux et confortable. Au fur et à mesure que l'on avance à l'intérieur, on trouve d'autres places assises. La terrasse est idéale pour profiter du beau temps tout en observant les gens qui passent.
Menu : Le menu comprend une vaste sélection de pâtisseries françaises, ainsi que du café, du thé et des jus de fruits naturels fraîchement pressés.
Caractéristiques : Tous les produits de boulangerie sont exempts d'additifs chimiques tels que les améliorants. Tous les pains et pâtisseries sont préparés chaque jour dans la cuisine avec de la farine française, sans utiliser de pâte congelée.
Recommandation : Un bar en libre-service équipé d'un mini-four vous permet de réchauffer votre pain. Il est recommandé d'accompagner votre pâtisserie d'un café ou d'un thé bio.
Remarque : Vous avez le choix entre trois types de grains de café différents. Si vous y allez le soir, la variété de pâtisseries peut être limitée.

Produits populaires du menu

Espresso 5 000
Fresh Strawberry Latte 9 000
Pain au Chocolat aux Amandes 4 900
Double Chocolate Croissant 4 800
Flan au Vanilla 4 300

Seocho / Seorae Village
서초 / 서래마을

Des desserts français authentiques dégustés dans un décor de salon
MAILLET

서울 서초구 사평대로22길 14
Seocho-gu Sapyeong-daero 22-gil 14
instagram.com/maillet_patisseriefrancaise

Tel : 02-749-1411
Réservation par tél : X **Ouv. :** T.J. 11:00-21:30
À emporter : O **Dern. cmd. :** X
Réserv. Oblig. : X **Tps pause :** —

Ambiance : Situé dans une ruelle, le café présente un extérieur luxueux et moderne. L'intérieur est spacieux et les sièges permettent d'être confortablement assis. Les tables sont nombreuses et l'espace est propice aux conversations sans trop de dérangement. Le décor de style salon européen, avec des tons menthe et rose et des touches de marbre, est élégant et sophistiqué.
Menu : Le café propose une sélection de desserts français authentiques, notamment des tartes, des pâtisseries à base de choux, des macarons et bien d'autres, ainsi que du café, du thé et d'autres boissons.
Caractéristiques : Le café est tenu par un couple de pâtissiers qui ont suivi ensemble une formation dans une école culinaire française.
Recommandation : Nous vous recommandons vivement le mille-feuille, qui est tacheté de gousses de vanille visibles. Des coffrets cadeaux sont également disponibles à l'achat près de l'entrée.
Remarque : Chaque table doit commander au moins un dessert et une boisson. L'utilisation d'un ordinateur portable est interdite le week-end, mais le café est généralement calme pendant les heures de déjeuner en semaine.

Produits populaires du menu

Eclair Vanille Caramel 8 700
Tarte vraiment Vanille 9 900
Mille-feuille Vanille 9 500
Macaron 3 300
Espresso 6 000

Un café polyvalent, spacieux et branché
먼셀커피
Munsell Coffee

서울 서초구 서래로6길 15
Seocho-gu Seorae-ro 6-gil 15

Tel : 02-533-7236
Réservation par tél : X **Ouv. :** T.J. 10:30-22:00
À emporter : O **Dern. cmd. :** X
Réserv. Oblig. : X **Tps pause :** —

Ambiance : Lorsque vous ouvrez la lourde porte noire, vous entrez dans un endroit spacieux. Un côté est décoré dans des tons modernes de noir et de gris, tandis que l'autre est décoré de manière créative avec des plantes, ce qui lui donne l'aspect d'un village forestier. Le sous-sol est calme et possède l'atmosphère d'un café d'études, avec de nombreuses tables. La musique branchée ajoute à **l'ambiance**.
Menu : Le café propose une variété de cafés et de thés, de pâtisseries et de bières.
Caractéristiques : Toutes les pâtisseries et tous les desserts sont préparés sur place.
Recommandation : Même si le premier étage est plein, le sous-sol offre généralement de nombreuses places assises. Il y a de nombreuses prises de courant.
Remarque : La carte des boissons est spéciale et peut varier en fonction des saisons.

Produits populaires du menu

Cold Brew 6 500
Latte 7 000
Crème Brûlée Espresso 7 500

Seocho / Seorae Village
서초 / 서래마을

Hannam-dong / Itaewon
한남동 / 이태원

Un café tranquille dans la ville, rempli de plantes, qui offre une évasion apaisante

티플랜트
Tea Plant

서울 서초구 동광로39길 46, 4층
Seocho-gu Donggwang-ro 39-gil 46, 4F
instagram.com/teaplant.seorae

Tel : 0507-1483-8887

Réservation par tél : O	Ouv. : T.J. 11:00-23:00
À emporter : O	Dern. cmd. : 22:30
Réserv. Oblig. : X	Tps pause : —

Ambiance : Situé au 4e étage du bâtiment, accessible par ascenseur. L'intérieur présente un charme européen et spacieux entouré de plantes qui donne l'impression d'être dans une forêt. L'espace est baigné de lumière naturelle grâce à de grandes fenêtres sur tous les côtés. La disposition est bien organisée avec de nombreuses tables, y compris des sièges pour les groupes et des salles privées disponibles dans une annexe séparée pour les rassemblements plus importants.
Menu : Offre une gamme de cafés et de thés, différents vins, ainsi que diverses options de desserts, de repas et d'en-cas.
Caractéristiques : C'est un espace unique qui rappelle un petit jardin, offrant une échappatoire apaisante à la vie trépidante de la ville.
Recommandation : Prendre un café ou un vin avec le dessert est une excellente option, mais il est également fortement recommandé de dîner ici. Une visite par temps ensoleillé renforce l'expérience.
Remarque : Les animaux domestiques sont les bienvenus (il est recommandé d'utiliser des salles privées dans l'annexe). Les prix à l'heure du thé l'après-midi ne comprennent pas les boissons. Café et thé jusqu'à 21h30, vin jusqu'à 23h00.

Produits populaires du menu

Basil Tomato Bagel Sandwich 17 000
Vegan Steak 39 000
Afternoon Tea Set (2/3-plateaux) 27 000/32 000 (par personne)

Un espace unique pour se restaurer et faire du shopping

보마켓 경리단점
Bo Market (succursale de Gyeongridan)

서울 용산구 녹사평대로 286
Yongsan-gu Noksapyeong-daero 286
bomarket.co.kr   instagram.com/bomarket

Tel : 02-792-3380

Réservation par tél : X	Ouv. : T.J. 10:00-20:00
À emporter : O	Dern. cmd. : 18:30
Réserv. Oblig. : X	Tps pause : —

Ambiance : Il est possible de s'asseoir sur la terrasse extérieure, créant ainsi une atmosphère de pique-nique. Divers articles de style de vie sont en vente, ce qui permet de flâner tout en mangeant.
Menu : Principalement des options saines telles que le poke, les salades et les pâtes.
Caractéristiques : Un espace unique où vous pouvez profiter d'une boutique charmante et éclectique tout en mangeant sainement.
Recommandation : Le tteokbokki est un plat populaire, ne manquez pas d'y goûter.
Remarque : Les animaux de compagnie et les enfants sont les bienvenus. Il n'est pas possible de réserver.

Produits populaires du menu

Soupe du jour 7 500
English Breakfast 13 500
Salmon Poke 14 900

Hannam-dong / Itaewon
한남동 / 이태원

Un lieu où l'on peut déguster des desserts turcs traditionnels, du café et du thé noir

케르반베이커리&카페
Kervan Bakery & Cafe

서울 용산구 이태원로 208
Yongsan-gu Itaewon-ro 208

Tel : 0507-1387-5585
Réservation par tél : X
À emporter : O
Réserv. Oblig. : X

Ouv. : Ve,Sa 10:00-05:00
Di-Je 10:00-22:00
Dern. cmd. : X
Tps pause : —

Ambiance : L'extérieur présente un bâtiment en briques avec une petite terrasse. L'intérieur est frappant avec son décor turc exotique et ses divers ornements. Le café n'est pas très spacieux et attire principalement des visiteurs étrangers.
Menu : Offre des desserts turcs authentiques, du café et du thé noir.
Caractéristiques : Offre une expérience qui rappelle un voyage en Turquie, avec des desserts et du café turcs traditionnels.
Recommandation : Ouvert jusqu'à l'aube les vendredis et samedis, c'est un bon endroit pour les visites tardives. Une mosquée islamique se trouve à proximité, vous pouvez donc planifier votre visite en conséquence. Dégustez des desserts sucrés avec du café turc ou du thé noir, et jetez un coup d'œil aux articles turcs traditionnels proposés à la vente.
Remarque : Le café est situé dans une ruelle en pente, ce qui peut rendre l'accès à pied un peu difficile.

Produits populaires du menu

Baklava 2 500
Turkish Delight 6 000
Kaymak Muhallebi 6 000
Turkish Coffee 5 800
Turkish Tea 4 300

Une boulangerie branchée spécialisée dans les desserts haut de gamme

패션파이브 Passion 5

용산구 이태원로 272
Yongsan-gu Itaewon-ro 272
instagram.com/passion5_kr

Tel : 0507-1416-9505
Réservation par tél : X
À emporter : O
Réserv. Oblig. : X

Ouv. : T.J. 07:30 - 22:00
Gelato Cafe 11:00 - 20:00
Dern. cmd. : —
Tps pause : —

Ambiance : Situé dans un bâtiment vitré le long de la rue principale d'Itaewon, le sous-sol est aménagé en terrasse et propose de la nourriture et des boissons. Au premier étage, la salle d'exposition de la boulangerie comporte quelques tables où l'on peut s'asseoir et déguster des desserts. L'intérieur, qui rappelle une usine de boulangerie, est impressionnant. Bien que le premier étage soit spacieux, il n'y a pas beaucoup de places assises.
Menu : Outre une grande variété de produits de boulangerie, de salades et de sandwichs qui peuvent remplacer un repas, la boutique propose des desserts uniques et luxueux, notamment les crêpes et le gelato qui sont préparés sur place. Bien qu'ils soient coûteux, leur attrait visuel est saisissant.
Caractéristiques : Cette boutique de desserts haut de gamme appartient au groupe SPC, qui exploite également Paris Baguette et Paris Croissant. L'espace est rempli d'une sélection variée de desserts, offrant à la fois un plaisir visuel et un processus de sélection amusant.
Recommandation : Au premier étage, un espace est réservé à la commande et à la dégustation de crêpes et de gelato fraîchement préparés. En les commandant, il est plus facile de s'assurer une place pour s'asseoir.
Remarque : Bien que vous puissiez commander des desserts au premier étage et les déguster au sous-sol, chaque personne doit commander au moins une boisson. En raison du manque de places assises, de nombreuses personnes optent pour des plats à emporter.

Produits populaires du menu

Pâtisseries diverses à partir de 2 300
Bagel Cream Cheese Egg Plate 27 000
Gelato Parfait Peach 37 000

Hannam-dong / Itaewon
한남동 / 이태원

Un café unique où vous pouvez déguster un café et des desserts tout en regardant la pluie 365 jours par an

레인리포트
Rain Report

서울 용산구 소월로40길 85, 1, 2층
Yongsan-gu Sowol-ro 40-gil 85, 1F, 2F
instagram.com/rainreport_official

Tel : 0507-1360-4302
Réservation par tél : X   **Ouv.** : T.J. 11:00-21:30
À emporter : O   **Dern. cmd.** : 21:00
Réserv. Oblig. : X   **Tps pause** : —

Ambiance : Un bâtiment niché dans une petite bambouseraie. L'intérieur est moderne et épuré, avec des tons noirs, et se compose de deux étages spacieux. La terrasse extérieure offre une atmosphère agréable. Le premier étage comprend des tables de bar et des sièges avec vue sur la pluie artificielle, tandis que le deuxième étage se compose d'un salon et de salles privées.
Menu : Dégustez une variété de desserts ainsi que du café et une large gamme de boissons créatives.
Caractéristiques : Le café sélectionne chaque année les grains de café les plus savoureux en fonction des observations météorologiques annuelles et applique différentes méthodes de torréfaction en fonction des caractéristiques des grains de cette année-là.
Recommandation : Essayez l'assortiment de desserts, qui propose une sélection de desserts sur une seule assiette.
Remarque : L'établissement étant situé sur une colline, il peut être difficile d'y monter à pied. Il est recommandé de prendre le bus local depuis l'entrée de Gyeongridan. Les toilettes pour hommes se trouvent au premier étage et les toilettes pour femmes au deuxième étage.

Produits populaires du menu

Signature Sampler 22 000
Strawberry Cheese Soufflé 16 000
Black Cloud 13 000

Un bar confortable sur la colline de Gyeongridan-gil

uphill namsan

서울 용산구 회나무로42길 36, 2층
Yongsan-gu Hoenamu-ro 42-gil 36, 2F
instagram.com/uphill.namsan

Tel : 0507-1481-2001
Réservation par tél : O   **Ouv.** : T.J. 15:00-23:00
À emporter : O   **Dern. cmd.** : 22:00
Réserv. Oblig. : X   **Tps pause** : —

Ambiance : L'intérieur moderne et minimaliste crée une atmosphère chic. Il y a deux types de salles : les salles privées et les salles de groupes. Bien que la salle à manger principale ne soit pas très grande, il y a plusieurs tables et un bar. S'asseoir près de la fenêtre offre une belle vue sur Namsan.
Menu : Divers plats occidentaux sont proposés, notamment des steaks, des pâtes, des salades et des menus de desserts uniques.
Caractéristiques : L'espace sert à la fois de bar et de restaurant.
Recommandation : Il est agréable d'essayer le menu du café ou d'opter pour un verre de vin avec des petites assiettes ou des desserts.
Remarque : Les places au bar doivent être réservées par téléphone ou par Instagram DM. Sachez que pour atteindre le lieu, il faut monter une colline et grimper des escaliers, ce qui peut être difficile.

Produits populaires du menu

Coleslaw & Mini Hotdogs 17 000
Basil Pesto Pasta 27 000
Ice Cream & Popcorn 12 000

Jongno / Gwanghwamun / Insa-dong
종로 / 광화문 / 인사동

L'un des meilleurs endroits de Corée pour les Einspänner

아키비스트
Archivist

서울 종로구 효자로13길 52
Jongno-gu Hyoja-ro 13-gil 52
instagram.com/archivistcoffee

Tel : 0507-1333-1518
Réservation par tél : X
À emporter : O
Réserv. Oblig. : X
Ouv. : T.J. 11:00-21:00
Dern. cmd. : 20:30
Tps pause : —

Ambiance : Situé dans une allée près de Gyeongbokgung, un peu à l'écart du centre. Le café n'est pas très grand mais l'intérieur est chaleureux et confortable.
Menu : Offre une variété de cafés tels que l'Americano, le café latte et l'Einspänner, ainsi qu'une sélection de pâtisseries.
Caractéristiques : Célèbre pour ses délicieux Einspänner. Les prix des boissons sont raisonnables.
Recommandation : Regardez les modèles de nourriture réalistes qui sont exposés pour vous aider à passer votre commande. Une réduction de 10 % est accordée sur les commandes de café à emporter. Le pain danois à la myrtille est à goûter absolument.
Remarque : Les tables sont très rapprochées les unes des autres et l'espace clos peut être assez bruyant. Il y a souvent beaucoup de monde, même en semaine.

Produits populaires du menu

Espresso 4 000
Einspänner 6 000
Blueberry Danish 7 800

Un charmant café-boulangerie tout droit sorti d'un film d'animation

도토리가든
Dotori Garden

서울 종로구 계동길 19-8
Jongno-gu Gyedong-gil 19-8
instagram.com/dotori__seoul

Tel : 0507-1476-1176
Réservation par tél : X
À emporter : O
Réserv. Oblig. : X
Ouv. : T.J. 08:00-23:00
Dern. cmd. : X
Tps pause : —

Ambiance : Avec un extérieur charmant et un intérieur mignon rappelant le film du Studio Ghibli Mon voisin Totoro, ce café offre une atmosphère chaleureuse, semblable à celle d'une forêt, avec un beau jardin spacieux. L'intérieur s'étend jusqu'au deuxième étage où l'on peut s'asseoir.
Menu : Vous y trouverez une variété de brunchs, des yaourts grecs sains et un assortiment de plats végétaliens.
Caractéristiques : Le café offre une **ambiance** de conte de fées avec des sièges confortables et des plats soigneusement préparés, créant ainsi une expérience spéciale pour les visiteurs.
Recommandation : Idéal pour celles et ceux qui aiment les décors mignons et les touches fantaisistes. Essayez les madeleines en forme de gland et les boissons au miel en rayon.
Remarque : Le restaurant est adapté aux familles et dispose d'une zone pour les enfants et d'un espace pour les animaux de compagnie. Attendez-vous à un long temps d'attente.

Produits populaires du menu

Strawberry Yogurt Drink 8 500
Honeycomb Black Sesame Latte 9 500
Real Honey (Greek Yogurt) 14 500
Pretzel Brunch 16 000

⑤ Jongno / Gwanghwamun / Insa-dong
종로 / 광화문 / 인사동

Une grande boulangerie-café connue pour son délicieux thé au lait

Un café culturel près de la gare de Gyeongbokgung conçu par un architecte célèbre

카페 할로우
Cafe Hollow

서울 종로구 계동길 33-2, 1, 2층
Jongno-gu Gyedong-gil 33-2, 1F, 2F
instagram.com/hollow_cafe

Tel : 0507-1379-7174
Réservation par tél : X   **Ouv. :** T.J. 08:00-21:00
À emporter : O   **Dern. cmd. :** 20:30
Réserv. Obl. : X   **Tps pause :** —

Ambiance : Spacieux et confortable, avec une variété de sièges, y compris un toit et une terrasse. L'intérieur simple et minimaliste est impressionnant et il est possible de s'asseoir en groupe.
Menu : Outre les différentes boissons, le restaurant propose un large éventail de produits de boulangerie. La diversité de la sélection de desserts, en particulier les produits de boulangerie avec des garnitures uniques, rend le processus de choix agréable.
Caractéristiques : Tous les matins, les pâtissiers de l'établissement travaillent d'arrache-pied pour que du pain frais et chaud soit disponible chaque jour.
Recommandation : Le café propose un ensemble sandwich et café, qui peut constituer un repas léger ou une bonne option pour les petits appétits.
Remarque : Le café ouvre à 8 heures du matin, attirant à la fois les touristes et les employés de bureau des environs, mais les rotations sont rapides. Les places assises à l'extérieur peuvent être affectées par la fumée de cigarette.

Produits populaires du menu

Pâtisseries diverses à partir de 2 900
Americano 5 500
Jeju Hallabong Sparkling 8 000

온그라운드
onground

서울 종로구 자하문로10길 23
Jongno-gu Jahamun-ro 10-gil 23

Tel : 02-720-8260
Réservation par tél : X   **Ouv. :** T.J. 11:00-23:00
À emporter : O   **Dern. cmd. :** X
Réserv. Obl. : X   **Tps pause :** —

Ambiance : Le café présente une façade ouverte avec de grandes fenêtres qui permettent d'interagir avec les passants. À l'intérieur, l'espace est beaucoup plus grand qu'il n'y paraît de l'extérieur et est divisé en plusieurs zones thématiques. Le sous-sol abrite un LP Bar, tandis que les étages supérieurs servent de galeries où sont exposées d'impressionnantes œuvres d'art contemporain.
Menu : Le café propose une variété de boissons, dont celle saveur prune, l'Americano, le latte et le vin, ainsi que des mini gâteaux et d'autres desserts.
Caractéristiques : Conçu et géré par le célèbre architecte Cho Byung-soo, cet espace est plus qu'un simple café, c'est un complexe culturel où l'art et la musique se rencontrent.
Recommandation : il est recommandé de visiter le lieu par beau temps. Si le premier étage semble bondé, ne partez pas ; explorez le deuxième étage et les autres espaces intérieurs pour trouver des places assises.
Remarque : Le LP Bar, situé au sous-sol, est ouvert le soir à partir de 17 heures.

Produits populaires du menu

Americano 6 000
Latte 7 000
자두 에이드 Jadu (Prune rouge) Ade 8 000
Organic Cream Tarte 8 000

Jongno / Gwanghwamun / Insa-dong
종로 / 광화문 / 인사동

 Seongsu-dong
성수동

Un café unique en son genre, connu pour son pain sur le thème du « caca ».

Un espace où les personnes et leurs animaux de compagnie peuvent se détendre et se relaxer ensemble

또옹카페
Ddong Cafe

서울 종로구 인사동길 44 쌈지길 4층 1호
Jongno-gu Insadong-gil 44 Ssamji Gil 4F #1

Tel : 02-722-1088
Réservation par tél : X   **Ouv. :** T.J. 10:30 - 21:00
À emporter : X   **Dern. cmd. :** X
Réserv. Oblig. : X   **Tps pause :** —

Ambiance : Situé sur le toit de Samziegil, ce café se distingue par son extérieur orné de personnages uniques. À l'intérieur, l'espace est rempli de divers accessoires sur le thème du caca qui créent une atmosphère humoristique dès l'entrée.
Menu : Le café propose un éventail de produits inhabituels comme le pain de caca et le hotteok de caca, ainsi que du café, du thé et des desserts traditionnels. Il vend également du pain de caca et des gaufres ttong à emporter à l'avant du magasin.
Caractéristiques : Connu pour ses noms de pains excentriques, cet endroit est parfait pour susciter la curiosité et est depuis longtemps un lieu incontournable d'Insadong.
Recommandation : Lorsque vous commandez une gaufre ttong, elle est servie sur une assiette en forme de toilettes. Le café propose également une variété de souvenirs excentriques, ce qui en fait un endroit idéal pour faire des cadeaux uniques.
Remarque : Cet endroit est idéal pour vivre une expérience intéressante et inédite. Il est également recommandé de le visiter avec des enfants.

Produits populaires du menu

똥빵 Poop Bread 1 500
똥아호떡 Poop Hotteok 2 000
또옹와플 Poop Waffle 15 000

어라운드데이
Around Day

서울 성동구 서울숲2길 24-1
Seongdong-gu Seoulsup 2-gil 24-1
instagram.com/around.day

Tel : 0507-1431-8310
Réservation par tél : X   **Ouv. :** T.J. 11:30-21:00
À emporter : O   **Dern. cmd. :** X
Réserv. Oblig. : X   **Tps pause :** —

Ambiance : Un café branché qui était auparavant une maison, avec un espace café aux 1er et 2e étages, une terrasse et un rooftop au 3e étage. L'espace est divisé en plusieurs salles, chacune avec une **ambiance** distincte.
Menu : Café, boissons diverses, pain perdu, gâteaux sans gluten et terrines.
Caractéristiques : Toutes les places à l'intérieur et à l'extérieur sont adaptées aux animaux de compagnie, avec une variété d'options de menu pour animaux disponibles.
Recommandation : Tous les gâteaux et terrines sont sans gluten et sans sucre, ce qui permet de se régaler sans culpabilité. Le pain perdu est particulièrement apprécié.
Remarque : Les animaux de compagnie ne sont admis qu'au 1er étage. Les commandes doivent être passées à ce même étage.

Produits populaires du menu

Espresso 5 500
French Toast 8 000
Matcha Terrine 7 000

Menu pour animaux :
Chicken Meat Ball 4 800
Pet ice Cream 2 800

 **Seongsu-dong**
성수동

Un café-dessert de style européen spécialisé dans les beignets torsadés

봉땅 서울숲점
Bontemps (succursale de Seoul Forest)

서울 성동구 서울숲6길 16-1
Seongdong-gu Seoulsup 6-gil 16-1
bontemps-seoul.com   instagram.com/bontemps.seoul

Tel : 0507-1464-7769
Réservation par tél : X   **Ouv. :** T.J. 11:50-22:00
À emporter : O   **Dern. cmd. :** 21:50
Réserv. Obligé. : X   **Tps pause :** —

Ambiance : L'extérieur présente un beau style européen avec une terrasse spacieuse équipée de larges bancs. L'intérieur est orné d'illustrations et d'accessoires branchés, accompagnés de musique, ce qui crée une atmosphère attrayante. Bien que l'espace ne soit pas très grand, il offre de nombreuses places assises.
Menu : Offre des beignets torsadés avec une variété de garnitures, ainsi que du café, du thé et même de la bière.
Caractéristiques : Utilise de la levure naturelle au lieu du riz gluant habituel, ce qui garantit la fraîcheur des produits en les produisant et en les jetant tous les jours.
Recommandation : Il est recommandé de consommer les beignets naturellement fermentés dans les trois jours. Des boîtes d'emballage sont disponibles pour quatre ou six beignets.
Remarque : Le beignet torsadé au maïs est très populaire et se retrouve rapidement épuisé. Les toilettes sont situées à l'extérieur et nécessitent un mot de passe. Les animaux de compagnie sont autorisés.

Produits populaires du menu

Salted Caramel 3 900
Pistachio 4 800
Corn Cream 4 800

Un café super branché qui propose des boissons et des desserts artistiques et créatifs

누데이크 성수
Nudake Seongsu

서울 성동구 성수이로7길 26
Seongdong-gu Seongsui-ro 7-gil 26
www.nudake.com   www.instagram.com/nu_dake

Tel : 0507-1313-4408
Réservation par tél : X   **Ouv. :** T.J. 11:00-21:00
À emporter : O   **Dern. cmd. :** 20:45
Réserv. Obligé. : X   **Tps pause :** —

Ambiance : Situé dans le quartier créatif de Seongsu, ce restaurant présente un design minimaliste et artistique qui s'accorde parfaitement avec ses desserts avant-gardistes. Les places assises sont variées et les tables bien disposées offrent à la fois confort et style, ce qui en fait un endroit idéal pour les groupes et les visiteurs solitaires. Le mélange de coins intimes et d'espaces ouverts, semblables à des galeries, invite les clients à se détendre et à savourer leurs desserts dans un environnement serein et visuellement attrayant.
Menu : Connu pour repousser les limites des desserts traditionnels, Nudake sert des pâtisseries, des gâteaux et des desserts innovants et visuellement saisissants. Ces créations uniques s'adressent à celles et ceux qui recherchent une approche différente et plus artistique des sucreries.
Caractéristiques : Ce restaurant, qui est une émanation de Gentle Monster, est conçu pour laisser une impression durable, offrant une expérience de dessert avant-gardiste unique en son genre à Séoul.
Recommandation : Visitez Nudake si vous êtes d'humeur à essayer quelque chose de vraiment différent, ou simplement pour apprécier ses desserts créatifs tant pour leur attrait visuel que pour leur goût.
Remarque : Préparez-vous à de longues files d'attente aux heures de pointe, en particulier les week-ends et les jours fériés, car le café est très fréquenté par les habitants et les touristes.

Produits populaires du menu

Desserts variés à partir de 8 500
Americano 5 500
Peak Green Tea Latte 8 000

Seongsu-dong 성수동

Une boutique de desserts colorés et excentriques sur le thème des perroquets

서울앵무새
Seoul Aengmusae

서울 성동구 서울숲9길 3, B1 ~ 2층
Seongdong-gu Seoulsup 9-gil 3, B1 to 2F
instagram.com/seoul_angmusae

Tel : 0507-1393-2042

Réservation par tél : X	Ouv. : T.J. 08:00-23:00
À emporter : O	Dern. cmd. : X
Réserv. Oblig. : X	Tps pause : —

Ambiance : Le café s'étend sur plusieurs étages, dont un sous-sol décoré d'affiches colorées pour une **ambiance** ludique et propice à la photo. La principale zone de commande se trouve au premier étage, tandis que des places assises sont disponibles au sous-sol et au deuxième étage, plus lumineux et plus spacieux.
Menu : La carte propose des cafés uniques et des desserts visuellement étonnants, tous sur le thème des perroquets. Des soupes maison et des brunchs sont également proposés.
Caractéristiques : Savourez des desserts et des boissons uniques dans un espace animé, sur le thème des perroquets, où les animaux de compagnie sont les bienvenus.
Recommandation : Lorsque vous commandez des pâtisseries, demandez des marqueurs pour personnaliser votre plateau avec des dessins. Les madeleines ont la forme d'œufs de perroquet.
Remarque : Les commandes sont passées au premier étage, les produits de boulangerie y sont récupérés et les boissons sont servies au sous-sol. Le café peut sembler exigu et bruyant en raison des tables serrées, et les desserts sont très sucrés. Une commande minimale d'une boisson par personne est requise.

Produits populaires du menu

Seoul Latte 7 500
Angmusae Vanilla Madeleine 5 800
Lotus Cinnamon Roll 6 000

Un café branché, de type galerie, très apprécié des jeunes

씬느
Scene

서울 성동구 연무장5길 20
Seongdong-gu Yeonmujang 5-gil 20
sceneseoul.com   instagram.com/sceneseoul_official

Tel : 0507-1493-2127

Réservation par tél : X	Ouv. : T.J. 10:00-22:00
À emporter : O	Dern. cmd. : 21:30
Réserv. Oblig. : X	Tps pause : —

Ambiance : Un café spacieux avec du béton apparent et une **ambiance** épurée, semblable à celle d'une galerie d'art, avec des tons blancs. Des tables tendance et bien espacées remplissent l'espace, et de grandes fenêtres permettent de respirer l'air frais. Il y a également une grande terrasse extérieure avec de nombreuses places assises.
Menu : Offre une variété de grains de café, de thés, de boissons aux saveurs de fruits, de bières pression et une sélection de desserts et de pâtisseries.
Caractéristiques : Un endroit où l'on peut déguster de délicieuses boissons et des desserts tout en découvrant les dernières tendances en Corée.
Recommandation : Assurez-vous une place avant de commander. Le deuxième étage abrite un concept store qui vaut le détour.
Remarque : Le café ferme parfois pour des événements pop-up, vérifiez donc leur site web avant de vous y rendre. Il est souvent bondé.

Produits populaires du menu

Americano 5 000
Scene Spänner 7 500
Ice Cream Latte 8 500
Orange Butter Scone 4 500

Hongdae
홍대

Un café dessert spacieux et charmant, réputé pour ses kaymaks authentiques.

미크플로 홍대점
Miikflo (succursale de Hongdae)

서울 마포구 양화로 141 롯데호텔 L7홍대 지하1층
Mapo-gu Yanghwa-ro 141, Lotte Hotel L7 Hongdae, B1F

Tel : 010-9908-0887
Réservation par tél : X   Ouv. : T.J. 10:30-21:30
À emporter : O   Dern. cmd. : 21:00
Réserv. Oblig. : X   Tps pause : —

Ambiance : Situé au sous-sol d'un hôtel, ce café dispose d'un intérieur spacieux avec un décor pastel, fantaisiste et mignon qui donne l'impression d'entrer dans un livre d'histoires. Il est particulièrement apprécié des jeunes.
Menu : Offre des kaymak traditionnels ainsi que des desserts fusion comme le kaymak mochi, le pudding et les smoothies. Café, thé et sodas sont également disponibles.
Caractéristiques : Connu pour son kaymak, qui est entièrement importé de Turquie pour garantir un goût authentique. Le café allie qualité et originalité dans son offre.
Recommandation : Les commandes sont passées par l'intermédiaire d'un kiosque. En été, le café vend également du bingsu (glace pilée) avec la possibilité d'y ajouter du pudding. Il y a des toilettes à l'intérieur du café. L'entrée se fait soit par l'hôtel L7, soit par le magasin Line Friends, qui mènent tous deux au sous-sol.
Remarque : Un minimum d'un article par personne est requis. Si vous restez plus de deux heures, vous devez passer des commandes supplémentaires.

Produits populaires du menu

Kaymak (60g) 8 000
Kaymak Mochi 3 500
Blueberry Kaymak Yogurt Smoothie 6 500
Kaymak Latte 6 500

Une boutique spécialisée dans les desserts, célèbre pour ses douceurs arabes.

모센즈스위트 홍대본점
Mohssen's Sweets (succursale principale de Hongdae)

서울 마포구 와우산로15길 40, 1층 102호
Mapo-gu Wausan-ro 15-gil 40, 1F, Unit 102
instagram.com/mohssen.s_sweets

Tel : 0507-1339-7354
Réservation par tél : X   Ouv. : T.J. 12:00-22:00
À emporter : O   Dern. cmd. : X
Réserv. Oblig. : X   Tps pause : —

Ambiance : Cet endroit se distingue par son enseigne jaune vif. Bien qu'il soit indiqué comme étant au premier étage, on y accède en fait par des escaliers. L'espace n'est pas très grand, mais l'intérieur est propre et exotique, ce qui est attrayant. Il y a deux tables pour quatre personnes et plusieurs sièges pour deux personnes.
Menu : Divers desserts du Moyen-Orient, dont le Kunafa et le Kaymak, sont proposés.
Caractéristiques : La boutique prépare les célèbres desserts du Moyen-Orient, comme le Kunafa et le Kaymak, en utilisant les recettes et les techniques apprises par Mohssen, qui tenait un café au Koweït.
Recommandation : Ne manquez pas de goûter les fameux Kunafa et Kaymak.
Remarque : Il est possible de commander des plats à emporter. Les desserts sont assez sucrés.

Produits populaires du menu

Kunafa 7 000
Kaymak 9 000

Hongdae
홍대

Un beau café à dessert connu pour ses délicieux puddings

목화씨라운지
Mokhwaci Lounge

서울 마포구 성미산로29길 23
Mapo-gu Seongmisan-ro 29-gil 23
instagram.com/mhc_lounge

Tel : 02-332-5576

Réservation par tél : X	**Ouv. :** JDS 13:00-21:00
À emporter : X	WE 12:00-21:30
Réserv. Oblig. : X	**Dern. cmd. :** X
	Tps pause : —

Un espace sensoriel avec des plats et des desserts fusionnés de style japonais

수택
Sutek

서울 마포구 양화로7길 4-13
Mapo-gu Yanghwa-ro 7-gil 4-13
instagram.com/sutek_love

Tel : 0507-1447-7666

Réservation par tél : X	**Ouv. :** T.J. 11:30-21:00
À emporter : X	**Dern. cmd. :** 20:00
Réserv. Oblig. : X	**Tps pause :** JDS 15:00-17:00 (Cafe Menu Only)

Ambiance : Un bâtiment de deux étages avec un extérieur de style européen et un coin photo populaire sur la terrasse extérieure. L'intérieur a un air de maison vintage et confortable, avec des tons boisés qui créent une atmosphère calme et chaleureuse. Les sièges sont bien espacés, ce qui favorise les conversations. Des tables et des places assises supplémentaires sont disponibles au deuxième étage.
Menu : Café, boissons sans café et desserts. Le café est connu pour sa belle vaisselle unique. La présentation des plats est impressionnante.
Caractéristiques : Célèbre pour son pudding fait maison et son **ambiance** paisible.
Recommandation : Il est recommandé de commander le pudding et de le déguster avec un café. Le café est moins fréquenté en semaine.
Remarque : Les prix sont relativement élevés. La politique d'une seule boisson par personne est appliquée. Les tables sont petites et l'utilisation de tablettes, de PC et d'ordinateurs portables n'est pas autorisée.

Ambiance : Un espace pittoresque et antique qui rappelle un café de quartier japonais. L'intérieur, principalement en bois, offre une atmosphère chaleureuse. Diverses décorations de style japonais ajoutent au charme de l'endroit. L'espace n'est pas très grand.
Menu : Des desserts spéciaux tels que des parfaits, des puddings et des sodas au melon sont disponibles.
Caractéristiques : Le café est connu pour ses boissons et ses menus colorés.
Recommandation : En plus des desserts et des boissons, le café propose également de la nourriture, ce qui en fait un bon endroit pour prendre un repas. Les parfaits et les puddings sont particulièrement excellents. Les plats du menu du café sont disponibles pendant les pauses.
Remarque : En raison de la faible rotation du personnel, il est recommandé de visiter l'établissement en semaine. Pour les groupes de 3-4 personnes ou plus, l'entrée n'est possible que s'il y a des canapés disponibles. Les animaux domestiques sont les bienvenus.

Produits populaires du menu

Americano 5 500
Custarad Pudding 6 500
Basque Cheese Cake 7 000

Produits populaires du menu

Banana Brûlée Pudding 8 000
Fruit Parfait 13 000
Melon Soda 6 500

Hongdae
홍대

Un café réputé pour son café méticuleusement préparé et infusé

테일러커피 연남점
Tailor Coffee (succursale de Yeonnam)

서울 마포구 성미산로 189
Mapo-gu Seongmisan-ro 189
tailorcoffee.com

Tel : 02-326-0355
Réservation par tél : X   **Ouv.** : T.J. 10:00-22:00
À emporter : O   **Dern. cmd.** : X
Réserv. Oblig. : X   **Tps pause** : —

Ambiance : Extérieur moderne. Une grande table commune au centre du café en fait un endroit idéal pour les réunions de groupe. L'espace est bien entretenu et propre.
Menu : Offre une grande variété de cafés, chaque tasse étant préparée avec soin.
Caractéristiques : Le café offre une sélection variée de cafés, ce qui attire les amateurs de café qui veulent tous les essayer.
Recommandation : Il est recommandé d'essayer le café au goutte-à-goutte ou le cream latte. La tarte au potiron est délicieuse.
Remarque : En été, il peut faire très chaud près des fenêtres. Si vous n'êtes pas à l'aise à l'idée de vous asseoir avec des inconnus à la table commune, ce n'est peut-être pas le meilleur endroit pour vous. Le café est généralement très fréquenté. Ce n'est pas l'endroit idéal pour les conversations tranquilles.

Produits populaires du menu

Espresso 4 500
Cream Mocha 6 500
Bluesy 6 500
Pumpkin Pie 8 500

Un café sanctuaire de fans décoré avec des thèmes de YG Entertainment

더세임카페
the SameE

서울 마포구 희우정로1길 6-3, 1층 2층
Mapo-gu Huiujeong-ro 1-gil 6-3, 1F, 2F

Tel : 02-336-0536
Réservation par tél : X   **Ouv.** : T.J. 10:00-21:00
À emporter : O   **Dern. cmd.** : 20:00
Réserv. Oblig. : X   **Tps pause** : —

Ambiance : L'espace présente un intérieur blanc et épuré, orné d'affiches des artistes de YG et rempli d'articles et de souvenirs des artistes. Une grande fenêtre offre une vue sur le siège de YG Entertainment du côté de la devanture et il y a de nombreuses places assises au bar. Au deuxième étage, on trouve un canapé spacieux avec un media wall, ainsi qu'une terrasse.
Menu : En plus du café, une variété de desserts est disponible.
Caractéristiques : Un café qui s'adresse aux amateurs de YG Entertainment à des prix raisonnables, surtout fréquenté par les fans internationaux de K-pop.
Recommandation : Si vous êtes un fan des artistes de YG, cela vaut la peine d'y aller au moins une fois.
Remarque : Des événements peuvent avoir lieu occasionnellement, ce qui peut entraîner une plus grande affluence.

Produits populaires du menu

Americano 4 300
흑임자 라떼 Black Sesame Latte 5 000
Ice Cream Croiffle 5 400

Yeouido
여의도

Un café librairie avec vue sur le fleuve Hangang

강변서재
Gang Byeon Seo Jae

서울 영등포구 의사당대로 1 (국회 사랑재 옆 건물) 2층
Yeongdeungpo-gu Uisadang-daero 1
(next to National Assembly Sarangjae), 2F

Tel : 02-6788-3331		Fermé :	Jour férié
Réservation par tél :	X	Ouv. :	JDS 08:00-19:00
À emporter :	O		WE 11:00-19:00
Réserv. Oblig. :	X	Dern. cmd. :	X
		Tps pause :	—

Ambiance : Situé au deuxième étage d'un bâtiment séparé à droite de l'Assemblée nationale, accessible par ascenseur. L'espace extérieur environnant est spacieux et magnifiquement entretenu, avec des sentiers de promenade. Au deuxième étage, un toit offre une vue imprenable sur la rivière Hangang.
Menu : Une variété de pâtisseries est proposée avec du thé et du café. La découpe et l'emballage des pâtisseries se font en libre-service.
Caractéristiques : Un espace où vous pouvez vous détendre et profiter de la vue sur le fleuve Han depuis un bâtiment joliment aménagé.
Recommandation : Les pâtisseries ne sont cuites qu'une seule fois le matin, il est donc recommandé de s'y rendre le matin avant qu'elles ne soient toutes vendues.
Remarque : Bien que le café ait un concept de café-librairie, il peut être difficile de se concentrer sur la lecture en raison du grand nombre de personnes et de la musique bruyante. Il est recommandé de s'y rendre en semaine plutôt que le week-end, et de noter que le toit du deuxième étage peut devenir très chaud en plein été en raison de l'absence de parasols.

Produits populaires du menu

Espresso 3 000
Chamomile 4 500
Peppermint 4 500

Un café viennois (Einspänner) avec de belles plantes vertes

서울커피
Seoul Coffee

서울 영등포구 국제금융로 86, 101호
Yeongdeungpo-gu Gukjegeumyung-ro 86, Unit 101
instagram.com/seoulcoffee_yeouido

Tel : 02-785-3669		Fermé :	Seollal, Chuseok
Réservation par tél :	X	Ouv. :	JDS 08:23:00
À emporter :	O		WE/Jour férié 09:00-22:00
Réserv. Oblig. :	X	Dern. cmd. :	JDS 22:30
			WE/Jour férié 21:30
		Tps pause :	—

Ambiance : Situé au rez-de-chaussée, ce café dispose d'une terrasse extérieure spacieuse et agréable, entourée d'arbres. L'intérieur, décoré dans des tons bruns calmes, offre une grande variété de tables et de canapés pouvant accueillir un grand nombre de personnes.
Menu : Offre des cafés viennois (Einspänner), du thé au lait, des smoothies et des desserts comme des scones.
Caractéristiques : Connu des habitants et des travailleurs de Yeouido comme un endroit populaire pour le café viennois.
Recommandation : Le café est ouvert de tôt le matin à tard le soir, ce qui est pratique pour s'y rendre. Il est fortement recommandé d'accompagner le café viennois de scones. Pour les végétaliens, du lait de soja est disponible en remplacement.
Remarque : Les tables sont placées relativement près les unes des autres, ce qui n'est pas forcément idéal pour des conversations tranquilles.

Produits populaires du menu

Seoul Vienna 5 500
Seoul Milk Tea 5 000

Maison de thé coréenne traditionnelle

❶ Apgujeong / Cheongdam / Garosu-gil
압구정 / 청담 / 가로수길

Une paisible maison de thé coréenne traditionnelle à l'intérieur du temple Bongeunsa

연회다원
Yeon Hoe Dawon

서울 강남구 봉은사로 531
Gangnam-gu Bongeunsa-ro 531

Tel : 02-3218-4970
Réservation par tél : X **Ouv. :** T.J. 08:30-21:00
À emporter : O **Dern. cmd. :** X
Réserv. Oblig. : X **Tps pause :** —

Ambiance : Situé à l'intérieur du temple Bongeunsa, ce salon de thé offre une atmosphère chaleureuse et une lumière naturelle abondante. Il est possible de s'asseoir à l'extérieur et les fenêtres ouvertes offrent une vue directe sur le COEX, qui est un endroit très prisé. L'intérieur est spacieux et offre de nombreuses places assises.
Menu : Propose des thés coréens traditionnels tels que le thé au jujube et le thé ssanghwa, ainsi que des desserts traditionnels tels que le hangwa et le yanggaeng.
Caractéristiques : Découvrez le mélange de tradition et de modernité en dégustant un thé traditionnel dans un cadre de style hanok avec vue sur la ville.
Recommandation : Visitez l'établissement au printemps, lorsque les fleurs de prunier rouge sont en pleine floraison. La maison de thé se trouve également à proximité de COEX.
Remarque : L'environnement est généralement bruyant. Certains thés sont servis dans des gobelets en papier jetables. Le café n'est pas disponible.

Produits populaires du menu

대추차 Daechu Cha (Jujube Tea) 7 000
수정과 Sujeonggwa (Cinnamon Punch) 5 000
식혜 Sikhye (Sweet Rice Drink) 5 000

❺ Jongno / Gwanghwamun / Insa-dong
종로 / 광화문 / 인사동

Un mini-musée et une maison de thé où vous pourrez déguster du thé traditionnel coréen et voir des expositions sur le thé

아름다운 차 박물관
Areumdaun Cha Bakmulgwan

서울 종로구 인사동길 19-11
Jongno-gu Insadong-gil 19-11

Tel : 02-735-6678
Réservation par tél : X **Ouv. :** T.J. 11:30-20:00
À emporter : O **Dern. cmd. :** X
Réserv. Oblig. : X **Tps pause :** —

Ambiance : Bien que l'extérieur ressemble à un Hanok traditionnel, l'intérieur est moderne et spacieux. Le design est beau et épuré, et l'établissement dispose d'une grande terrasse couverte qui permet de profiter de l'espace quelle que soit la météo. L'atmosphère est calme et sereine.
Menu : Fidèle à son nom de musée du thé, une grande variété de thés et de desserts est proposée.
Caractéristiques : Le coin mini-musée au centre du magasin présente de nombreux types de feuilles de thé et de peintures, où vous pouvez également sentir les différents arômes.
Recommandation : L'entrée est gratuite. La visite en vaut la peine même si vous ne prenez pas de thé. Le personnel vous préparera la première tasse de thé à votre place.
Remarque : Les chaises peuvent être assez dures, ce qui les rend inconfortables si vous restez longtemps assis(e). Les prix sont plus élevés et certains des thés présentés ne sont pas décrits et ne peuvent pas être commandés.

Produits populaires du menu

꽃차 Kkot Cha (Flower Tea) From 8 000
한국차 Hanguk Cha (Korean Tea) From 8 000
떡 Tteok (Rice Cake) From 5 0008 000

Jongno / Gwanghwamun / Insa-dong
종로 / 광화문 / 인사동

Une maison de thé où vous pouvez préparer et déguster du thé avec les ustensiles fournis.

차차티클럽
Cha Cha Tea Club

서울 종로구 종로46가길 13
Jongno-gu Jong-ro 46ga-gil 13
cha-cha.kr   instagram.com/chacha_willbegood

Tel : 070-4239-0713
Réservation par tél : O   Ouv. : Ma-Di 13:00-22:00
À emporter : X   Dern. cmd. : 21:30
Réserv. Oblig. : X   Tps pause : —

Ambiance : Contrairement à son entrée moderne, l'intérieur de la maison de thé est un hanok magnifiquement réaménagé, qui reflète parfaitement l'essence d'un café à thé. La réinterprétation du hanok avec divers objets décoratifs est particulièrement impressionnante. Bien que l'espace ne soit pas très grand, les places assises sont spacieuses.
Menu : En plus des thés traditionnels, le menu propose des boissons et des desserts fusion, qui sont très créatifs.
Caractéristiques : Le sommelier de thé de l'établissement offre des conseils amicaux, améliorant ainsi l'expérience de la consommation de thé.
Recommandation : Vous pouvez remplir votre thé avec de l'eau chaude jusqu'à trois fois. Pour deux personnes, nous recommandons de commander un thé et de goûter plusieurs desserts. Pendant la journée, l'endroit est baigné de lumière naturelle, tandis que le soir, l'atmosphère se transforme pour devenir douillette et faiblement éclairée.
Remarque : Le salon de thé est situé dans une ruelle très étroite, il est donc préférable d'utiliser Naver Maps pour le trouver. Il n'y a pas de café disponible. Les jours de fermeture sont variables (généralement le lundi ou le mardi), alors assurez-vous de vérifier leur Instagram pour les mises à jour.

Produits populaires du menu

Divers thés à partir de 9 000
바닐라빈 통카 말차 Vanilla Bean Tonka Matcha 7 500
찰떡브라우니 Chal Tteok (gâteau de riz gluant) Brownie 8 000
흑임자 치즈 케이크 Heukimja (sésame noir) Cheesecake 7 000

Une maison de thé hanok tranquille avec une vue panoramique

차 마시는 뜰
Cha Masineun Tteul

서울 종로구 북촌로11나길 26
Jongno-gu Bukchon-ro 11na-gil 26

Tel : 0507-1304-7029
Réservation par tél : X   Ouv. : T.J. 10:00-20:00
À emporter : X   Dern. cmd. : 19:10
Réserv. Oblig. : X   Tps pause : —

Ambiance : Située sur la colline de Samcheong-dong, cette maison de thé est installée dans un hanok rénové, offrant une atmosphère sereine. L'intérieur est en forme de « ㄱ », avec une cour centrale et de grandes fenêtres qui donnent une impression d'ouverture. Il est également possible de s'asseoir à l'extérieur.
Menu : Spécialisé dans divers thés et boissons à base de plantes, notamment le ssanghwa-tang, le thé au jujube et le thé vert, ainsi que des desserts traditionnels.
Caractéristiques : Perché sur une colline, il offre une vue magnifique et un charme traditionnel coréen.
Recommandation : Essayez les variétés de thé les moins courantes et ne manquez pas le thé glacé aux fleurs, magnifiquement présenté.
Remarque : La plupart des places sont à même le sol, ce qui peut être inconfortable si vous n'en avez pas l'habitude.

Produits populaires du menu

Dutch Coffee 7 000
꽃얼음차 Kkot Eoreum Cha (Ice Flowers Tea) 8 000
한과 Hangwa (Korean Traditional Sweet Cookies) 4 000

⑤ Jongno / Gwanghwamun / Insa-dong
종로 / 광화문 / 인사동

Un café hanok traditionnel avec une vue magnifique sur l'étang du palais Deoksugung

Maison de thé coréenne traditionnelle avec cour intérieure à Insadong

사랑
Sarang

서울 중구 세종대로 99
Jung-gu Sejong-daero 99

Tel : 02-771-9951	**Fermé :** Lu
Réservation par tél : X	**Ouv. :** Ma-Di 09:00-21:00
À emporter : O	**Dern. cmd. :** X
Réserv. Oblig. : X	**Tps pause :** —

Ambiance : Situé immédiatement à droite en entrant dans le palais, ce café offre une vue sur les murs de pierre et l'étang. Il dégage un charme coréen traditionnel et fait office à la fois de café et de petite boutique de souvenirs. La plupart des places sont situées près de la fenêtre et quelques chaises sont disponibles à l'extérieur.
Menu : Café, thés coréens traditionnels, boissons diverses et desserts.
Caractéristiques : Situé dans le palais Deoksugung, le café offre une expérience unique avec une atmosphère royale.
Recommandation : Y aller de préférence au printemps, lorsque les cerisiers sont en fleurs. Situé à proximité de l'entrée/sortie du palais, il est recommandé de s'y rendre après avoir visité le palais.
Remarque : Un droit d'entrée de 1 000 KRW est exigé. Il faut s'attendre à des temps d'attente plus longs lorsqu'il fait chaud.

Produits populaires du menu

Americano 4 000
Sikhye (boisson sucrée à base de riz) 4 500
Rice Muffin 3 500

한옥찻집
Hanok Chat Jip

서울 종로구 인사동14길 12
Jongno-gu Insadong 14-gil 12
instagram.com/hak.cafe_insadong

Tel : 0507-1330-0538	
Réservation par tél : X	**Ouv. :** T.J. 12:00-21:50
À emporter : O	**Dern. cmd. :** 21:00
Réserv. Oblig. : X	**Tps pause :** —

Ambiance : Un endroit spacieux avec une décoration intérieure hanok. Vous pouvez profiter des salles ondol traditionnelles avec des sièges au sol ainsi que des tables régulières. Les jours de beau temps, quelques places en terrasse sont disponibles dans le jardin. Chaque espace a une atmosphère unique avec de nombreux objets décoratifs à admirer.
Menu : Outre les différents types de café, des thés traditionnels et des desserts sont également proposés.
Caractéristiques : Découvrez les saveurs profondes des thés et cafés traditionnels, préparés avec soin depuis longtemps, ainsi que des desserts traditionnels coréens dans un cadre hanok.
Recommandation : Il est conseillé d'accompagner le thé traditionnel de desserts traditionnels coréens.
Remarque : Le pat bingsu (glace aux haricots rouges) est préparé avec un minimum de sucre, ce qui lui confère une douceur moins artificielle, et peut donc sembler fade. Chaque personne doit commander au moins un plat du menu, et le pat bingsu en fait partie. En période d'affluence, la présence peut être limitée à deux heures.

Produits populaires du menu

Americano 6 000
모과차 Mogwa Cha (thé au coing) 7 000
밀크 팥빙수 Milk Pat Bingsu (flocons de glace aux haricots rouges) 12 000

Jongno / Gwanghwamun / Insa-dong
종로 / 광화문 / 인사동

Une belle maison de thé et un café de desserts gérés par une entreprise spécialisée dans le thé vert

오설록티하우스 북촌점
Osulloc Tea House (succursale de Bukchon)

서울 종로구 북촌로 45
Jongno-gu Bukchon-ro 45
osulloc.com/kr/ko/store-introduction/312

Tel : 070-4121-2019

Réservation par tél : X	**Ouv. :** Lu-Je 11:00-20:00
À emporter : O	Ve-Di 10:00-21:00
Réserv. Oblig. : X	**Dern. cmd.:** Lu-Je 19:30
	Ve-Di 20:30
	Tps pause : —

Ambiance : Un lieu spacieux avec des plantes vertes luxuriantes, ressemblant à une grande maison avec des thèmes différents à chaque étage. L'espace sur trois étages comprend un magasin au rez-de-chaussée, un café au deuxième étage et un bar au troisième étage, chacun avec son propre intérieur.
Menu : Offre une variété de thés OSULLOC, de boissons à base de thé et de desserts. Le troisième étage propose des cocktails sans alcool sur le thème du thé OSULLOC.
Caractéristiques : Un espace culturel qui promeut un style de vie centré sur le thé, au-delà de la simple consommation de thé.
Recommandation : L'assiette de gaufres au thé vert, inspirée des tuiles traditionnelles coréennes, est vivement conseillée pour son aspect croustillant et son centre moelleux.
Remarque : Les classes de préparation du thé dispensées dans l'établissement de Bukchon doivent être réservées via Naver Place. Le café est très fréquenté par les touristes et il se peut qu'il y ait de l'attente.

Produits populaires du menu

Sejak Green Tea 9 500
Green Tea O Fredo 7 500
Green Tea Waffle Plate 15 000
Green Tea Roll Cake 6 000

Le premier café hanok de Jongno, avec un héritage de plus de 100 ans

뜰안
Tteul An

서울 종로구 수표로28길 17-35
Jongno-gu Supyo-ro 28-gil 17-35
tteuran.modoo.at   instagram.com/cafe_innergarden

Tel : 0507-1401-7420	**Fermé :** Check Instagram
Réservation par tél : X	**Ouv. :** T.J.12:00-22:00
À emporter : O	Jour férié 10:00-20:00
Réserv. Oblig. : X	**Dern. cmd. :** 21:00
	Tps pause : —

Ambiance : Situé dans les ruelles étroites d'Ikseon-dong, ce café hanok traditionnel regorge de plantes. Il dispose d'un petit jardin extérieur et, malgré son espace intérieur limité, propose de nombreuses tables et des sièges au sol.
Menu : Offre du thé préparé à partir d'ingrédients 100 % locaux, ainsi que divers desserts tels que de la bouillie de haricots rouges sucrée, des sucreries traditionnelles coréennes et de la glace pilée (en été seulement).
Caractéristiques : Profitez d'une atmosphère chaleureuse et détendez-vous dans ce café hanok vieux de 100 ans à Jongno.
Recommandation : La tisane infusée quotidiennement pendant 10 heures est vivement conseillée.
Remarque : Seul le café infusé à froid est disponible, ce qui peut être contraignant pour les amateurs de café.

Produits populaires du menu

Cold Brew 6 000
수정과 Sujeonggwa (boisson traditionnelle au gingembre) 7 000
모듬떡 Modeum Tteok (Gâteaux de riz assortis) 8 000

6 Samcheong-dong
삼청동

Une maison de thé hanok paisible où vous pourrez vous isoler en toute tranquillité

수연상방 Suyeon Sangbang

서울 성북구 성북로26길 8
Seongbuk-gu Seongbuk-ro 26-gil 8
instagram.com/sooyeonsanbang

Tel : 02-764-1736	**Fermé :**	Lu,Ma
Réservation par tél : X	**Ouv. :**	Me-Ve 11:30-21:50
À emporter : O		Sa 11:30-21:50
Réserv. Oblig. : X		Di 11:30-19:40
	Dern. cmd. :	Me-Ve 17:00
		Sa 21:00
		Di 18:50
	Tps pause :	—

Ambiance : Niché dans un jardin luxuriant, ce charmant salon de thé dispose d'un petit intérieur confortable avec seulement six tables de thé réparties dans un salon, une salle principale et une véranda.
Menu : Offre une variété de thés et de desserts axés sur la citrouille, tels que la glace pilée à la citrouille et le porridge à la citrouille, avec une présentation traditionnelle coréenne. Les commandes sont passées à l'aide d'une tablette.
Caractéristiques : Ce salon de thé, situé dans l'ancienne maison d'un célèbre auteur de littérature classique coréenne, offre une évasion sereine tout en plongeant les visiteurs dans **l'ambiance** traditionnelle coréenne.
Recommandation : Pour bénéficier d'une vue imprenable, installez-vous dans la partie extérieure du salon. Légèrement surélevée par rapport au niveau de la pièce d'origine et dotée de portes en verre et non en papier, elle offre une vue sur le mont Bukaksan par-dessus le mur du jardin.
Remarque : Il faut se préparer à devoir attendre, et la présence peut être limitée à deux heures en période d'affluence. Une commande minimum d'un article par personne est requise. Attention aux insectes dans l'espace extérieur pendant l'été.

Produits populaires du menu

대추차 Daechu Cha (thé au jujube) 15 000
쌍화차 Ssanghwa Cha (thé aux herbes médicinales) 13 500
단호박 빙수 Sweet Pumpkin Bingsu (glace pilée) 15 500

Café coréen et dessert

4 Myeongdong
명동

Un café rempli d'innombrables variétés de bingsu et de desserts

설빙 명동점
Seolbing (succursale de Myeongdong)

서울 중구 명동3길 27, 2, 3층
Jung-gu Myeongdong 3-gil 27, 2F, 3F
sulbing.com

Tel : 02-774-7994		
Réservation par tél : X	**Ouv. :**	T.J. 10:30-23:00
À emporter : O	**Dern. cmd. :**	22:30
Réserv. Oblig. : X	**Tps pause :**	—

Ambiance : Le café s'étend sur les 2e et 3e étages, offrant un environnement spacieux et confortable. Il est plus populaire parmi les étrangers que parmi les locaux.
Menu : L'attraction principale est la sélection incroyablement variée de bingsu, ainsi qu'une variété de desserts et même des options de tteokbokki. De nouveaux produits sont régulièrement introduits.
Caractéristiques : En tant que première franchise de bingsu coréen, l'établissement propose des bingsu et des desserts créatifs et uniques.
Recommandation : Le bingsu aux fruits de saison est vivement conseillé.
Remarque : Les commandes sont passées à un kiosque. Votre reçu portera un numéro, alors gardez un œil sur l'affichage numérique aux 2e et 3e étages. Lorsque votre numéro est appelé, allez chercher votre commande au 2e étage.

Produits populaires du menu

인절미설빙 Injeolmi (gâteau de riz enrobé de poudre de haricots) glace pilée 8 900
요거통통메론설빙 Yogourt Melon glace pilée 14 900
킹망고설빙 King Mango glace pilée 14 900

5. Jongno / Gwanghwamun / Insa-dong
종로 / 광화문 / 인사동

Un café dessert coréen par un maître renommé du gâteau de riz coréen

담장옆에국화꽃 안녕인사동점
Damccot
(succursale de Annyeong Insadong)

서울 종로구 인사동길 49, 2층
Jongno-gu Insadong-gil 49, 2F
blog.naver.com/damkkot   instagram.com/ccot_insa

Tel : 0507-1437-2979

Réservation par tél : X   Ouv. : T.J. 11:00-21:00
À emporter : O   Dern. cmd. :   20:30
Réserv. Oblig. : X   Tps pause : —

Ambiance : Situé au deuxième étage d'un immeuble de la rue principale d'Insadong, ce lieu présente un extérieur propre et moderne et un intérieur charmant et ancien. De grandes fenêtres laissent passer beaucoup de lumière naturelle, ce qui crée une atmosphère lumineuse. Il y a plusieurs possibilités pour s'asseoir, y compris une table de bar, une grande table pour plus de dix personnes et des places à l'extérieur.
Menu : Le menu propose des desserts coréens traditionnels avec une touche de modernité, notamment des produits uniques comme des gâteaux de riz grillés, des yakgwa (biscuits au miel) grillés et de la gelée de haricots rouges.
Caractéristiques : Idéal pour les rassemblements spéciaux ou les sorties dessert haut de gamme à Insadong et Samcheongdong. C'est aussi un endroit idéal pour un rendez-vous unique, avec de nombreuses possibilités de photos.
Recommandation : Essayez la bouillie de haricots rouges, la glace pilée aux haricots rouges (il est fortement recommandé d'ajouter le bar à crème glacée) et le thé au gingembre, tous préparés avec des ingrédients locaux et les propres recettes de la boutique. La boutique propose également divers coffrets cadeaux, pour de parfaits cadeaux-souvenirs.
Remarque : Il faut prévoir un menu par personne. Le lieu peut être assez bruyant. Les commandes peuvent être passées à l'aide d'un code QR à la table ou directement au comptoir.

Produits populaires du menu

과일 팥양갱 Gelée de haricots rouges sucrée aux fruits 5 000
레몬약과 Fromage à la crème au citron Yakgwa 6 800
팥바팥빙수 Sherbet à la crème glacée aux haricots rouges 15 800 (+3 500 pour le bar à crème glacée)

6. Samcheong-dong
삼청동

Un café-dessert unique entouré de miroirs à l'intérieur d'un hanok traditionnel

거울한옥 미러룸
Geoul Hanok Mirror Room

서울 종로구 삼청로2길 40
Jongno-gu Samcheong-ro 2-gil 40
instagram.com/cafe.mirrorroom

Tel : 02-6085-3900

Réservation par tél : X   Ouv. : T.J. 11:30-22:00
À emporter : O   Dern. cmd. : X
Réserv. Oblig. : X   Tps pause : —

Ambiance : Ce café se trouve dans une maison coréenne traditionnelle (hanok) rénovée de manière moderne. L'intérieur est meublé de tables et de tabourets en chêne et, bien que l'espace soit quelque peu étroit, les miroirs le font paraître plus grand. La terrasse extérieure est dotée d'un parasol au plafond pour plus de confort et de vitres allant du sol au plafond qui offrent une vue sur l'intérieur du café.
Menu : Offre une variété de boissons, notamment du café, du thé, des smoothies et des boissons aux saveurs de fruits, ainsi qu'une gamme de desserts.
Caractéristiques : Ce lieu est une interprétation moderne de la maison natale du célèbre artiste coréen Jang Seung-eop, offrant une expérience culturelle significative.
Recommandation : Il est recommandé de visiter ce lieu en semaine, car il y a beaucoup de monde le week-end. Les toilettes sont situées sur la terrasse extérieure et sont bien entretenues. Les thés aux fruits préparés à partir d'ingrédients frais sont particulièrement bons.
Remarque : Les chaises n'ont pas de dossier, ce qui peut les rendre inconfortables pour certains clients.

Produits populaires du menu

Café Americano 5 500
Homemade Real Apple Tea 9 000
Fresh Mango Ice Blended Smoothie 9 000

⑩ Jamsil 잠실

Fusion de desserts coréens traditionnels et de sucreries modernes

마이서울바이츠
My Seoul Bites

서울 송파구 석촌호수로 258
Songpa-gu Seokchonhosu-ro 258
instagram.com/my_seoul_bites

Tel : 010-2401-6684
Réservation par tél : O
À emporter : O
Réserv. Oblig. : X
Ouv. : T.J. 10:30-23:00
Dern. cmd. : 22:30
Tps pause : —

Ambiance : Situé au premier étage de la rue principale près du lac Seokchon, l'espace est baigné par la lumière du soleil grâce à de grandes fenêtres. Les coussins lilas et ivoire créent une **ambiance** chaleureuse, le lilas étant la couleur principale de My Seoul Bites. L'intérieur combine un plafond d'inspiration coréenne avec des murs de rêve, et les poignées de porte en forme d'éléphant lilas ajoutent une touche unique.

Menu : Bien que le menu propose principalement des desserts de style occidental, il incorpore des ingrédients coréens de manière créative. Le « dagwasang 다과상 (plateau de thé) » comprend des desserts fusion uniques comme le chocolat au gochujang, offrant une expérience inoubliable.

Recommandation : Venez au printemps pour admirer les cerisiers en fleurs le long des rues. Ne manquez pas le dessert coréen traditionnel, le « garaetteok gui 가래떡구이 (gâteau de riz poêlé) ».

Remarque : Bien que le lac Seokchon se trouve à proximité, la vue depuis le premier étage se limite à la route principale et à la tour Lotte.

Produits populaires du menu

다과상 Dagwasang (plateau de thé de l'après-midi pour 2 personnes) 34 000
구운 가래떡 & 조청 Garetteok et Jocheong (gâteau de riz poêlé) 7 500
쿠키바 1조각 (약과/누텔라) Yakwa / Barre de biscuits au Nutella 4 000

Crédits photographiques

3대삼계장인 비비빅초이 blog.naver.com/chltkdgns159 CC BY 2.0 KR BBQ치킨 빌리지 송리단길점 Fandom Media DOTZ 용진 blog.naver.com/thdwodms233 CC BY-ND 2.0 KR 세히 blog.naver.com/jhs2330074 CC BY-SA 2.0 KR H5NG Fandom Media JS 가든 압구정점 모모짱 blog.naver.com/momozzang31 CC BY-SA 2.0 KR MAILLET 앨리스 blog.naver.com/qkrwldms501 CC BY-ND 2.0 KR uphill namsan Fandom Media 감즈 Fandom Media 갓포아키 삼성점 술새우 blog.naver.com/reserve_storage CC BY-ND 2.0 KR 강가 롯데월드점 Fandom Media 강변서재 Fandom Media 겨울한옥 미러룸 코울리 blog.naver.com/swui CC BY 2.0 KR 영자꺄 blog.naver.com/travelagain_yzakka CC BY-ND 2.0 KR 계방식당 Fandom Media 경북궁 블랙 여의도IFC점 용로링 blog.naver.com/hoyhoy901 CC BY 2.0 KR 고려음식행 에세미 blog.naver.com/pulggum1996 CC BY-ND 2.0 KR 구들 돔바물바 blog.naver.com/hn0072 CC BY-ND 2.0 KR 금수복국 압구정점 Fandom Media 깐부치킨 압구정역점 코니슬림 blog.naver.com/connie_slim CC BY 2.0 KR 깡통만두 경아리 blog.naver.com/ordinary__day_ CC BY-ND 2.0 KR 꼬시나 에스파나 Fandom Media 꼼담 아 Fandom Media 꽁타드플레아 숭늉몰랑이 blog.naver.com/snewmallang CC BY 2.0 KR 즁 blog.naver.com/greemae1 CC BY-ND 2.0 KR 꽃밥에피다 밤비벌꿀 blog.naver.com/honeybamb CC BY-ND 2.0 KR 꾸잉 앤디 blog.naver.com/andy317 CC BY-SA 2.0 KR 꿀밥상 Mayton blog.naver.com/maytonlife CC BY-SA 2.0 KR 남산터 청담본점 헤긋 blog.naver.com/geungii CC BY-ND 2.0 KR 나항in안국 Fandom Media 누데이크 성수 에세미 blog.naver.com/pulggum1996 CC BY-SA 2.0 KR 사부작리 blog.naver.com/gracely08 CC BY-ND 2.0 KR 다반 토마토 blog.naver.com/totomamatoto1 CC BY-ND 2.0 KR 달마시안 야인 blog.naver.com/artisticspeaker CC BY-SA 2.0 KR 닭으로가 압구정 본점 윱니 blog.naver.com/dbqls993 CC BY-SA 2.0 KR 담장옆에국화꽃 안녕인사동점 토요길 blog.naver.com/duckyoo CC BY-SA 2.0 KR 울라헤진 blog.naver.com/zzzzzzzhtotz CC BY-ND 2.0 KR 대려도 Fandom Media 대여죽집 Fandom Media 더백테라스 수정다운 blog.naver.com/s99275 CC BY-ND 2.0 KR power blogger blog.naver.com/8kkwnfma CC BY 2.0 KR 더블플레이치킨 홍대점 챙빙 blog.naver.com/och9_9 CC BY-ND 2.0 KR 더세입카페 또져미 blog.naver.com/dlthwjd1224/ CC BY-ND 2.0 KR 더키한아시아 홍대점 제니 blog.naver.com/page01 CC BY-ND 2.0 KR 도토리가든 챙빙 blog.naver.com/och9_9 CC BY-ND 2.0 KR 동화고육 Fandom Media 돌고기506 뚜깡 blog.naver.com/smilekarein CC BY 2.0 KR 두바이레스토랑 Fandom Media 둘둘치킨 여의도공원점 Fandom Media 또옹카페 Fandom Media 툴안 dainoi blog.naver.com/daji1 CC BY 2.0 KR 마루장인 blog.naver.com/goldbell0 CC BY-ND 2.0 KR 라 크루다 Fandom Media 라망시크레 재연 blog.naver.com/happychnic CC BY 2.0 KR 라쿠치나 지속가능미래인 blog.naver.com/bigmac0236 CC BY 2.0 KR 레인리포트 대추씨 blog.naver.com/gogoju- CC BY-ND 2.0 KR 록멘 또져미 blog.naver.com/dlthwjd1224 CC BY-ND 2.0 KR 루프캠피 Fandom Media 르썽아쎄르 유리언니 blog.naver.com/namyuri1004 CC BY-SA 2.0 KR 리톨사이공 압구정점 제이제이 blog.naver.com/jyeon0921 CC BY 2.0 KR 마라중독 Fandom Media 마이세율아치 재연 blog.naver.com/happychnic CC BY 2.0 KR 마이클바이해비치 사부작리 blog.naver.com/gracely08 CC BY-ND 2.0 KR 마지 Fandom Media 마하차이 성수본점 연희 blog.naver.com/colourfully CC BY-ND 2.0 KR 만족오향족발 밤비벌꿀 blog.naver.com/honeybamb CC BY-ND 2.0 KR 맛쨍이떡볶이 본점 레이첼 blog.naver.com/swih CC BY-ND 2.0 KR 먼셀커피 에쥼 파이프그라운드 SoGood blog.naver.com/abc528abc CC BY-SA 2.0 KR 맨츠부 신사점 동이대장 blog.naver.com/grazie629 CC BY-ND 2.0 KR 명동충무김밥 먹지사 blog.naver.com/mukjisa CC BY 2.0 KR 명동함흥면옥 본점 SoGood blog.naver.com/01-12month CC BY-ND 2.0 KR 모던놀링 센트럴시티점 안리나나 blog.naver.com/alli_nana CC BY 2.0 KR 모센즈스위트 홍대본점 데이트 blog.naver.com/lyj9478 CC BY-SA 2.0 KR 모터시티 이태원점 Fandom Media 목멱산방 남산타워점 Fandom Media 목화씨라운지 여어이잉 blog.naver.com/p614a CC BY-ND 2.0 KR 몽중헌 청담점 Fandom Media 무한 압구정본점 아루다궁 blog.naver.com/ye0nshin CC BY-ND 2.0 KR 목전 Fandom Media 미아사이공 포룡 blog.naver.com/hahazz01 CC BY 2.0 KR 미어캣족장 Fandom Media 미크롤로 홍대점 짐니 blog.naver.com/jimin4008 CC BY-SA 2.0 KR 바토스 이태원점 남산부부 blog.naver.com/namsan_couple CC BY 2.0 KR 박식곳 Fandom Media 발우공양 홍보양 blog.naver.com/prmy CC BY-ND 2.0 KR 방목언니 Fandom Media 백년토종삼계탕 국방가든 Fandom Media 백채산계탕 이랑이랑 blog.naver.com/eueuy CC BY 2.0 KR 베테랑 롯데잠실점 마루장인 blog.naver.com/goldbell0 CC BY-ND 2.0 KR 보마켓 경리단점 ALLY blog.naver.com/allykim2 CC BY-SA 2.0 KR 솔럭스 sollux blog.naver.com/sol_lux CC BY-SA 2.0 KR 보술보술 압구정본점 리다자 blog.naver.com/hdsrh2002 CC BY 2.0 KR 본가진미 간장케장 뚱빼미 blog.naver.com/dhraldls CC BY-ND 2.0 KR 본죽&비빔밥 cafe 경북궁역점 Fandom Media 본죽&비빔밥cafe 명동 2호점 Fandom Media 불피노 blog.naver.com/bmwlp CC BY-ND 2.0 KR 봄팡 blog.naver.com/andy317 CC BY 2.0 KR 부더스벨리 생활체육인 흥시 blog.naver.com/wisdom11030 CC BY-ND 2.0 KR 부베트 Fandom Media 부자피자 Fandom Media 북촌막국수 Fandom Media 브루클린 더 버거조인트 쭈 blog.naver.com/br4365 CC BY 2.0 KR 비밥 Fandom Media 비비리2 Fandom Media 비채나 Fandom Media 빌라드스파이시 파미에스테이션점 Fandom Media 사랑 Fandom Media 사발 Fandom Media 산들해 송파점 Fandom Media 산촌 Fandom Media 살라댕맴버시 메이커 KIM blog.naver.com/infinity0219 CC BY-SA 2.0 KR 이니이니 blog.naver.com/hyein051_ CC BY-SA 2.0 KR 삼원가든 Fandom Media 새싹비빔밥전문점 Fandom Media 서래미역 Fandom Media 서부자간장게장 Fandom Media 서산꽃게 Fandom Media 서울로인 서울숲점 율로링 blog.naver.com/hoyhoy901 CC BY 2.0 KR 서울앵무새 영자꺄 blog.naver.com/travelagain_yzakka CC BY-ND 2.0 KR 서울커피 Fandom Media 서초면옥 본점 Fandom Media 설빙 명동점 Fandom Media 성수족발 마구장 blog.naver.com/mjh505 CC BY-ND 2.0 KR 센트레 청담 Fandom Media 소몽 써리 blog.naver.com/ssull_ CC BY-SA 2.0 KR 소선재 Fandom Media 소와나 솜솜이 blog.naver.com/ielf CC BY-SA 2.0 KR yuhappy blog.naver.com/kayoungfly CC BY-ND 2.0 KR 소이연남 남남쩝쩝박사 blog.naver.com/hhhx2 CC BY 2.0 KR anna blog.naver.com/ohhyeonsu CC BY-ND 2.0 KR 수연상방 야인 blog.naver.com/artisticspeaker CC BY-SA 2.0 KR 수운 Fandom Media 수택 Fandom Media 수티문 율로링 blog.naver.com/hoyhoy901 CC BY-ND 2.0 KR 슈가스컬 센트럴시티점 앤디 blog.naver.com/andy317 CC BY-SA 2.0 KR 스미스가좋아하는한옥 소통과 공감 유경절 blog.naver.com/pkm297xo CC BY-ND 2.0 KR 스위그뱅 Fandom Media 스파나폴리 맨즈헤어디렉터 blog.naver.com/1992ready CC BY-ND 2.0 KR 소통과 공감 유경절 blog.naver.com/pkm297xo CC BY-SA 2.0 KR 슬림비빔밥 방배쪽점 양경1004 blog.naver.com/soso8893 CC BY-SA 2.0 KR 시래기담은 Fandom Media 시민식당 본점 용르자 blog.naver.com/yeslord84 CC BY-SA 2.0 KR 썬더버드 인사장 blog.naver.com/leesohyeon77 CC BY 2.0 KR 쎄오 하스연 blog.naver.com/ha_soyeon CC BY-ND 2.0 KR 쎈느 트렐불제이 blog.naver.com/travel_jay CC BY-SA 2.0 KR 아라베스크 Fandom Media 아름다운 차 박물관 문화During blog.naver.com/kcis_ CC BY 2.0 KR 아키비스트 Fandom Media 양반댁 주말농부 blog.naver.com/dschoi4080 CC BY 2.0 KR 어라운드데이 와와비 blog.naver.com/bmwlp CC BY-ND 2.0 KR 에빙 Fandom Media 영동스텍 안수지 blog.naver.com/suzieszie CC BY-SA 2.0 KR 엘카르디냐스 익선점 이슈 blog.naver.com/yj5543 CC BY-SA 2.0 KR 역전회관 에피큐어 blog.naver.com/flying0480 CC BY-SA 2.0 KR 연회다원 Fandom Media 오드하우스 Fandom Media 오래노라앤 본점 독딘 blog.naver.com/9300420 CC BY-ND 2.0 KR 오발탄 총무로점 베르키온 blog.naver.com/h950803 CC BY 2.0 KR 오설록 티하우스 북촌점 영질 blog.naver.com/fndljj123 CC BY-SA 2.0 KR 오스테리아 리오 Fandom Media 오아시스 한남 가스 blog.naver.com/lada1719 CC BY-SA 2.0 KR 오엔 바이진스 blog.naver.com/byjinss CC BY 2.0 KR 오장동 함흥냉면 새움 blog.naver.com/younjae4007 CC BY-SA 2.0 KR 오독식 문라이프84 blog.naver.com/moonlife84 CC BY-SA 2.0 KR 온그라운드 Fandom Media 왕집 명동중앙점 마로갱 blog.naver.com/jkljkl07 CC BY 2.0 KR 우래옥 글짓과 밥짓는 백옹재 blog.naver.com/emptyh CC BY 2.0 KR 안수지 blog.naver.com/suzieszie CC BY-SA 2.0 KR 엘렌 blog.naver.com/elaine_ez CC BY-ND 2.0 KR 우참찬 서래본점 Fandom Media 윤일대 평양냉면 모모짱 blog.naver.com/momozzang31 CC BY-SA 2.0 KR 먹쩡연쓴 blog.naver.com/kyu0391 CC BY-ND 2.0 KR 의정부부대찌개 Fandom Media 이문설령탕 데노님 blog.naver.com/z2inny CC BY-SA 2.0 KR 이슬라 레스타랑 연 blog.naver.com/ssovely8 CC BY-SA 2.0 KR 이쉘 넥커피 blog.naver.com/everewder83 CC BY-ND 2.0 KR 인랑 훠궈 단미 blog.naver.com/i95kitty CC BY-ND 2.0 KR 인사도담 Fandom Media 인사동 촌 Fandom Media 일키아스 Fandom Media 자코비버거 남산부부 blog.naver.com/namsan_couple CC BY-ND 2.0 KR 잔치회관 Fandom Media 장삼산계탕 구링빠 blog.naver.com/donggoo1214 CC BY-SA 2.0 KR 장인닭갈비 홍대점 긍정미농 blog.naver.com/ohohoho_my CC BY-ND 2.0 KR 장지명 간장게장 쩌뉴 blog.naver.com/purenewnew CC BY 2.0 KR 전지전능 Minchelin blog.naver.com/sibegg CC BY-SA 2.0 KR 정식당 blog.naver.com/ohohoho_my CC BY-ND 2.0 KR 제레미버거 대츠 blog.naver.com/dailycho- CC BY-ND 2.0 KR 제스티살룬 성수 밤하늘의 수정 blog.naver.com/jeongss101 CC BY-SA 2.0 KR 조선쓰가한이! 마포점 앤디 blog.naver.com/andy317 CC BY-SA 2.0 KR 종로삼계탕 Fandom Media 주역별장 D타워점 지 나 blog.naver.com/songjieun813 CC BY-SA 2.0 KR 진전복삼계탕 본점 토요길 blog.naver.com/duckyoo CC BY-SA 2.0 KR 진증 유육면관 광화문 모닥볼 blog.naver.com/momukkjii CC BY-SA 2.0 KR 이환tv blog.naver.com/chefmind9/ CC BY-SA 2.0 KR 차 마시는 볼 구림뿌 Fandom Media blog.naver.com/donggoo1214 CC BY-SA 2.0 KR 차알 파미에스테이션점 리뷰여행 blog.naver.com/sunjinro CC BY-SA 2.0 KR 차이797 율지로점 이랑이랑 blog.naver.com/eueuy CC BY 2.0 KR 차차클럽 하선학 blog.naver.com/shinyk153 CC BY-ND 2.0 KR 체부동전치집 Fandom Media 초승달 단미 blog.naver.com/i95kitty CC BY-ND 2.0 KR 취야별 국시 Fandom Media 칠성숯닭 Fandom Media 카페 이로 Fandom Media 카페413 프로젝트 새울 blog.naver.com/birdy2181 CC BY-SA 2.0 KR 카메드리움 서래본점 Fandom Media 칸티프르 바나깁 blog.naver.com/ppuccu86 CC BY-ND 2.0 KR 케르반 레스토랑 앤디 blog.naver.com/andy317 CC BY-SA 2.0 KR 케르반베이커리&카페 송풍 blog.naver.com/yunjungcute CC BY-SA 2.0 KR 코레아노스키친 방배동안경 blog.naver.com/chorok_o-o CC BY-SA 2.0 KR 퀸즈파크 청담점 샵페인샤워 blog.naver.com/champagneshower CC BY-SA 2.0 KR 큰기와집 이랑이랑 blog.naver.com/eueuy CC BY 2.0 KR 클렙피자 청담 "이니이니 blog.naver.com/hyein051_ CC BY-SA 2.0 KR 먹덩 blog.naver.com/9899_ CC BY-SA 2.0 KR 타지펠리스 Fandom Media 타파스차 blog.naver.com/psw2290 CC BY-SA 2.0 KR 테일러커피 연남점 베르키온 blog.naver.com/h950803 CC BY 2.0 KR 토속촌 삼계탕 식혜만드는 남자 blog.naver.com/kjh2kjh0724 CC BY-SA 2.0 KR 통밀김밥 회현점 항상 스마일 blog.naver.com/jinsimon33 CC BY 2.0 KR 트라가 바루링 blog.naver.com/b_rumi CC BY-ND 2.0 KR 특별한오복수산 Fandom Media 티플랜트 Fandom Media 파수스 민플레 blog.naver.com/dkwlxm77 CC BY-ND 2.0 KR 파씨오네 명랑우동 Fandom Media blog.naver.com/leecan66 CC BY-SA 2.0 KR 팔레드신 Scarlett blog.naver.com/hoisoi1054 CC BY-ND 2.0 KR 재연 blog.naver.com/happychnic CC BY 2.0 KR 팔판동꼬마김밥 앤 토스트 Fandom Media 패션 5 Fandom Media 펌킨 펫후스 Fandom Media 페퍼필드 토마토 blog.naver.com/totomamatoto1 CC BY-ND 2.0 KR 페어링룸 울린 blog.naver.com/whgdms2008 CC BY-ND 2.0 KR 페트라 Fandom Media 포레스트 청담 솜솜이 blog.naver.com/ielf CC BY-SA 2.0 KR 푸주옥 Fandom Media 플리너마이트 홍대 제니 blog.naver.com/page01 CC BY-ND 2.0 KR 피그인더가든 ssosso https://blog.naver.com/ily282 CC BY-SA 2.0 KR 피제리아라고 ddoi blog.naver.com/abc528abc CC BY-SA 2.0 KR 피플더테라스 사랑꾼아줌마 blog.naver.com/fromlove409 CC BY-ND 2.0 KR 하나로회관 SunKi blog.naver.com/zzang5788 CC BY-ND 2.0 KR 하동관 아줘 blog.naver.com/summy15 CC BY-ND 2.0 KR 한남면옥 Fandom Media 한뿌리죽 이촌본점 피맘 blog.naver.com/jjimomstory CC BY 2.0 KR 한옥찻집 그림샘방문미술 blog.naver.com/ththdud7595 CC BY 2.0 KR 할로우 Fandom Media 할머니의 레시피 라다 blog.naver.com/lada1719 CC BY SA 2.0 KR 모옹 blog.naver.com/momo1713 CC BY 2.0 KR 할머니추어탕 잠실점 Fandom Media 함초간장게장 주말농부 blog.naver.com/dschoi4080 CC BY 2.0 KR 해방촌달 앤디 blog.naver.com/andy317 CC BY SA 2.0 KR 호무랑 (청담) Fandom Media 화해당 여의도점 Fandom Media 황생가칼국수 안수지 blog.naver.com/suzieszie CC BY-SA 2.0 KR

www.ingramcontent.com/pod-product-compliance
Lightning Source LLC
LaVergne TN
LVHW021959060526
838201LV00048B/1622